Kohlhammer

Beiträge zur Wissenschaft vom Alten und Neuen Testament (BWANT)

Herausgegeben von

Walter Dietrich
Ruth Scoralick
Reinhard von Bendemann
Marlis Gielen

Band 240

Thomas Witulski

Das vierte Makkabäerbuch

Entstehung und
argumentationslogische Struktur

Verlag W. Kohlhammer

1. Auflage 2023

Alle Rechte vorbehalten
© W. Kohlhammer GmbH, Stuttgart
Gesamtherstellung: W. Kohlhammer GmbH, Stuttgart

Print:
ISBN 978-3-17-043396-0

E-Book-Format:
pdf: 978-3-17-043397-7

Inhaltsverzeichnis

Vorwort

Mit der hier vorgelegten Studie wird der Versuch unternommen, eine neue Hypothese zur Entstehung des Vierten Makkabäerbuches zu begründen. Innerhalb jener werden der klassische literarkritische, auf den Nachweis unterschiedlicher Quellen abhebende und der rhetorische, die Einheitlichkeit dieses *opusculums* in den Fokus rückende Ansatz zu einer neuen, den Aspekt der Relecture betonenden Synthese verschmolzen. Der hier vorgelegte Versuch stellt eine – allerdings in sich selbst abgeschlossene – Vorarbeit zu meinem in der Reihe ATD.A erscheinenden Kommentar zum Vierten Makkabäerbuch dar.

An dieser Stelle danke ich zunächst den Herausgebern und Herausgeberinnen der Reihe BWANT, hier in Sonderheit Frau Prof. Dr. M. Gielen und Herrn Prof. Dr. R. von Bendemann als den für den Bereich Neues Testament Verantwortlichen, daß sie diese Studie mit großer Bereitwilligkeit in die von ihnen verantwortete Reihe aufgenommen und zahlreiche wichtige, vor allem die Rezipierbarkeit derselben erheblich erleichternde Hinweise beigesteuert haben. Sie haben mir auf diesem Wege die Möglichkeit gegeben, meinen Kommentar zum Vierten Makkabäerbuch spürbar zu entlasten. Dankbar bin ich in gleicher Weise auch Frau Mag.Art. Jasmin Leopold und Frau Nele Habekost, M.Ed., die sich der Aufgabe des Korrekturlesens mit beispielloser Gründlichkeit angenommen haben. Schließlich danke ich Herrn Florian Specker und Herrn Dr. Mirko Roth, den betreuenden Lektoren des Verlages Kohlhammer, für die – wieder erneut – sehr angenehme Zusammenarbeit und für alle Mühe und Sorgfalt bei der Erstellung der Druckvorlage. Möge diese Studie einen Beitrag zu einem besseren Verständnis des Vierten Makkabäerbuches leisten.

Billerbeck, im Dezember 2022
Thomas Witulski

0. Einleitung

0.1 Der Stand der Forschung

In Sonderheit in der älteren Forschung zu 4Makk[1] ist immer wieder der Versuch unternommen worden, die Entstehung dieses *opusculums* mit Hilfe eines literarkritischen Modells zu erklären. In seinem 1939 erschienenen Kommentar etwa entwickelte A. Dupont-Sommer die These, 4Makk verdanke sich zwei unterschiedlichen Autoren, zunächst einem „rhéteur-philosophe éloquent, lyrique"[2], auf den offensichtlich der erzählerische Kern der Darstellung in 4Makk 3,19–17,6(.17,7–18,24) zurückginge, dann aber einem „remanieur féru de philosophie, qui se serait plu à modifier de la manière la plus pédantesque l'écrit fondamental essentiellement oratoire"[3], der die Darlegungen in 4Makk 1,(1–12.)13–3,18, die ‚philosophische These‘[4], und die philosophisch-theoretischen Einschübe in der ‚exemplarischen Erzählung‘[5] 4Makk 3,19–17,6(.17,7–18,24) zu verantworten habe[6]. Dupont-Sommer begründete diese These, ohne einzelne konkrete Hinweise anzuführen, mit dem eher pauschalen Hinweis auf „le caractère hybride, étrange et en quelque sorte monstrueux de notre discours"[7]. Aufgrund eigener Zweifel verzichtete Dupont-Sommer dann aber darauf, diese Hypothese weiterzuverfolgen; er verwies vielmehr darauf, dass eine umfassende Analyse zeige, dass die in diesen beiden Teilen von 4Makk aufweisbaren philosophischen und theologischen Grundgedanken weitestgehend übereinstimmten,

---

[1] Zum Text des 4Makk und dessen Rekonstruktion vgl. etwa R.J.V. Hiebert, Einleitung, 324–326; in der vorliegenden Studie wird der von A. Rahlfs in seiner Ausgabe der LXX dargebotene Text zugrunde gelegt. Zu Zeit und Ort der Abfassung des 4Makk vgl. Einleitung, 327 f.

[2] 4Makk, 19.

[3] 4Makk, 19.

[4] Vgl. zu diesem Begriff und zu dieser hier vorgenommenen Textabgrenzung etwa H.-J. Klauck, 4Makk, 648–653; nach Klauck stellt 4Makk 1,1–12 das *exordium* dar, an dieser Stelle somit in Klammern gesetzt.

[5] Vgl. zu diesem Begriff und zu dieser hier vorgenommenen Textabgrenzung ebenfalls etwa H.-J. Klauck, 4Makk, 648–653. 4Makk 17,7–18,24 umfassen nach Klauck die *peroratio*, werden daher an dieser Stelle in Klammern gesetzt.

[6] Vgl. hierzu auch H.-J. Klauck, 4Makk, 657: „Dupont-Sommer hat zwar mit dem Gedanken gespielt, zwei verschiedene Autoren anzusetzen, einen ‚rhéteur-philosophe éloquent, lyrique‘, dem die Haupterzählung zu verdanken sei, und einen pedantischen, philosophisch-orientierten Überarbeiter, der für den theoretischen ersten Teil und für die philosophischen Reflexionen innerhalb der Erzählung verantwortlich zeichne".

[7] 4Makk, 19.

und dass darüber hinaus die sprachliche Verfasstheit derselben die Annahme eines einzigen Autors indizierten[8].

Ohne sich erkennbar auf A. Dupont-Sommer zu beziehen hat J.C.H. Lebram 1974 den Versuch unternommen, dessen These unter gattungsgeschichtlichen Gesichtspunkten zu repristinieren. Vor dem Hintergrund der Beobachtung, „dass die 15 Kapitel umfassende ‚Geschichte', die nun folgt, den εὐσεβὴς λογισμός nur vorübergehend in kurzen Passagen, die den Fluss der Rede eher unterbrechen als fördern, erwähnt"[9], folgert er zunächst: „Es sieht so aus, als suche der Verfasser mit diesen Bezugnahmen die Verbindung der ἱστορία mit der anfänglich mitgeteilten Thematik künstlich festzuhalten"[10]. Darüber hinaus stände in 4Makk 3,19–17,6(.7–18,24) die Darstellung des Martyriums des Priesters Eleazar, der sieben ‚makkabäischen' Brüder und deren Mutter im Vordergrund, während die philosophischen Einschübe 4Makk 6,31–35; 7,16–23; 13,1–5; 16,1–5 folglich nur eine untergeordnete Rolle spielten[11]. Diese Erwägungen, ergänzt um die Beobachtung unterschiedlicher stilistischer Prägungen von 4Makk 1,(1–12.)13–3,18 einer- und von 4Makk 3,19–17,6(.17,7–18,24) andererseits[12], führen

---

[8]   Vgl. hierzu 4Makk, 19: „En effet, un examen minutieux nous a montré que les idées philosophiques et religieuses étaient exactement les mêmes, ou du moins dans la même ligne et sans nulle contradiction, dans les deux parties du discours. Il nous a aussi montré que, malgré la différence du style, le vocabulaire trahissait plus d'une fois une même plume, un même écrivain".

[9]   Literarische Form, 81 f.

[10] Literarische Form, 82.

[11] Vgl. zu diesem Zusammenhang Literarische Form, 81 f.

[12] Bereits E. Norden hat auf erhebliche stilistische Differenzen zwischen 4Makk 1,1–3,18, d. h. dem *exordium* und ὑπόθεσις, auf der einen und der ‚exemplarischen Erzählung' 4Makk 3,19–18,24 auf der anderen Seite aufmerksam gemacht; vgl. hierzu Kunstprosa I, 418–420: „Stilistisch ist diese Schrift nun höchst eigentümlich. Der im ersten Teil gegebene theoretische Beweis des aufgestellten philosophischen Satzes ist, entsprechend seinem Inhalt, einfach und sachlich auch in der Sprache. Ganz anders der zweite Teil, ein ἐγκώμιον auf die Märtyrer. Die Reden, die er jeden einzelnen vor den mit grausiger Detailmalerei beschriebenen Folterungen halten läßt ..., noch mehr aber seine eigenen ἐπιγωνήματα, sind von geradezu rasender Leidenschaftlichkeit, aufgeputzt mit allen Mitteln der höchsten Rhetorik, die er mit großer Geschicklichkeit handhabt. ... In welche Sphäre uns dieser Stil weist, ist schon von Freudenthal ... hervorgehoben: es ist der reine, von der attizistischen Redaktion nicht beeinflußte Asianismus, wie denn auch der Verfasser wahrscheinlich nicht in Alexandria, sicher nicht in Palästina, sondern möglicherweise in einer der kleinasiatischen Küstenstädte lebte". Vgl. hierzu auch U. Breitenstein, Beobachtungen, 148: „Es gilt nun zu untersuchen, inwieweit Ps-Ios seinen philosophischen Lehrsatz mit der Erzählung des neunfachen Martyriums logisch in Einklang bringt. Er gibt ja vor (1.12), gewohnt zu sein, seine Reden mit einer ὑπόθεσις (einem Lehrsatz) zu beginnen (1.13–3.18) und die eigentliche ἱστορία (Geschichte) folgen zu lassen (3.19 ff.). Es zeigt sich indessen bald ein deutlicher Mangel an Übereinstimmung der beiden Elemente, was vermuten lässt, dass seine ‚Philosophie' bloss auf Gehörtem und Gelesenem beruht, das er weder wirklich verstanden noch sich geistig voll angeeignet hat, und dass er infolgedessen auch nicht imstande war, sie mit der von 2Makk bezogenen

Lebram zu der These, „dass der Verfasser des philosophischen Traktats als letztes Beispiel für die Wahrheit seines Lehrsatzes eine ihm vorliegende [, möglicherweise zu einer anderen Gelegenheit von ihm selbst verfasste[13]] Rede übernommen haben muss, die man mit dem Autor ein ἔπαινος nennen kann"[14].

In der neueren Forschung werden nicht nur die Thesen Dupont-Sommers und Lebrams, sondern überhaupt jegliche denkbare literarkritische bzw. präziser: redaktionsgeschichtliche These zur Entstehung des 4Makk, einem nach H.-J. Klauck der Gattung der epideiktischen Rede zuzurechnendem *opusculum*[15], abgewiesen[16]. Gegenüber der These Lebrams führt etwa H.-J. Klauck aus, dass „die schon im Exordium vorbereitete enge Abstimmung der beiden Hauptteile aufeinander"[17] dieselbe als gänzlich unwahrscheinlich erweise. Klauck selbst und in Sonderheit auch D.A. DeSilva führen vor dem Hintergrund der antiken rhetorischen Theorie die Entstehung des 4Makk auf die rhetorische Gestaltungskraft eines einzigen Verfassers zurück[18], ein Erklärungsmodell, das die in der LXX vorliegende Fassung des 4Makk insgesamt als ein sich einer singulären Hand verdankendes, rhetorisch planvoll durchgestaltetes einheitliches und in diesem Sinne vollendetes Werk erscheinen lässt[19].

Märtyrergeschichte zu assimilieren"; zu den einzelnen Mängeln an Übereinstimmung vgl ausführlich 148–151).

[13] Vgl. zu dieser Möglichkeit H.-J. Klauck, 4Makk, 657, der die These Lebrams folgendermaßen wiedergibt: „Der Autor des einleitenden philosophischen Traktats habe eine fertig vorliegende Prunkrede übernommen (oder, in anderer Sicht, eine von ihm selbst bei anderer Gelegenheit gehaltene Rede) und sie seinem Werk eingegliedert".

[14] Literarische Form, 83; vgl. zur näheren Bestimmung dieses ἔπαινος 83 f.

[15] Vgl. hierzu H.-J. Klauck, 4Makk, 659 f.: „Diese allgemeine Gattungsbezeichnung ‚epideiktische Rede' ist zugleich die sicherste. In allen weiteren Fällen geht die Anwendung bestimmter Gattungstermini auf 4Makk nicht glatt auf, sie erreicht immer nur bestimmte Aspekte oder Teile des Ganzen". Allein schon diese – durchaus zutreffende – Beobachtung ist sehr wohl geeignet, Zweifel an der Annahme der literarischen Einheitlichkeit des 4Makk zu wecken. Wäre dieses *opusculum* von einem Verfasser in einem Zug abgefasst worden, stände doch zu erwarten, dass es sich gattungstheoretisch deutlich eindeutiger einordnen ließe.

[16] Vgl. hierzu etwa die Einlassungen von R.J.V. Hiebert, Einleitung, 322–329; die Frage nach der Genese von 4Makk wird von Hiebert weder selbst diskutiert noch als Forschungsperspektive namhaft gemacht. Mit diesem hier beschriebenen Sachverhalt geht die Tatsache einher, dass die – sowieso schon nicht wirklich reichhaltige – Sekundärliteratur zu 4Makk die Frage der Genese dieses *opusculums* kaum thematisiert.

[17] H.-J. Klauck, 4Makk, 657.

[18] Vgl. etwa im Blick auf 4Makk 1,3 f. 4Makk, 72: „This evidence, however, is quite susceptible to another reading, namely that the author himself has prepared the audience for the emergence of these topics by weaving them into his exordium as a kind of outline of things to come, as indeed would be fitting for the opening of a speech".

[19] Vgl. hierzu auch H.-J. Klauck, 4Makk, 657–659; am Beginn seiner Darlegungen formuliert Klauck: „Unter literarkritischem Gesichtspunkt ist 4Makk ein in sich geschlossenes, im wesentlichen [d. h. abgesehen von einigen eher textkritisch einzuordnenden Glossen; vgl. 659] einheitliches Werk" (657). In dem 1992 erschienenen Kommentar zu 4Makk von C.

Den von H.-J. Klauck gewiesenen Weg zur Erklärung der Entstehung des 4Makk schlägt u. a. auch J.W. van Henten ein. Zur Stützung seiner Position führt letzterer folgende Argumente an: (a) Wie schon U. Breitenstein gezeigt habe, zeigten die ‚philosophische These' 4Makk 1,(1–12.)13–3,18 einer- und die ‚exemplarische Erzählung' 4Makk 3,19–17,6(.7–18,24) andererseits im Blick auf das jeweils verwendete Vokabular und den jeweils beobachtbaren Stil eine weitgehende Übereinstimmung[20]. Zudem biete der Text „consistent rhetorical imagery both before and after 3:19"[21].

Diesem ohne nähere Begründung vorgetragenen Argument widerraten zwei Beobachtungen: (1) E. Norden weist in seiner Stilanalyse deutliche Differenzen zwischen der ‚philosophischen These' 4Makk 1,(1–12.)13–3,18 auf der einen und der ‚exemplarischen Erzählung' 4Makk 3,19–17,6(.7–18,24) auf der anderen Seite nach[22], die von J.W. van Henten in seiner Argumentation augenscheinlich jedoch nicht berücksichtigt werden. (2) Die von van Henten vorgelegte Argumentation geht von der implizit formulierten Annahme aus, dass die ‚philosophische These' und die ‚exemplarische Erzählung' von unterschiedlichen Verfassern stammen. Eine solche Annahme ist aber keinesfalls notwendig. Die These einer unter Rückgriff auf bereits vorliegendes Material erfolgten sukzessiven Entstehung des 4Makk lässt sich zumindest grundsätzlich auch dann aufrechterhalten, wenn postuliert wird, dass für das 4Makk in seiner Gesamtheit nur ein Verfasser verantwortlich zeichnet, ein Postulat, das im Rahmen der argumentationslogischen Analyse dieses *opusculums* zu überprüfen sein wird. Stilistische Parallelen und vokabelstatistische Gemeinsamkeiten zwischen 4Makk 1,(1–12.)13–3,18 und 4Makk 3,19–17,6(.7–18,24) sprechen nicht zwingend gegen die These, dass das in der LXX vorliegende 4Makk das Endergebnis einer längeren Entstehungsgeschichte darstellt.

(b) Diese letzte Überlegung betrifft auch das von van Henten ins Feld geführte Argument, dass sich zwischen der ‚philosophischen These' und der ‚exemplarischen Erzählung' so viele inhaltliche und auch sprachliche Querverweise, die allesamt bereits im *exordium* 4Makk 1,1–12 zusammenliefen, aufzeigen ließen, dass diese beiden Hauptteile als inhaltlich voneinander abhängig und von Anfang an miteinander verschränkt zu begreifen seien[23]. Aus der – darüber hinaus erst noch zu

---

Kraus Reggiani wird die Frage der Einheitlichkeit dieser Schrift schon nicht einmal mehr thematisiert. Gleiches gilt für die 1998 publizierte ‚rhetorische Einleitung' in 4Makk von D.A. DeSilva.

[20]   Vgl. hierzu Martyrs, 67: „Breitenstein has demonstrated that the vocabulary and style of the two sections, 1:1–3,18 and 3:19–18:24 hardly vary at all".

[21]   Martyrs, 67.

[22]   Vgl. hierzu bereits o. 10; vgl. hierzu bestätigend A. Deißmann, 4Makk, 151: „Doch ist die Form der Darstellung, trotz einiger gelungener Partien, nicht seine [d. h. des Verfassers des 4Makk] starke Seite. Die spezifisch philosophischen Ausführungen sind außerordentlich mäßig. Packend wird die Schrift nur, wo das religiöse Pathos durchbricht".

[23]   Vgl. hierzu Martyrs, 67: „Both parts, however, are made interdependent by cross-references and similar vocabulary. These linguistic and thematic links, which show no indication that they have been added by a redactor, enhance the cohesion of the work". Als Beispiele für solche Querverweise führt van Henten einerseits den Terminus λογισμός und dessen Charakterisierung als Herrscher über die Leidenschaften und andererseits den Lobpreis der Märtyrer an; beide Themenkomplexe würden sowohl die Ausführungen innerhalb der ‚philosophischen These' als auch diejenigen innerhalb der ‚exemplarischen Erzählung' prägen (vgl. 67–69). Die Frage, ob sich diese Querverweise nicht auch als die Arbeit eines Redaktors erklären ließen, weist van Henten eher apodiktisch ab; inwieweit

prüfenden[24] – These einer mit Hilfe von inhaltlichen und sprachlichen Querverweisen bewusst kreierten Verknüpfung der beiden Hauptteile des 4Makk folgt keinesfalls mit Notwendigkeit, dass die Entstehung des 4Makk nicht auf einen längeren und auch rekonstruierbaren Prozess zurückgehe, sondern in jedem Falle die punktuelle Leistung eines theologisch und philosophisch interessierten einzigen Verfassers darstelle.

(c) Der Aufbau des 4Makk, so wie es in der LXX vorliegt, entspreche in zwei wichtigen Punkten der bereits von Aristoteles entwickelten Konzeption zum Aufbau einer Rede. Aristoteles zufolge seien für eine Rede zumindest zwei Komponenten essentiell notwendig, einerseits „the presentation of the subject question or proposition, τὸ πρᾶγμα περὶ οὗ, πρόβλημα or πρόθεσις"[25], andererseits „the demonstration or proof, as indicated by καὶ τοῦτ' ἀποδεῖξαι, πίστις or ἀπόδειξις"[26]. Die erste dieser beiden Komponenten umfasse die ‚philosophische These‘ 4Makk 1,13–3,18, nach 4Makk 1,12 die in diesem *opusculum* entwickelte ὑπόθεσις, die zweite die ‚exemplarische Erzählung‘ 4Makk 3,19–18,24, die in 4Makk 3,19 auch explizit als ἀπόδειξις gekennzeichnet würde[27]. Diese Beobachtung mag durchaus zutreffen, reicht aber nicht zu, um die Einheitlichkeit des 4Makk positiv zu erweisen. Immerhin ist nicht undenkbar, dass sich der Aufbau des 4Makk, so wie er in der LXX sichtbar wird, der Arbeit eines Redaktors verdankt.

(d) Schließlich spräche die Beobachtung, dass die zentralen Inhalte der ‚philosophischen These‘ innerhalb der ‚exemplarischen Erzählung‘ „after a description of martyrdom and a passage of praise"[28] immer rekapituliert würden: 4Makk 6,31–35, 7,16–23; 13,1–4; 16,1–4, sämtliche Passagen, die nicht als Interpolationen identifiziert werden müssten[29], für die Annahme einer einheitlichen Entstehung von 4Makk. Auch diese Beobachtung schließt jedoch die Annahme, diese Rekapitulationen gingen auf das Werk eines Redaktors zurück, keinesfalls aus.

Die Sichtung der zugunsten der beiden Ansätze zur Erklärung der Entstehung des 4Makk jeweils angeführten Argumente führt zu dem Ergebnis, dass beide Er-

---

sich in dem Text des 4Makk in der Tat keinerlei Anzeichen für die Arbeit eines Redaktors finden ließen, bedürfte allerdings in jedem Falle einer gründlichen Überprüfung.

[24]   Ein Beispiel für die Notwendigkeit einer solchen Prüfung sei hier kurz diskutiert.: J.W. van Henten benennt den Sachverhalt, dass der Begriff καλοκἀγαθία in den beiden Hauptteilen des 4Makk nachweisbar sei (4Makk 1,10; 3,18; 11,22; 15,9; darüber hinaus bietet noch 4Makk 1,8 in der Lesart des Codex Sinaiticus diesen Terminus) als Beleg für die Einheitlichkeit dieses *opusculums* (vgl. Martyrs, 68). Diese Beobachtung wird jedoch deutlich relativiert, werden die unterschiedlichen Kontexte, in die dieser Begriff jeweils gestellt ist, beachtet. In 4Makk 11,22; 13,25 und 15,9 bezieht sich dieser Begriff in martyrologischem Kontext jeweils auf die sieben ἀδελφοί, in 4Makk 1,10 auf jene sieben Märtyrer und auf deren Mutter, die allesamt das Martyrium erlitten haben, in 4Makk 3,18 jedoch auf den λογισμός. Das aber heißt: Der Begriff καλοκἀγαθία wird in den unterschiedlichen Hauptteilen des 4Makk so undifferenziert verwendet, dass er kaum als Beleg für die Einheitlichkeit dieses *opusculums* zu dienen vermag.

[25]   Martyrs, 69.

[26]   Martyrs, 69.

[27]   Vgl. Martyrs, 69 f.

[28]   Martyrs, 70.

[29]   Vgl. hierzu Martyrs, 70.

klärungsmodelle als letztlich unzureichend begründet erscheinen: (a) Wer an-
nimmt, dass der Verfasser des 4Makk auf ein ihm bereits vorliegendes, das Martyrium des Eleazar, der sieben Brüder und ihrer Mutter thematisierendes und
von anderer Hand verfasstes ἔπαινος zurückgreife, um seine Rede in der bestehenden Form zu komponieren, muss, wie bereits A. Dupont-Sommer anmerkte,
innerhalb der Darstellung des 4Makk, konkret entweder zwischen den einzelnen
Hauptteilen dieses *opusculums* oder aber unmittelbar innerhalb dieser[30], sprachliche oder aber auch inhaltlich-konzeptionelle Differenzen nachweisen können.
Eine lediglich gattungsspezifische Differenzierung, wie sie von Lebram vorge-
nommen worden ist, reicht in diesem Falle nicht zu.

(b) Der Verweis auf die antike rhetorische Theorie und das sämtliche Aspekte der Darstellung von 4Makk bereits annoncierende *exordium* vermag eine
literarkritische bzw. redaktionsgeschichtliche[31] These zur Entstehung des 4Makk
für sich genommen nicht zu widerlegen. Immerhin ist doch denkbar, dass der
Verfasser des 4Makk dieses *exordium* in der vorliegenden Form gestaltet habe,
eben weil er zwei unterschiedliche Reden bzw. Texte zu einer Rede zusam-
menfügen wollte.

Aus dieser Feststellung ergibt sich die die Darlegungen der vorliegenden
Studie leitende Forschungsfrage: Die argumentationslogische Struktur des 4Makk
ist, ohne dabei der Interpretation dieses *opusculums* als eines Gesamtwerkes ihr
Recht zu nehmen, in ihrer Gesamtheit einer umfassenden Analyse zu unter-
ziehen und in Sonderheit daraufhin zu untersuchen, ob sich sprachliche oder
aber auch inhaltlich-konzeptionelle Differenzen, Inkohärenzen und Brüche einerseits zwischen dem *exordium* 4Makk 1,1–12, der ‚philosophischen These‘
4Makk 1,13–3,18, der ‚exemplarischen Erzählung‘ 4Makk 3,19–17,6 und der *peroratio* 4Makk 17,7–18,24[32], andererseits aber auch innerhalb jedes dieser vier
Hauptteile des 4Makk namhaft machen lassen, die die Annahme, 4Makk stelle in
seiner Gesamtheit das Ergebnis eines redaktionsgeschichtlichen Prozesses dar,
zu plausibilisieren vermögen. Gleichsam in die andere Richtung hat im Anschluss daran – oder aber auch schon parallel – der redaktionsgeschichtliche[33]

---

[30]   Zur Gliederung des 4Makk s.u.

[31]   Zum inhaltlichen Zusammenhang dieser beiden Methoden vgl.u. 14 f.

[32]   Zu dieser Gliederung des 4Makk vgl. H.-J. Klauck, 4Makk, 651–653. Den ‚philosophische
       These‘ überschriebenen zweiten Hauptteil untergliedert Klauck folgendermaßen: 4Makk
       1,13–30a: Definitionen; 4Makk 1,30b–2,23: Anwendungen und Beispiele aus dem Gesetz;
       und schließlich: 4Makk 2,24–3,18: Einwand und Beispielerzählung. Der dritte Hauptteil,
       die ‚exemplarische Erzählung‘, bietet Klauck zufolge folgende Unterabschnitte: 4Makk
       3,19–4,26: Die Vorgeschichte; 4Makk 5,1–7,23: Das Martyrium des Eleazar; 4Makk 8,1–
       14,10: Das Martyrium der sieben Brüder; 4Makk 14,11–17,6: Das Martyrium der Mutter.
       Vgl. zu dieser Gliederung in ähnlicher Weise auch A. Dupont-Sommer, 4Makk, 11–17, D.A.
       DeSilva, 4Makk, xxvi–xxix und R.J.V. Hiebert, Einleitung, 327.

[33]   Zur Definition der Methode der Redaktionsgeschichte vgl. J. Krispenz, Literarkritik, 9:
       „Redaktionsgeschichte ist von Literarkritik nur in der Fragerichtung (vom Endtext aus-
       gehend) und in einigen Vorannahmen (z. B., dass die Redaktion einen sinnvollen Text

Versuch zu erfolgen, die Genese des 4Makk, so wie es in der LXX vorliegt, zu beschreiben[34]. Dass diese Positivrekonstruktion in einem fortgeschritteneren Stadium der Analyse schärfer konturiert sein wird als noch am Anfang derselben, versteht sich von selbst.

> Anders als D.A. DeSilva und H.-J. Klauck bestreitet U. Breitenstein die Annahme, die vorliegende Fassung des 4Makk stelle eine rhetorisch planvoll durchgestaltete literarische Einheit dar; er sucht vielmehr die These wahrscheinlich zu machen, dass 4Makk in seiner Gesamtheit „uns nicht fertig ausgearbeitet vor[liegt]; sie [d. h. die in dieser Schrift vorliegende Rede] kann in dieser Form nicht coram publico gehalten worden sein"[35], eine These, die er im weiteren Verlauf seiner Studie, basierend auf weiteren Analysen, dann in zwei Hinsichten präzisiert: (1) Der heute vorliegende Text des 4Makk liege „nicht fertig ausgearbeitet"[36] vor. (2) Darüber hinaus sei dieser Text „nicht öffentlich vorgetragen worden"[37], stelle also keine Rede im eigentlichen Sinne des Wortes dar. Der Annahme, 4Makk biete einen noch unfertigen und daher inhaltlich noch unausgewogenen Rohentwurf einer zwar in die Form der Rede gekleideten, aber niemals öffentlich vorgetragenen philosophischen Abhandlung, steht allerdings entgegen, dass, ihre Richtigkeit vorausgesetzt, dann kaum zu erklären wäre, wie ein solch unfertiger und unausgewogener – letztlich somit nicht autorisierter – Rohentwurf in eine gemeindliche bzw. übergemeindliche jüdische Öffentlichkeit hinein Verbreitung finden und darüber hinaus sogar in den Kanon der LXX gelangen konnte. Darüber hinaus bietet die heute vorliegende Fassung des 4Makk selbst keinerlei Hinweise, die dieses *opusculum* unmittelbar als einen noch im Rohstadium befindlichen und somit weiterer Be- und Ausarbeitung bedürftigen Text kenntlich machten.

---

produziert) unterschieden. Im Grunde ist sie eine methodische Variante zur Literarkritik".

[34] Vgl. hierzu etwa J. Krispenz, Literarkritik, 28: „Sind also die Diskontinuitäten des Textes festgestellt und eventuell eindeutig erklärbare Fälle registriert, muss darum dem ersten Durchgang durch den Text, der diesem in seiner vorgegebenen Richtung folgte, ein weiterer nachfolgen, der durch Vergleich der abgegrenzten Textblöcke diese zu solchen Gruppen zusammenzustellen versucht, die in sich eine Homogenität aufweisen, welche die Annahme gemeinsamer Herkunft von einer Autorengruppe bzw. einem Autor als wahrscheinliche Erklärung dieser Homogenität zulässt".

[35] Beobachtungen, 143.

[36] Beobachtungen, 157.

[37] Beobachtungen, 157.

0.2   Zur Methode[38]

Der Versuch, die o. annoncierte Analyse sachgerecht durchzuführen und die entsprechenden – so denn letztlich überhaupt vorhandenen[39] – argumentationslogischen Differenzen, Inkohärenzen und Brüche nachzuweisen, erfordert die verantwortete, somit also reflektierte Anwendung der exegetischen Methode der Literarkritik[40]. Im Rahmen grundsätzlicher Erwägungen zu dieser Methode ordnet H. Schweizer dieselbe jenseits der eigentlichen Textinhalte[41] ein in die in dem entsprechenden Text jeweils greifbar werdende „Beziehung zwischen Autor und Rezipient"[42]. Diese spitze sich konkret zu in der grundsätzlichen, vor dem Hintergrund vergangener Erfahrungen von – gelungener und auch nicht gelungener – Kommunikation im Blick auf den einzelnen Text jeweils neu zu beantwortenden Frage: „Geht der Autor so mit dem Rezipienten um, nimmt er den Rezipienten so an der Hand und führt ihn durch die Inhalte, die ihm wichtig sind, dass der Rezipient gedanklich, gefühlsmässig folgen kann, oder macht der Autor derart gravierende Sprünge, dass der Rezipient fassungslos und kopfschüttelnd

---

[38]   Vgl. zu dem hier Erwogenen und Dargelegten bereits T. Witulski, Sendschreiben, 25–37.

[39]   Vgl. hierzu m.R. warnend H. Schweizer, Literarkritik, 30: „Das Terrain der Literarkritik beginnt stattdessen jenseits solcher gekonnter bzw. notwendiger stilistischer Erscheinungen: Ein Übergang ist nicht mehr positiv-stilistisch beschreibbar; sein Effekt ist dunkel; die Fragezeichen des Verständnisses lassen einen Genuß an stilistischen Effekten erst gar nicht aufkommen".

[40]   Vgl. zu dieser Methode und den mit dieser verbundenen Intentionen und Aufgaben umfassend H. Schweizer, Literarkritik, 23 f.: „Die Minimalannahme ist folgende: Man billigt dem Text eine Entstehungssituation zu, die vom Datum und der Situation der Produktion unserer Bibelhandschrift ... beträchtlich verschieden ist. Über diese Minimalannahme hinaus hält es die Literarkritik für möglich, daß ein Text im Laufe der Zeit nach seiner Abfassung Änderungen des zunächst gegebenen Wortlauts erfuhr, am einfachsten: Erweiterungen des ursprünglich gegebenen Wortlauts (oder auch: Umformungen, Umstellungen, Kürzungen). Damit wird die Spanne zwischen Entstehungssituation und Produktion unserer Bibelhandschrift möglicherweise durch nicht wenige weitere geschichtliche Stadien aufgefüllt. Und die Literarkritik ... bemüht sich, Indizien des Textes auszuwerten, die helfen, diese Stadien der Textbildung, des Textwachstums zu rekonstruieren". Zur Literarkritik als Methode grundsätzlich kritisch etwa S. Alkier, Neues Testament, 122; Alkier zufolge frage die Literarkritik nach einem in einer zu analysierenden Perikope möglicherweise vorhandenen Vorzugsvokabular und suche Spannungen, Brüche, und Doppelungen in derselben zu ermitteln. Allerdings fehlten – und dies sei offensichtlich das entscheidende Problem der literarkritischen Methode – „allgemein anerkannte Definitionen, was denn Brüche oder Spannungen im Text seien"; vielmehr bleibe „das weitgehend dem ästhetischen Empfinden der Interpreten überlassen".

[41]   Vgl. hierzu Literarkritik, 27.

[42]   Literarkritik, 28.

zurückbleibt"[43]? Schweizer zufolge werde die literarkritische Option für den jeweiligen Rezipienten – und damit auch für den jeweiligen Exegeten – je plausibler, desto deutlicher ihm „die *Häufung* von Verstehensproblemen [oder womöglich präziser: von textlichen Diskontinuitäten] an einer Textstelle ... die Problematik des Verstehens [an sich] zum Bewußtsein"[44] führe und die Kohärenz[45] der Botschaft des Textes in Frage stelle[46]. Das aber heißt zunächst: Aus der Wahrnehmung von Verstehensproblemen und Diskontinuitäten innerhalb eines Textes ergibt sich grundsätzlich keinesfalls mit Notwendigkeit die texthermeneutische Bewertung desselben als inkohärent[47], ergibt sich damit grundsätzlich auch keinesfalls mit Notwendigkeit die Erfordernis literarkritischer Operationen; vielmehr müssen diese textlichen Diskontinuitäten die Problematik des Verstehens eines Textes an sich evozieren.

---

[43]   Literarkritik, 28.

[44]   Literarkritik, 29.

[45]   Zu dem aus der Textlinguistik stammenden Begriff der Kohärenz vgl. E.-M. Becker, Kohärenz, 117: „Mit dem Urteil über die Kohärenz eines Textes ... wird ein Bewertungsprädikat ausgesprochen, das kognitiv zustande kommt und dem außertextliche Faktoren zugrunde liegen. Dieses Bewertungsprädikat sagt aus, ob der Text als einheitlich verstanden und in der vorliegenden Gestalt interpretiert werden kann oder ob er in seiner historischen Gestalt rekonstruiert werden muß". Zur Verortung der Frage nach der Kohärenz in den Vorgang der Rezeption und damit des Verstehens von Texten vgl. auch T. Lewandowski, Linguistisches Wörterbuch II, s.v. Kohärenz, 546: „K[ohärenz]. ist nicht nur als eine Eigenschaft von Texten zu betrachten, sondern auch als Ergebnis kognitiver (konstruierter) Prozesse des Hörers/Lesers. K[ohärenz]. ist das Ergebnis von Bedeutungsaktualisierung; ihr zugrunde liegt eine Sinnkontinuität von Vorstellungen und Wissen als Gefüge von Begriffen und Beziehungen von Begriffen im Sinne eines gespeicherten semantischen Netzwerks, das im Text oft formal nicht zum Ausdruck gelangt ...; der Hörer/Leser konstruiert den notwendigen Zusammenhang", S. Finnern/J. Rüggemeier, Methoden, 35: „Bei der *Kohärenz* handelt es sich ... um einen Vorgang des Textverstehens, bei dem die Rezipienten eine sinnvolle Verknüpfung zwischen textlichen Elementen und ihrer ‚Welt', d. h. ihren Wirklichkeitsvorstellungen, herstellen", und G. Fritz, Kohärenz, 7: „Bei der Analyse von Problemen der Kohärenz muß man vermeiden, Fragen der Wohlgeformtheit unabhängig von Fragen des Verstehens zu behandeln, ein Fehler, der in textlinguistischen Arbeiten nicht selten ist".

[46]   Vgl. hierzu Literarkritik, 29: „Beurteilungsbasis ist demnach auch ein sehr breiter Erfahrungsschatz, der eine Vorstellung wachsen ließ von dem, was in geglückter Kommunikation (noch) möglich ist und was dagegen den Rahmen einer *einheitlichen* (= kohärenten) Botschaft sprengt".

[47]   Vgl. hierzu auch E.-M. Becker, Kohärenz, 119, die aus textlinguistischer Perspektive urteilt: Der Exeget formuliere „mit der Wahrnehmung möglicher Inkohäsionen noch kein Urteil über die Kohärenz des Textes. ... Die einfache Beobachtung von sog. ‚Brüchen' und deren vorschnelle Umsetzung in literarkritische Hypothesen, die gegenwärtig gern unter dem Signum der Kohärenz bzw. der Inkohärenz erfaßt wird, entspricht nicht den textlinguistischen Standards".

Als textliche Diskontinuitäten werden in der vorliegenden Studie einerseits die innerhalb der Oberflächenstruktur eines Textes aufweisbaren Inkohäsionen[48], andererseits aber auch solche Spannungen, die auf der konzeptionellen Ebene Platz greifen, verstanden; in diesem Sinne geht der hier verwendete Begriff der textlichen Diskontinuität über denjenigen der Inkohäsion bzw. der Kohäsion deutlich hinaus, da dieser nur auf die Oberflächen-, nicht aber auf die konzeptionelle Tiefen-Struktur eines Textes bezogen ist[49].

Die Schwierigkeit dieser von H. Schweizer formulierten Definition der Plausibilität der literarkritischen Methode besteht nun allerdings darin, dass in ihr im Grunde ein quantitatives Kriterium, nämlich dasjenige der mengenmäßigen

---

[48] Zum Begriff der Kohäsion vgl. E.-M. Becker, Kohärenz, 105 f.: „Es empfiehlt sich, zwischen der Kohäsion und der Kohärenz eines Textes zu unterscheiden. Die Kohäsion ist auf die Oberflächenstruktur eines Textes, nämlich auf sprachliche, syntaktische, semantische sowie phonologische und morphologische Verknüpfungsmerkmale bezogen. Die Beurteilung der Textkohärenz hingegen stellt den kognitiven Prozeß des Textverstehens dar, der auf eine Inferenz des Textes zielt. Damit gehört die Beurteilung der Kohärenz letztlich nicht in den Bereich der Textgrammatik und -analyse, sondern sie führt in die Bereiche der Kognitionswissenschaft oder der Texthermeneutik hinein"; vgl. darüber hinaus 117: „Die Differenzierung zwischen Kohäsion und Kohärenz ist *methodisch* notwendig, weil die Feststellung der Kohäsion eines Textes aus sprachlichen und textgrammatischen Beobachtungen hervorgeht, die deskriptiv im Rahmen der synchronen Textanalyse gewonnen sind und sich dabei an den Maßstäben unseres modernen Sprachempfindens orientieren". Vgl. zum Begriff der Kohäsion auch T. Lewandowski, Linguistisches Wörterbuch II, s.v. Kohäsion, 547 f.: „Bindung, Zusammenhang ... textkonstitutive semantische Relation, Menge semantischer Mittel der Texterzeugung; die semantischen Mittel, die einen (gegebenen) Satz an seinen Vortext binden. ... K[ohäsion]. als Verknüpfungsrelation zwischen sprachlichen Einheiten ist immer dann gegeben, wenn eine sprachliche Einheit nur im Zusammenhang bzw. im Bezug auf eine andere Einheit interpretiert werden kann. K[ohäsion]. als Menge von Möglichkeiten, Textzusammenhänge herzustellen, kann durch grammatische, lexikalische, phonologisch-phonetische und orthographische Mittel zum Ausdruck gebracht werden. ... Meist wird unter ‚K[ohäsion].' die syntaktisch-semantische Verflechtung der Oberfläche eines Textes verstanden. Die Organisiertheit der Oberflächenform kann Hinweis oder Anweisung zur Bildung inhaltlicher Zusammenhänge sein (vgl. Kohärenz). K[ohäsion]. muß nicht notwendig Kohärenz zur Folge haben, d. h., daß Manifestationen der K[ohäsion]. für Kohärenz einerseits nicht immer erforderlich und andererseits nicht immer hinreichend sind", und S. Finnern/J. Rüggemeier, Methoden, 35: „Unter *Kohäsion* versteht man in der Linguistik jenen Vorgang, der es dem Rezipienten ermöglicht, durch semantische, syntaktische und grammatikalische Verknüpfungen *Sinnzusammenhänge in einem Text* zu konstruieren".

[49] Über den Begriff der Kohäsion hinaus gehen in ihren Erwägungen zur Literarkritik auch S. Finnern/J. Rüggemeier, Methoden, 58–65, wenn sie etwa von Brüchen in der Figuren-, der Zeit- oder der Ortsdarstellung oder von einem „Wechsel des raumzeitlichen Erzählerstandpunkts" (58) sprechen; sie bezeichnen diese Diskontinuitäten allerdings – missverständlich – als Inkohärenzen. Um den Begriff der Kohärenz bzw. Inkohärenz als „texthermeneutisches Werturteil" (vgl. hierzu u. 21, A. 57) beibehalten und somit auf den Vorgang der Interpretation beziehen zu können, will es jedoch notwendig scheinen, im Kontext von Erwägungen, die ausschließlich die Textanalyse betreffen, auf ihn zu verzichten.

Häufung der an einer Textstelle zu konstatierenden entsprechenden Verstehensprobleme oder Diskontinuitäten zugrunde gelegt wird. Es wird jedoch nicht versucht, diese Verstehensprobleme und Diskontinuitäten selbst und unmittelbar in den Blick zu nehmen und sie aus der Sphäre der Subjektivität des ästhetischen Empfindens[50] des jeweiligen Exegeten herauszuführen und in der Sphäre der Objektivität einer – am auszulegenden Text selbst – überprüfbaren Definition zu verankern. Um in diesen Bereich der Objektivität vorzudringen, ist es notwendig, anstelle des etwa von H. Schweizer vorgeschlagenen quantitativen Kriteriums literarkritischer Plausibilität ein qualitatives Kriterium derselben zu entwickeln. Dieses qualitative Kriterium muss dann allerdings – hier der o. skizzierten Verortung der literarkritischen Methode innerhalb der Relation zwischen Autor und Rezipient durchaus konvergierend – nicht die Diskontinuitäten innerhalb eines Textes, sondern – unter Berücksichtigung der entsprechenden Gattung des auszulegenden Textes – den Rezeptionsvorgang selbst und die innerhalb dessen Platz greifende Relation zwischen Text und Interpretation bzw. Sinnkonstitution in den Blick nehmen.

Wird im Horizont dieses Ansatzes vorausgesetzt, dass der Verfasser des 4Makk seinen – probehalber[51] – der Gattung der epideiktischen Rede zuzuordnenden Text schon aufgrund der ihn leitenden Absicht, bei seinen Rezipienten unmittelbare Zustimmung hervorzurufen, semantisch, grammatisch, syntaktisch und konzeptionell so strukturiert hat, dass – mit Ausnahme weniger einzelner, Details der Sinnbildung betreffender Interpretations- bzw. präziser: Rezeptionsprobleme – dessen grundsätzlicher (Gesamt-)Textsinn sich im Rahmen der (Erst-)Rezeption unmittelbar erschließt, kann im Blick auf die Interpretation desselben als grundlegendes qualitatives theoretisches Kriterium literarkritischer Plausibilität gelten: Die in der synchronen Analyse eines Textes wahrgenommenen Diskontinuitäten und die daraus resultierenden Verstehensprobleme erfordern im Kontext seiner historisch-kritischen Interpretation den Schluss auf dessen Inkohärenz – und damit einhergehend auf die Annahme eines literarkritisch zu rekonstruierenden, d. h. diachron nachzuvollziehenden sekundären Wachstums desselben –, wenn folgende Voraussetzung vorliegt: Es muss aufgewiesen werden können, dass sich aufgrund der diesem Text inhärenten Diskontinuitäten die interpretierende Rezeption und die innerhalb derselben Platz greifende unmittelbare Sinnbildung – d. h. die im Vorgang der Rezeption erfolgende Erfassung eines schlüssigen (Gesamt-)Sinnes des Textes[52] – nicht unmittelbar im Zuge der Rezeption der textlichen Oberflächenstruktur, sondern erst

---

[50]   Vgl. hierzu die Kritik an der literarkritischen Methode, wie sie etwa von S. Alkier formuliert wird, o. 16, A. 40.

[51]   Vgl. hierzu zunächst die rhetorische Einordnung von H.-J. Klauck o. 11, vgl. darüber hinaus dann, durchaus differenzierter, aber auch u. 61–66.

[52]   Vgl. hierzu R.-A. de Beaugrande/W.U. Dressler, Textlinguistik, 117; sie definieren Kohärenz bzw. präziser: Kohärenzbildung als eine „Bedeutungsaktualisierung, die den Zweck der ‚Sinn-Erzeugung' verfolgt".

im Verlauf einer in der Person des Rezipienten – d. h. konkret: auf der Basis von ihm vorgenommener, aus seinem möglichen (Vor-)Wissen erwachsener Inferenzen[53] – sich entwickelnden und somit, wenn womöglich auch nicht subjektiven, so doch aber in jedem Falle reflexiven Sinnbildung vollziehen lässt[54]. Von reflexiver Sinnbildung ist dann zu sprechen, wenn sich Störungen im Verstehensvorgang ergeben, die nur vom Rezipienten selbst, wenn auch auf der Basis des ihm insgesamt zuhandenen textlichen Materials und der Gesamtheit der ihm vom Text selbst gebotenen Verstehenssignale[55], überwunden werden können. Von – dieser reflexiven Sinnbildung gegenüber weitergehender – subjektiver Sinnbildung ist dann zu sprechen, wenn eine solche im Akt des Verstehens erfolgt bzw. erfolgen muss unter vollständiger Vernachlässigung der im Text selbst wahrnehmbaren – oder eben fehlenden – Verstehenssignale bzw. letztlich im Gegensatz zu dem im Text selbst verankerten, offensichtlich inkohärenten

---

[53]   Zum Begriff der Inferenz vgl. T. Lewandowski, Linguistisches Wörterbuch I, s.v. Inferenz, 441: „Beim Verstehen von Texten ist I[nferenz]. eine rekonstruktive oder konstruktive Operation des Rezipienten, durch die störungsbedingte, zufällige oder strategisch angelegte Diskontinuitäten des Textes zur Bildung von Kohärenz überformt werden"; vgl. hierzu auch E.-M. Becker, Kohärenz, 103.

[54]   Vgl. hierzu T. Lewandowski, Linguistisches Wörterbuch II, s.v. Kohärenz, 547: „K[ohärenz].bildung ist (im Zusammenhang mit Inferenz) auch möglich bei nicht-kohäsiven Texten mit Anakoluthen, Ellipsen, ungrammatischen Ausrücken usw. Sinn kann beigelegt werden durch Konstruktion eines geeigneten Referenzrahmens aufgrund kognitiver Schemata, die durch Erfahrung erworben wurden". Dieser zweite Aspekt wird in dem hier zitierten instruktiven Aufsatz von E.-M. Becker zwar im Blick auf die Gattung ‚Brief' entfaltet (vgl. hierzu Kohärenz, 98: „Das entscheidende Inkohärenzkriterium ist die notwendige Annahme von ‚verschiedenen Situationen', die einem Brief zugrundeliegen. Die Uneinheitlichkeit des Briefes ist per definitionem erst dann belegt, wenn die Inkohärenzfaktoren gegenüber den Kohärenzfaktoren überwiegen"), jedoch nicht allgemeingültig formuliert. Darüber hinaus bleibt an dieser Stelle offen, was mit der Aussage vom Überwiegen der Inkohärenzfaktoren gegenüber den Kohärenzfaktoren denn überhaupt gemeint ist. Schließlich entwickelt Becker gegen Ende ihrer Ausführungen drei methodische Voraussetzungen, die für den „literarkritischen Versuch einer historischen Rekonstruktion der originären Textgestalt" (Kohärenz, 118) erfüllt sein müssen (vgl. 119 f.), definiert aber – im Rahmen ihrer Argumentation zwar durchaus stringent, für den in der vorliegenden Studie diskutierten Zusammenhang allerdings nicht weiterführend – keine objektiven Kriterien, die es erlaubten, aus den analysierten Inkohäsionen – oder vielleicht präziser: textlichen Diskontinuitäten – unmittelbar eine Inkohärenz abzuleiten.

[55]   Diese Verstehenssignale lassen sich näherhin definieren als diejenigen einem Text inhärenten „Funktionen, durch die die Komponenten der TEXTWELT, d. h. die Konstellation von KONZEPTEN (Begriffen) und RELATIONEN (Beziehungen), welche dem Oberflächentext zugrunde liegen, für einander gegenseitig zugänglich und relevant sind" (R.-A. de Beaugrande/W.U. Dressler, Textlinguistik, 5). Unter dem Begriff des Konzepts verstehen R.-A. de Beaugrande und W.U. Dressler eine „Konstellation von Wissen (kognitivem Inhalt), welches mit mehr oder weniger Einheitlichkeit und Konsistenz aktiviert oder ins Bewußtsein zurückgerufen werden kann" (5), unter demjenigen der Relation „die BINDEGLIEDER ... zwischen Konzepten, die in der Textwelt zusammen auftreten" (5).

‚objektiven' und mit den Mitteln der textgrammatischen und der konzeptionellen Analyse offenzulegenden Sinnpotential. Anders formuliert: Die innerhalb
eines Textes analysierten Diskontinuitäten indizieren die Annahme seiner Inkohärenz und damit einhergehend ein mit Hilfe diachroner Methodik nachzuvoll-
ziehendes sekundäres Wachstum desselben zwingend nur unter folgender Prä-
misse: Eine sinnvolle Interpretation desselben kann sich in jedem Falle ausschließlich nur aufgrund einer „rekonstruktive[n] oder konstruktive[n] Operation des Rezipienten"[56] – möglicherweise darüber hinaus auch noch jenseits einer von diesem Text selbst offerierten und intendierten offensichtlichen vollständig entgrenzten Sinnhaftigkeit oder scheinbaren Absurdität, d. h.: ausschließlich im Rahmen eines in keiner Weise mit der textgrammatischen und
konzeptionellen ‚Objektivität' des Textes assoziierbaren und vollständig subjektiv akzentuierten Verstehensprozesses – ereignen[57]. Die Frage, ob die literarkritische Methode bei einem Text in Anwendung zu bringen ist, ergibt sich vor dem
Hintergrund dieses Ansatzes gerade nicht aus der Quantität der textlichen Diskontinuitäten und Verstehensprobleme, sondern aus der Qualität der interpre-
tatorischen Implikationen seiner im Rahmen des Verstehensprozesses erschlos-
senen und konstruierten Kohärenz oder Inkohärenz[58].

---

[56] T. Lewandowski, Linguistisches Wörterbuch I, s.v. Inferenz, 441.

[57] Mit dieser Überlegung wird der Tatsache Rechnung getragen, dass es sich bei der Frage
nach der Kohärenz oder Inkohärenz eines Textes um ein „texthermeneutisches Werturteil" (vgl. hierzu E.-M. Becker, Kohärenz, 117) handelt, was bedeutet, dass ein Text nicht
in sich selbst kongruent oder inkongruent ist, sondern innerhalb des Verstehensprozesses Kohärenz oder aber Inkohärenz gewinnt bzw. als kohärent oder inkohärent bewertet
wird. Zugleich wird damit ein methodischer Zwischenschritt entwickelt, der der von E.-
M. Becker geäußerten Kritik an der in ihren Augen unreflektierten und hermeneutisch
inkongruenten Verwendung des Kohärenzbegriffs in der neutestamentlichen Exegese
Rechnung trägt (vgl. zu dieser Kritik Kohärenz, 99: „Bei der Verwendung des Kohärenz-
Begriffes in der Textexegese liegt ... eine hermeneutische Inkongruenz vor: Die Kohärenz
eines Textes wird zwar in der synchronen Textanalyse ermittelt, dient dann aber zugleich
im Zusammenhang der diachronen Textexegese als Leitkriterium zur Beurteilung origi-
närer literarischer Einheitlichkeit von Texten und bildet ggf. dann auch die Basis für eine
historische Rekonstruktion der originären Textgestalt. Dabei wird nicht reflektiert, ob
und in welcher Weise eine solche Übertragung sachlich möglich ist und was sie bewirkt").

[58] Mit diesen Überlegungen ist etwa der o.cit. Kritik von S. Alkier an der literarkritischen
Methode vorgebeugt (vgl. hierzu o. 16, A. 40). Literarkritische Überlegungen evozierende
Spannungen oder Brüche im Text sind solche, deren – im Zuge des Versuchs der Sinnstif-
tung Platz greifende – Überwindung sich nicht aus der ‚Objektivität' des Textes bzw. der
ihm inhärenten Interpretationssignale unmittelbar ergibt, sondern ausschließlich im
Rahmen der subjektiven Interpretationsleistung des Rezipienten vollzogen werden kann.
Anders und gegenüber der etwa von S. Alkier formulierten Kritik an der Methode der Literarkritik wesentlich angreifbarer hier H. Schweizer, Literarkritik, 25: „Bei der literarkritischen Fragestellung konzentriert sich der Exeget lediglich auf die Stellen, die ihm aufgrund seines Kommunikationswissens als problematisch erscheinen"; im Sinne der in der
vorliegenden Studie angestellten Überlegungen müsste dieser Satz etwa folgendermaßen

Im Blick auf die vorliegende Studie heißt dies konkret: Lassen sich im Text des 4Makk selbst und innerhalb seiner argumentationslogischen Struktur solche Diskontinuitäten oder Inkohärenzen ausmachen, die nur im Kontext subjektiver Sinnbildung, d. h. mit Hilfe einer „rekonstruktive[n] oder konstruktive[n] Operation des Rezipienten"[59] und zugleich losgelöst von der textgrammatischen und konzeptionellen ,Objektivität' des Textes, überwunden werden können, ist davon auszugehen, dass dieser Text selbst nicht in einem Zug verfasst worden ist, sondern, unabhängig von der Frage nach einem oder mehreren unterschiedlichen Verfassern[60], seine Entstehung einem Entwicklungs- und Bearbeitungsprozess verdankt. Lässt sich im Blick auf die Genese des 4Makk aufgrund dieser hier beschriebenen Analyse grundsätzlich ein prozessurales Geschehen wahrscheinlich machen, ist in einem zweiten Schritt dann die argumentationslogische Struktur des gesamten 4Makk daraufhin durchzusehen, inwieweit sich in diesem *opusculum* Diskontinuitäten ausmachen lassen, die nur im Kontext reflexiver Sinnbildung, d. h. mit Hilfe von nun jedoch innerhalb der textgrammatischen und konzeptionellen ,Objektivität' des Textes liegenden Inferenzen, in Kontinuitäten überführt werden können.

Die Analyse der argumentationslogischen Struktur des 4Makk hat somit also in zwei Schritten zu erfolgen: (a) Zunächst sind diejenigen Diskontinuitäten zu untersuchen, die ausschließlich im Zuge subjektiver Sinnbildung überwunden werden können. Am Ende dieser Untersuchungen steht dann – vorausgesetzt, solche Diskontinuitäten lassen sich überhaupt namhaft machen – die Erstellung einer ersten grundlegenden theologisch profilierten Matrix zum Prozess der Genese des 4Makk.

(b) Daran anschließend ist dann die argumentationslogische Struktur dieses *opusculums* in ihrer Gesamtheit auf textliche Diskontinuitäten zu überprüfen, zu deren Überwindung es reflexiver Sinnbildung bedarf. Die hier entwickelten Ergebnisse sind dann in die im ersten Analyseschritt erstellte grundlegende Matrix einzutragen, ein Schritt, der dazu führt, diese Matrix immer weiter zu verfeinern und auszudifferenzieren. Am Ende des gesamten Analysevorgangs ist dann auf der Basis eben dieser Matrix – letztlich in redaktionsgeschichtlichem Sinne[61] – eine Beschreibung des Prozesses der Genese des 4Makk zu formulieren.

---

lauten: ,Bei der literarkritischen Fragestellung konzentriert sich der Exeget auf die Stellen, die in einer Weise diskontinuitär erscheinen, dass deren Beurteilung als kohärent nur mit Hilfe von interpretativen, d. h. subjektiven Inferenzen des Rezipienten gesichert werden kann'.

[59]   T. Lewandowski, Linguistisches Wörterbuch I, s.v. Inferenz, 441.

[60]   Vgl. hierzu J. Krispenz, Literarkritik, 15: „So ergeben sich Zäsuren innerhalb der Texteinheit. Diese Zäsuren sind Stellen, die einen Verfasserwechsel signalisieren *können*. Sie sind aber kein zureichender Grund für die Annahme eines Verfasserwechsels: Es könnten auch Texte ein und desselben Autors zusammengestellt worden sein"; vgl. darüber hinaus auch u. 28.

[61]   Zur Definition der Methode der Redaktionsgeschichte vgl. o. 15, A. 33.

Von dieser hier als subjektiv qualifizierten Sinn- bzw. Kohärenzbildung ist die individuelle Kohärenzbildung zu unterscheiden[62]. Jede Interpretation, d. h. jede von einem Interpreten vorgenommene Kohärenzbildung, ist schon aufgrund der immer in die Interpretation eingehenden Person desselben als eine individuelle zu bezeichnen; entscheidend ist vielmehr, ob diese Kohärenzbildung als ‚objektiv‘ zu verstehen ist, d. h. als eine solche, die sich am Text, seiner Argumentationsstruktur und seiner Argumentationslogik nachvollziehen lässt, oder aber als eine ‚subjektive‘, die ohne jeglichen Rückgriff auf den Text und dessen Semantik, Grammatik, Syntax und Konzeption oder womöglich sogar gegen den Text und dessen – vorhandene oder fehlende – Verstehenssignale selbst erfolgt. Im letzten Fall ist dann davon zu sprechen, dass „der Text zu einer literarkritischen Rekonstruktion heraus[fordere], da die Inkohäsionen [und Diskontinuitäten[63]] kein [objektives, sondern nur ein subjektives] Textverstehen möglich machen“[64].

Da im Kontext der in der vorliegenden Studie vorzunehmenden historisch-kritischen Interpretation des 4Makk der Frage nachzugehen ist, wie dessen Erstrezipienten die Einlassungen dieser Schrift – wahrscheinlich – interpretiert bzw. mit welchem Sinn deren Erstrezipienten diese – wahrscheinlich – gefüllt haben, ist die Frage nach der Kohärenz desselben als die Frage nach dem texthermeneutischen Werturteil der Erstrezipienten zu akzentuieren: Ist es den Erstrezipienten möglich gewesen, das 4Makk in seiner jetzigen Gestalt im Rahmen des Vorgangs ihres Textverstehens aufgrund der Interpretationssignale der Texte selbst als kohärente und in sich schlüssige sprachliche Gebilde wahrzunehmen oder sahen sie sich Texten gegenübergestellt, die sie ausschließlich auf der Grundlage ihrer eigenen Inferenzen, somit also entweder nur reflexiv oder gar subjektiv, als kohärent und somit als sinnvoll zu strukturieren und zu bewerten vermochten[65]?

Von subjektiver, ohne jegliche Textindikation konstruierter Sinnbildung ist u. a. in folgenden Fällen zu sprechen: (a) Um entsprechende textliche Diskontinuitäten bzw. Inkohäsionen zu überbrücken und zu einer kohärenten Interpretation jenes zu gelangen, weist der Rezipient einem von dem ihm vorliegenden Text gebotenen

---

[62]   Zum Begriff der individuellen Kohärenzbildung vgl. etwa E.-M. Becker, Kohärenz, 119, die allerdings eine Differenzierung zwischen individueller und subjektiver Kohärenzbildung nicht vorzunehmen scheint: „Die Wahrnehmung einer Inkohäsion des Textes erlaubt nämlich zwei unterschiedliche literarkritische Optionen: ... Oder der Exeget kann trotz vorliegender Inkohäsionen an der Kohärenz des Textes festhalten, d. h. den Text gerade der vorliegenden Uneinheitlichkeit zum Trotz als kohärente Größe interpretieren (individuelle Kohärenzbildung)“.

[63]   Vgl. hierzu o. 18.

[64]   E.-M. Becker, Kohärenz, 119.

[65]   Zu wenig differenziert an dieser Stelle U. Breitenstein, Beobachtungen, 146: „Also wird man auch Ps-Ios selbst verantwortlich machen für die *sprachlichen Unstimmigkeiten* und die gedanklichen Interpretationsschwierigkeiten dieser Partien“, in diesem Falle der innerhalb der ‚exemplarischen Erzählung‘ vorliegenden philosophischen Einschübe. Eine solche Annahme kann nur jemand vertreten, der, wie eben Breitenstein, davon ausgeht, dass 4Makk in einer noch unfertigen Weise Eingang in den Kanon der LXX gefunden habe. Zur Unwahrscheinlichkeit einer solchen Annahme vgl. jedoch bereits o. 15.

Begriff oder sprachlichen Ausdruck ein Sinnpotential zu, das diesem von seinem eigentlichen Bedeutungspotential[66] her gesehen nicht zukommt.

(b) Damit hängt zusammen: Der Rezipient schreibt einzelnen Textelementen oder Textkomponenten argumentationslogische Funktionen zu, die sich aus dem ihnen jeweils inhärenten, im Grunde inkohäsiven semantischen Potential explizit nicht ableiten lassen[67].

(c) Um die Inkohäsion einer semantisch aufweisbaren differenten und damit der Bildung von Kohärenz entgegenstehenden Emotionalität innerhalb eines sich als zusammenhängend gerierenden Textes zu überwinden, nimmt der Interpret als Inferenz einen im Text selbst nicht indizierten Wechsel der Gruppe der angeredeten Adressaten[68] oder aber eine Unterbrechung im Vorgang der Abfassung des Textes – und damit einhergehend, eine Veränderung der psychischen Verfassung des jeweiligen Autors – an[69].

(d) Den aufgewiesenen Inkohäsionen werden – zumindest in den Augen der Vertreter solcher Ansätze im Rahmen der Interpretation – tatsächliche oder auch nur angebliche - gewichtigere und umfassendere Kohäsionen entgegengestellt, die die Inkohäsionen in den Augen derselben dann insoweit zu relativieren vermögen, dass sie verblassen und ihre inkohäsive, auf eine mögliche Inkohärenz hinweisende Kraft - scheinbar - verlieren[70].

---

[66] R.-A. de Beaugrande und W.U. Dressler definieren den Begriff ‚Bedeutung' als „die Fähigkeit oder das Potential eines sprachlichen Ausdrucks, Wissen darzustellen oder zu übermitteln" (Textlinguistik, 88), den Begriff ‚Sinn' hingegen als das Wissen, „das tatsächlich durch die Ausdrücke innerhalb eines Textes übermittelt wird" (88).

[67] Vgl. hierzu etwa die Ausführungen von H. Thyen zu Joh 20,30 f.: „Auch wenn die meisten Exegeten in diesen beiden Versen immer noch den *ursprünglichen Schluß* des Evangeliums erkennen wollen und Joh 21 als den sekundären Nachtrag eines epigonalen Redaktors von bescheidenem literarischen Vermögen beurteilen, plädieren wir hier für die ursprüngliche und unauflösliche Zusammengehörigkeit von Joh 21 mit den vorausgegangenen Kapiteln 1–20 .... Weil die beiden Verse 20,30 und 31 eine *Brückenfunktion* haben, indem sie sowohl das Corpus des Evangeliums ... beschließen ..., zugleich aber auch der Eröffnung seines Epilogs als des Zeugnisses Jesu *für dieses Evangelium* dienen, ..." (Joh, 770 f.). Eine solche Brückenfunktion lässt sich aus dem Text selbst jedoch nicht entnehmen (vgl. hierzu nur R. Bultmann, Joh, 540: „[Joh] 20,30 f. ist ein deutlicher Abschluß des Ev[an]g[eliums], in dem der Auswahlcharakter der Erzählung betont und ihr Zweck angegeben wird"; vgl. darüber hinaus auch U. Schnelle, Einleitung, 571, der im Blick auf Joh 20,30 f. von einem „umfassende[n] Buchschluß" spricht), sondern muss als Inferenz, d. h. als konstruktive Operation des Rezipienten, in diesen hineingelesen werden. In diesem Sinne fußt die von Thyen hier gesehene Kohärenz an der Stelle des Übergangs von Joh 20 zu Joh 21 nicht auf den Ausführungen des Textes selbst, sondern lediglich auf seiner – letztlich gegen dessen Intention selbst gerichteten - Interpretation desselben.

[68] Dies geschieht in der Forschung etwa im Blick auf die Frage, ob die beiden Hauptteile des 2Kor, 2Kor 1–9 und 2 Kor 10–13, trotz ihrer Differenz im Tonfall als literarische Einheit angesehen werden können; vgl. hierzu etwa U. Schnelle, Einleitung, 105 mit Verweis auf W. Bousset und dessen Kommentar zum 2Kor.

[69] Vgl. zu solchen und ähnlichen Vorschlägen im Blick auf den literarischen Zusammenhang von 2Kor 1–9 und 2Kor 10–13 wiederum U. Schnelle, Einleitung, 105 f.

[70] Vgl. hierzu U. Schnelle, Einleitung, 103, der im Blick auf die - in der Forschung bestrittene - ursprüngliche literarische Einheit von 2Kor 1,1–2,13 und 2Kor 2,14–7,4 formuliert:

Die Methode einer solchen – in diesem Sinne als rezeptionsästhetisch akzentuiert zu charakterisierenden – Literarkritik lässt sich in diesem Zusammenhang
als diachrone exegetische Methode darstellen, die auf den Ergebnissen der – syn-
chron akzentuierten – Arbeitsschritte der Kontinuitäts- und der Kohärenzanalyse beruht, diese voraussetzt und dann in Aussagen über die Geschichte bzw.
das Wachstum des zu analysierenden Textes und die Leistungen der an diesem
Wachstum beteiligten Theologen transformiert. Im Rahmen der Kontinuitäts-
analyse werden – vermeintliche oder auch tatsächliche – Spannungen, Brüche
und Doppelungen[71] innerhalb des zu analysierenden Textes ermittelt, die dann
innerhalb der Kohärenzanalyse – im Falle der historisch-kritischen Methode aus
der Perspektive der Erstrezipienten – darauf zu befragen sind, ob sie eine im
Rahmen der Interpretation desselben zu vollziehende transreflexive und trans-
subjektive und in diesem Sinne von der Reflexivität und der Subjektivität des
Interpreten unabhängige Kohärenzbildung verunmöglichen oder nicht[72]. Damit
ist dann das Feld bereitet für den Übergang von der synchronen in die diachrone
Methodik, d. h. für die literarkritische und u.U. auch für die redaktionsgeschichtliche Bearbeitung des entsprechenden Textes[73].

Im Blick auf die Praxis literarkritischer Arbeit beschreibt H. Schweizer fünf
Phasen derselben, die – explizit oder implizit – auch in die hier zu leistende literarkritische Analyse von 4Makk einfließen sollen und werden: (a) In einem ersten Schritt gehe es darum, Textbeobachtungen zu sammeln. Dabei definiert er
konkret folgende Verstehensschwierigkeiten bzw. textliche Diskontinuitäten:

„Gegen die These einer Eigenständigkeit dieses Textes [d. h. von 2Kor 2,14 – 7,4] spricht
zunächst die Beobachtung, dass eine Reihe von Motivverbindungen zu 2Kor 1,1–2,13
bestehen: …“.

[71]   Vgl. hierzu etwa S. Alkier, Neues Testament, 122.

[72]   Anders hier etwa E. Gräßer, 2Kor I, 29–35; Gräßer definiert die Methode der Literarkritik
unmittelbar als Kohärenzanalyse; ähnlich hier auch K. Berger, Exegese, 17; er möchte im
Rahmen der Analyse der Textkohärenz die „Einheitlichkeit von Textabschnitten“ untersuchen; vgl. zu Gräßer und Berger auch E.-M. Becker, Kohärenz, 97, A. 1 und 98.

[73]   Vgl. durchaus in diesem Sinne auch E.-M. Becker, Kohärenz, 117: „Die Frage nach der *Kohäsion* eines Textes wird mit synchroner Methodik, d. h. vor allem sprachlich und grammatisch bearbeitet. Die Beurteilung der *Kohärenz* oder Inkohärenz eines Textes hingegen
stellt ein texthermeneutisches Werturteil dar, das dazu herausfordert, die ursprüngliche
Einheitlichkeit des Textes kritisch in Frage zu stellen, die rein textgrammatische Analyse
zu verlassen und im Rahmen diachroner Methodik die historische Rekonstruktion der originären Textgestalt zu versuchen“. Damit ordnet sie die Kohärenzanalyse letztlich auch
in die Reihe der synchronen Analyseschritte ein; vgl. zu diesem Gesichtspunkt auch 99.

(1) „Störungen des Lesevorgangs"[74]: (α) der syntaktische Bruch[75], (β) die inhaltliche Spannung[76], (γ) die terminologische Differenz[77], (δ) die terminologische Indifferenz[78], (ε) Mehrfachnennungen von Wörtern, Wortgruppen, Sätzen und Abschnitten[79], schließlich (ζ) ein aus dem Text sich ergebendes Informationsdefizit[80]; (2) „stilistische Wechsel"[81]: (α) „konkret-plastisch beschreibender Stil vs. Abstraktionen, Wertungen, religiöse Fachsprache", (β) der Wechsel zwischen direkter Rede und Handlungsschilderung, (γ) der Tempuswechsel, (δ) „knapper Stil vs. ausladend beschreibenden", (ε) „Poesie vs. Prosa", und (ζ) „Wiederholung vs. Weiterführung der Handlung, des Gedankens …". Dabei seien die als „Störungen des Lesevorgangs" definierten Verstehensschwierigkeiten bzw. Diskontinuitäten als gravierender zu beurteilen als diejenigen, die Schweizer unter dem Schlagwort „stilistische Wechsel" subsumiert.

(b) In einem zweiten Schritt müsse als „Kehrseite von Schritt I"[82] gefragt werden, „bei welchen Textteilen … [sich] … keine Beobachtungen zum Thema ‚Verständnisschwierigkeiten'"[83] namhaft machen lassen. Die Antwort auf diese Frage ermögliche Schweizer zufolge eine präzise Abgrenzung der literarkritisch voneinander zu unterscheidenden einzelnen, von ihm mit dem Begriff der näherhin in einzelne ‚Äußerungseinheiten' zu differenzierenden ‚minimalen Leseeinheit' belegten Partien eines Textes[84].

(c) Drittens seien dann die einzelnen Bruchstellen innerhalb eines Textes zu identifizieren. Um hier dem Problem einer willkürlichen Literarkritik zu wehren, sei es von entscheidender Bedeutung, die einzelnen Textbeobachtungen

---

[74]   Literarkritik, 31.

[75]   Vgl. hierzu Literarkritik, 31: „Textdeiktisch entsteht Verwirrung, weil bei einem vorausgesetzten, aber ungenannten Subjekt oder bei einem Pronomen in anderer Satzfunktion unklar ist, wer gemeint ist".

[76]   Vgl. hierzu Literarkritik, 31: „Zwei Informationen stehen offenkundig im Widerspruch".

[77]   Vgl. hierzu Literarkritik, 31: „Eine Person/Sache wird im Text unterschiedlich benannt".

[78]   Vgl. hierzu Literarkritik, 31: „Personen/Sachen, die eigentlich auseinanderzuhalten sind, werden miteinander vermengt".

[79]   Vgl. hierzu Literarkritik, 31; darüber hinaus stellt Schweizer klar: „Eine solche [Mehrfachnennung] ist zunächst noch neutral. Ob in solchem Befund ein literarkritisches Problem zu sehen ist, hängt davon ab, ob die Mehrfachnennung stilistisch akzeptabel ist … oder ob sie irritiert".

[80]   Vgl. hierzu Literarkritik, 31; Schweizer erläutert: „Der Text bringt etwas zur Sprache, was mich als Leser im Moment überfordert. Entweder liegt darin ein kommunikatives Textproblem (vielleicht weil eine Textstörung gegeben ist), oder das Inf[ormations].def[izit]. rührt von einem präsupponierten Realienwissen her, das mir als zeitlich weit entferntem Leser inzwischen abgeht. … Oft kann durchaus begründet werden, ob das Inf[ormations].def[izit]. im ersten Sinne zu sehen ist (dann interessiert es hier weiter) oder im zweiten (dann wird es registriert und belassen".

[81]   Vgl. zum Folgenden insgesamt Literarkritik, 31.

[82]   Literarkritik, 32.

[83]   Literarkritik, 32.

[84]   Vgl. zu dieser Begrifflichkeit Literarkritik, 33.

„daraufhin zu diskutieren, ob sie im Sinne eines stilistisch legitimen Effektes verstanden werden können oder ob die Verstehensschwierigkeit auch nach der genaueren Diskussion bestehen bleibt"[85]. Im Sinne des o. definierten grundlegenden qualitativen theoretischen Kriteriums sind Diskontinuitäten und Verstehensschwierigkeiten erst dann literarkritisch relevant, wenn sie im Rahmen einer historisch-kritischen Interpretation des Textes sinnvoll ausschließlich nur auf der Basis einer „rekonstruktive[n] oder konstruktive[n] Operation des Rezipienten"[86] überwunden werden können[87].

(d) Im Anschluss daran seien dann nach Schweizer auf der Ebene einer „Literarkritik zweiter Stufe"[88] eine Arbeitshypothese hinsichtlich der Frage nach dem Umfang des dem gegenwärtigen Text zugrundeliegenden ursprünglichen Primärtextes zu entwerfen[89] und zu überprüfen, welchen unterschiedlichen Schichten die auf literarkritischem Wege ermittelten einzelnen Teiltexte zuzurechnen sind[90]. Der auf diese Weise zu entwickelnde Prozess des Textwachstums wird in der vorliegenden Studie als Prozess der Relecture definiert; nach J. Zumstein liegt ein solcher Prozess „dann vor, wenn ein erster Text die Produktion eines zweiten Textes veranlasst und dieser zweite Text seine volle Verständlichkeit erst in Bezug auf den ersten Text gewinnt"[91].

(e) Am Ende der literarkritischen Analyse stehe die von H. Schweizer so genannte „Gegenkontrolle"[92]; hier müsse überprüft werden, dass alle der zuvor beschriebenen Verstehensschwierigkeiten und textlichen Diskontinuitäten im Rahmen der Interpretation des entsprechenden Textes verarbeitet worden

---

[85] Literarkritik, 33.

[86] T. Lewandowski, Linguistisches Wörterbuch I, s.v. Inferenz, 441.

[87] Anders hier H. Schweizer, Literarkritik, 33 f., der anstelle des hier formulierten qualitativen ein quantitatives Kriterium einführen möchte; er formuliert: „Es ist ... legitim zu verlangen, daß an einer einzigen literarkritischen Bruchstelle *wenigstens zwei Beobachtungen* zusammenkommen müssen, die beide auch nach genauerer Diskussion das Etikett ,Verstehensschwierigkeit' verdienen"; vgl. zu einem solchen quantitativen Kriterium auch die Ausführungen von M. Arneth, Art. Literarkritik, in: RGG⁴ V, 389 f.

[88] Literarkritik, 34.

[89] Vgl. zur methodischen Berechtigung der Aufstellung einer solchen Arbeitshypothese Literarkritik, 34: „Ihr Recht bezieht die Arbeitshypothese jedoch daraus, daß die Annahme eines ursprünglich intakten Texts, der später erweiternd verändert wurde, viel für sich hat: Sowohl von der literarischen Produktion her liegt sie näher, von der Vorstellung literarischer Kommunikation (ein Fragment wird kaum je den Beginn eines Textbildungsprozesses bilden) wie auch vom Umgang mit Texten her, die schon eine gewisse Autorität erlangt haben".

[90] Vgl. hierzu auch Literarkritik, 39: „Im IV. Schritt wird nun versucht, durch Kombination von Teiltexten, die keine Verstehensprobleme aufwerfen, d. h. die hintereinander spannungsfrei zu lesen sind, literarisch einheitliche Textschichten zu finden".

[91] J. Zumstein, Kreative Erinnerung, 24; vgl. zu dieser Definition auch 16.

[92] Literarkritik, 35.

seien und sich entweder als „stilistisch positiv erklärbar"[93] somit also als literarkritisch irrelevant oder aber als literarkritisch von Bedeutung und damit als die
Annahme eines den entsprechenden Text betreffenden Textwachstumspro-
zesses plausibilisierend erwiesen hätten.

Fazit: Aus diesen an die von H. Schweizer vorgelegten konzeptionellen Überlegungen zur literarkritischen Methode anknüpfenden und diese weiterentwic-
kelnden Erwägungen ergeben sich insgesamt folgende Arbeitsaufgaben: (a) Die
in 4Makk vorliegenden Ausführungen sind zunächst auf solche ihnen inhärente
textliche Diskontinuitäten und Verstehensschwierigkeiten zu untersuchen, die
nur im Rahmen einer subjektiven Sinnkonstitution überwunden werden können. Solche Diskontinuitäten und Verstehensschwierigkeiten fungieren als Indizien für die Annahme, dass dieses *opusculum* seine Entstehung entweder unterschiedlichen und unterschiedlich profilierten Verfassern oder aber einem zu unterschiedlichen Zeiten und unter jeweils unterschiedlichen theologischen Vorzeichen arbeitenden Verfasser verdankt. Sollten sich im Rahmen dieser Untersuchung solche Diskontinuitäten und Verstehensschwierigkeiten aufweisen lassen, wird es notwendig werden, aus ihnen eine theologisch profilierte Matrix
abzuleiten, die die unterschiedlichen theologischen Profile der jeweiligen Verfasser oder aber die unterschiedlichen theologischen Schwerpunkte des zu verschiedenen Zeiten arbeitenden einen Verfassers zumindest in ihren Eckpunkten
umreißt.

(b) Sollte der erste Analyseschritt zu belastbaren Ergebnissen führen, wird
es in einem zweiten Schritt erforderlich sein, das *opusculum* in seiner Gesamtheit
daraufhin zu überprüfen, inwieweit es Diskontinuitäten aufweist, die im Rahmen der – durch die Erstrezipienten dieses *opusculums* zu vollziehenden – Interpretation zu einer reflexiven Sinn- und Kohärenzbildung nötigen. Sollten sich
diese Diskontinuitäten in das Profil der im ersten Analyseschritt entwickelten
theologischen Matrix einordnen lassen, sind auch diese als – ergänzende und die
theologische Profilierung der Matrix weiterentwickelnde – Indizien zugunsten
der Annahme zu werten, dass die Genese des 4Makk ein prozessurales literari-
sches Geschehen darstellt.

(c) Abschließend wird dann – in umgekehrter Richtung gleichsam – die
redaktionsgeschichtliche[94] Frage nach einem Modell der Genese des 4Makk zu
beantworten sein.

---

[93]   Literarkritik, 35.
[94]   Vgl. zur Redaktionsgeschichte als Umkehrung der Literarkritik bereits o. 15.

I. Die argumentationslogische Struktur des 4Makk

I.1 Textliche Diskontinuitäten und mögliche subjektive Sinnbildung

I.1.1 Die Konzeption der Kardinaltugenden

Im Rahmen der Ausführungen 4Makk 1,2.3 f. begegnet erstmalig innerhalb des 4Makk das Konzept der vier Kardinaltugenden: καὶ γὰρ ἀναγκαῖος εἰς ἐπιστήμην παντὶ ὁ λόγος καὶ ἄλλως τῆς μεγίστης ἀρετῆς λέγω δὴ φρονήσεως περιέχει ἔπαινον (3) εἰ ἄρα τῶν σωφροσύνης κωλυτικῶν παθῶν ὁ λογισμὸς φαίνεται ἐπικρατεῖν γαστριμαργίας τε καὶ ἐπιθυμίας (4) ἀλλὰ καὶ τῶν τῆς δικαιοσύνης ἐμποδιστικῶν παθῶν κυριεύειν ἀναφαίνεται οἶον κακοηθείας καὶ τῶν τῆς ἀνδρείας ἐμποδιστικῶν παθῶν θυμοῦ τε καὶ φόβου καὶ πόνου[95]. Als Kardinaltugenden werden benannt: die φρόνησις, zugleich die μεγίστη ἀρετή, daran anschließend dann die σωφροσύνη, die δικαιοσύνη und die ἀνδρεία[96]. Dieses Schema der Kardinaltugenden scheint einerseits in der antiken paganen Philosophie nachgerade Allgemeingut gewesen[97], andererseits auch, wie die Ausführungen in SapSal 8,7 beweisen, in die jüdische Religiosität eingedrungen zu sein.

> Von besonderem Interesse sind hier die Ausführungen in SapSal 8,7, die dieses vierfältige Tugendschema in der LXX, wenn auch womöglich mit einer anderen Schwerpunktsetzung, unmittelbar belegen: καὶ εἰ δικαιοσύνην ἀγαπᾷ τις οἱ πόνοι ταύτης

---

[95] „Ist doch das Thema für jeden, der nach Wissen strebt, unentbehrlich, und es enthält darüber hinaus ein Loblied auf die größte Tugend – ich spreche selbstverständlich von der Klugheit. (3) Wenn sich füglich von der Urteilskraft herausstellt, daß sie die Leidenschaften bezwingt, die der Besonnenheit hinderlich im Wege stehen, wie Völlerei und Begierde, (4) aber dazu auch augenscheinlich jene Leidenschaften meistert, welche für die Gerechtigkeit ein Hemmschuh sind – man nehme als Beispiel die Bosheit –, ebenso die Leidenschaften, welche die Tapferkeit nicht zur Entfaltung kommen lassen, als da sind Wut und Angst und Schmerz – ..."; (Übersetzung nach H.-J. Klauck, 4Makk, 687.

[96] Vgl. hierzu H.-J. Klauck, 4Makk, 687: „Damit ist das Schema der vier Kardinaltugenden angesprochen (die übrigen drei folgen in V. 3–4 und begegnen erneut in V. 6)".

[97] Vgl. hierzu etwa C. Kraus Reggiani, 4Makk, 75 f. die im Blick auf 4Makk 1,2b.3 f. und das diesen Versen inhärente Schema der Kardinaltugenden von den „quattro virtù cardinali, prospettate secondo la classificazione platonico-stoica" spricht. Zu weiteren Belegen für die weite Verbreitung dieses Tugendschemas vgl. auch H.-J. Klauck, 4Makk, 687.

εἰσὶν ἀρεταί σωφροσύνην γὰρ καὶ φρόνησιν ἐκδιδάσκει δικαιοσύνην καὶ ἀνδρείαν ὧν χρησιμώτερον οὐδέν ἐστιν ἐν βίῳ ἀνθρώποις[98].

Darüber hinaus findet sich dieses – letztlich platonisch-stoische – Tugend-schema innerhalb der jüdischen Religionsphilosophie noch bei Philo von Alexandria, etwa in *leg.all.* I 63–67: ‚ποταμὸς δὲ ἐκπορεύεται ἐξ Ἐδὲμ ποτίζειν τὸν παράδεισον· ἐκεῖθεν ἀφορίζεται εἰς τέσσαρας ἀρχάς. ὄνομα τῷ ἑνὶ Φεισών· οὗτος ὁ κυκλῶν πᾶσαν τὴν γῆν Εὐιλάτ, ἐκεῖ οὗ ἐστι τὸ χρυσίον· τὸ δὲ χρυσίον τῆς γῆς ἐκείνης καλόν· καὶ ἐκεῖ ἐστιν ὁ ἄνθραξ καὶ ὁ λίθος ὁ πράσινος. καὶ ὄνομα τῷ ποταμῷ τῷ δευτέρῳ Γηών· οὗτος κυκλοῖ πᾶσαν τὴν γῆν Αἰθιοπίας. καὶ ὁ ποταμὸς ὁ τρίτος Τίγρις· οὗτος ὁ πορευόμενος κατέναντι Ἀσσυρίων. ὁ δὲ ποταμὸς ὁ τέταρτος Εὐφράτης'. διὰ τούτων βούλεται τὰς κατὰ μέρος ἀρετὰς ὑπογράφειν· εἰσὶ δὲ τὸν ἀριθμὸν τέτταρες, φρόνησις σωφροσύνη ἀνδρεία δικαιοσύνη. ὁ μὲν δὴ μέγιστος ποταμός, οὗ αἱ τέτταρες ἀπόρροιαι γεγόνασιν, ἡ γενική ἐστιν ἀρετή, ἣν ἀγαθότητα ὠνομάσαμεν, αἱ δὲ τέτταρες ἀπόρροιαι αἱ ἰσάριθμοι ἀρεταί. [64] λαμβάνει μὲν οὖν τὰς ἀρχὰς ἡ γενικὴ ἀρετὴ ἀπὸ τῆς Ἐδέμ, τῆς τοῦ θεοῦ σοφίας, ἣ χαίρει καὶ γάνυται καὶ τρυφᾷ ἐπὶ μόνῳ τῷ πατρὶ αὐτῆς ἀγαλλομένη καὶ σεμνυνομένη θεῷ, αἱ δὲ ἐν εἴδει τέτταρες ἀπὸ τῆς γενικῆς, ἥτις ποταμοῦ δίκην ἄρδει τὰ κατορθώματα ἑκάσταις πολλῷ ῥεύματι καλῶν πράξεων. [65] ἴδωμεν δὲ καὶ τὰς λέξεις. ‚ποταμὸς δὲ' φησίν ‚ἐκπορεύεται ἐξ Ἐδὲμ ποτίζειν τὸν παράδεισον.' ποταμὸς ἡ γενική ἐστιν ἀρετή, ἡ ἀγαθότης· αὕτη ἐκπορεύεται ἐκ τῆς Ἐδέμ, τῆς τοῦ θεοῦ σοφίας· ἥ δέ ἐστιν ὁ θεοῦ λόγος· κατὰ γὰρ τοῦτον πεποίηται ἡ γενικὴ ἀρετή. τὸν παράδεισον δὲ ποτίζει ἡ γενικὴ ἀρετή, τουτέστι τὰς κατὰ μέρος ἀρετὰς ἄρδει. ‚ἀρχὰς' δὲ οὐ τὰς τοπικὰς λαμβάνει, ἀλλὰ τὰς ἡγεμονικάς· ἑκάστη γὰρ τῶν ἀρετῶν ἡγεμονὶς καὶ βασιλὶς ὡς ἀληθῶς ἐστι. τὸ δὲ ‚ἀφορίζεται' ἴσον ἐστὶ τῷ ὅροις πεπεράτωται· ἡ μὲν φρόνησις περὶ τὰ ποιητέα ὅρους αὐτοῖς τιθεῖσα, ἡ δὲ ἀνδρεία τοῖς ὑπομενετέοις, ἡ δὲ σωφροσύνη τοῖς αἱρετέοις, ἡ δὲ δικαιοσύνη τοῖς ἀπονεμητέοις. [66] ‚ὄνομα τῷ ἑνὶ Φεισών· οὗτος ὁ κυκλῶν πᾶσαν τὴν γῆν Εὐιλάτ, ἐκεῖ οὗ ἐστι τὸ χρυσίον, τὸ δὲ χρυσίον τῆς γῆς ἐκείνης καλόν· καὶ ἐκεῖ ἐστιν ὁ ἄνθραξ καὶ ὁ λίθος ὁ πράσινος.' τῶν τεττάρων ἀρετῶν ἓν εἶδός ἐστιν ἡ φρόνησις, ἣν Φεισὼν ὠνόμασε παρὰ τὸ φείδεσθαι καὶ φυλάττειν τὴν ψυχὴν ἀπὸ ἀδικημάτων. χορεύει δὲ καὶ κύκλῳ περίεισι τὴν γῆν Εὐιλάτ, τοῦτο δέ ἐστι, τὴν εὐμενῆ καὶ πραεῖαν καὶ ἵλεων κατάστασιν περιέπει· καθάπερ δὲ τῆς χυτῆς οὐσίας ἡ κρατίστη καὶ δοκιμωτάτη χρυσός ἐστιν, οὕτως καὶ ψυχῆς ἡ δοκιμωτάτη ἀρετὴ φρόνησις γέγονε. [67] τὸ δὲ ‚ἐκεῖ οὗ ἐστι τὸ χρυσίον' οὐκ ἔστι τοπικὸν τοιοῦτον, ἐκεῖ ὅπου ἐστὶ τὸ χρυσίον, ἀλλ' ἐκεῖ οὗ κτῆμά ἐστιν ἡ χρυσαυγὴς καὶ πεπυρωμένη καὶ τιμία φρόνησις· κτῆμα δὲ θεοῦ κάλλιστον ἥδε ἀνωμολόγηται. κατὰ δὲ τὸν τόπον τῆς φρονήσεως δύο εἰσὶ ποιοί, ὅ τε φρόνιμος καὶ ὁ φρονῶν, οὓς ἄνθρακι καὶ λίθῳ πρασίνῳ παραβέβληκεν[99].

---

[98] „Und wenn jemand Gerechtigkeit liebt – (die Früchte ihrer Mühen) sind die Tugenden: Maß nämlich und Klugheit lehrt sie, Gerechtigkeit und Tapferkeit; Nützlicheres als diese gibt es nicht im Leben für die Menschen" (Übersetzung nach Septuaginta Deutsch, 1069).

[99] Text nach L. Cohn/P. Wendland, Philonis Alexandrini opera quae supersunt I, 77 f.; „‚Ein Fluss aber geht von Eden aus, den Garten zu tränken; von dort scheidet er sich in vier Ursprünge. Der eine heisst Pheison; dieser umspült das ganze Land Evilat, dort, wo das Gold ist; und das Gold jenes Landes ist gut; dort ist auch der Rubin und der Smaragd. Der zweite Fluss heisst Gihon; dieser umströmt das ganze Land Aethiopien. Der dritte Fluss ist der Tigris; dieser läuft entgegen (dem Lande der) Assyrer. Der vierte Fluss ist der Euphrat' .... Hiermit will die Schrift die Einzeltugenden bezeichnen, deren Zahl vier beträgt: Einsicht, Besonnenheit, Tapferkeit und Gerechtigkeit. Der grösste Strom, von welchem die vier Arme ausgehen, ist die Tugend im allgemeinen, die wir schon das Gutsein genannt haben; die vier Arme sind die vier Einzeltugenden. [64] Die allgemeine Tugend nimmt ihren

In 4Makk 1,18 werden diese vier Kardinaltugenden[100], die φρόνησις, die δικαιοσύνη, die ἀνδρεία und die σωφροσύνη, dann als σοφίας ἰδέαι, als Ausprägungen
der σοφία ausgemacht. Unter diesen vier Tugenden hebe sich die φρόνησις
hervor, weil durch jene der λογισμός die πάθη zu beherrschen vermöchte:
κυριωτάτη δὲ πάντων ἡ φρόνησις ἐξ ἧς δὴ τῶν παθῶν ὁ λογισμὸς ἐπικρατεῖ[101]
(4Makk 1,19). Auffällig ist, dass in 4Makk 1,19a die Tugend der φρόνησις zwar,
hier durchaus mit dem in 4Makk 1,2b Ausgeführten vergleichbar, aus dem Kanon
der Kardinaltugenden hervorgehoben wird, dass jene an dieser Stelle aber, im
Unterschied zu 4Makk 1,2b, gerade nicht im klassischen Sinne als ἀρετή, sondern
als ἰδέα der Weisheit bezeichnet und auch nicht mit dem Epitheton μεγίστη
versehen, sondern mit dem Adjektiv κυριωτάτη näher charakterisiert wird.
Diese als terminologische Differenz[102] zu charakterisierende textliche Diskontinuität vermag, so sie denn überhaupt als Störung des Vorgangs des Verstehens

---

Ausgangspunkt von Eden, der Weisheit Gottes, die sich freut und ergötzt und erquickt und
sich nur Gottes, ihres Vaters stolz berühmt; die vier Einzeltugenden gehen von der allgemeinen aus, die einem Strome gleich jeder Tugend die auf sie entfallenden ‚vollkommenen Taten‘ durch eine reiche Flut guter Werke zuströmen lässt. [65] Betrachten wir nun
auch die Ausdrücke (im einzelnen). ‚Ein Fluss geht von Eden aus, den Garten zu tränken‘.
Der Fluss ist die Tugend im allgemeinen, das Gutsein; sie geht aus von Eden, der göttlichen
Weisheit; diese aber ist die göttliche Vernunft, denn durch diese ist die allgemeine Tugend
geschaffen worden. Die allgemeine Tugend tränkt den Garten; das bedeutet: sie bewässert
die Einzeltugenden. Das Wort ‚Ursprünge‘ versteht die Schrift nicht im örtlichen Sinne,
sondern von der Führerstellung der Tugenden, deren jede in Wahrheit Führerin und Kö-
nigin ist. ‚Er scheidet sich‘ bedeutet soviel wie: er ist durch Unterschiede begrenzt, und
zwar (ist es) die Einsicht, die Grenzen setzt hinsichtlich des zu Tuenden, die Tapferkeit
hinsichtlich des zu Ertragenden, die Besonnenheit hinsichtlich des zu Wählenden, die Gerechtigkeit hinsichtlich der Zuteilung (der Güter). [66] ‚Der eine heisst Pheison, dieser umspült das Land Evilat, dort, wo das Gold ist; und das Gold dieses Landes ist gut; dort ist der
Rubin und der Smaragd‘. Eine Art der vier Tugenden ist die Einsicht, die die Schrift Pheison nennt, da sie die Seele schont und die Freveltaten hütet. In kreisförmigem Reigen
umschreitet sie das Land Evilat, das heisst, sie umgibt sorgsam die wohlwollende, freund-
liche, sanftmütige Sinnesart. Und wie unter den schmelzbaren Stoffen der beste und an-
sehnlichste das Gold ist, so ist die Einsicht die hervorragendste Tugend der Seele. [67] Die
Wendung ‚dort wo das Gold ist‘ darf nicht örtlich verstanden werden: ‚dort wo das Gold
ist‘, sondern: dort ist der, dessen Besitz die goldstrahlende, feurige, kostbare Einsicht ist;
sie ist aber zweifellos ein herrlicher Besitz Gottes. Im Bereich der Einsicht befinden sich
aber zwei verschieden gestaltete Menschen, der Einsichtige und der klug Denkende, die
die Schrift in übertragener Ausdrucksweise mit Rubin und Smaragd vergleicht"; Übersetzung nach L. Cohn/I. Heinemann/M. Adler/W. Theiler, Philo von Alexandria III 2, 37–
39.
[100] Vgl. hierzu etwa H.-J. Klauck, 4Makk, 691. Klauck verweist an dieser Stelle auf Sap 8,7; hier
werde die σοφία als „Lehrerin der vier Kardinaltugenden" vorgestellt (vgl. hierzu auch o.
29 f. und u. 72).
[101] „Die wichtigste von ihnen ist die Klugheit. Durch sie beherrscht die Urteilskraft die Leidenschaften"; Übersetzung nach H.-J. Klauck, 4Makk, 691.
[102] Vgl. hierzu o. 26.

empfunden wird, jedoch durch den Rezipienten im Rahmen einer reflexiven, d. h. von ihm mit Hilfe von innerhalb der textgrammatischen und konzeptionellen ‚Objektivität' des Textes liegenden Inferenzen vorzunehmenden Sinnkonstitution überwunden zu werden. Letzten Endes muss jener lediglich den Superlativ κυριωτάτη als inhaltliche Spezifikation des Superlativs μεγίστη und das Syntagma σοφίας ἰδέα(ι) als kontextuale inhaltliche Näherbestimmung des Terminus ἀρετή interpretieren, um zwischen den Ausführungen in 4Makk 1,2b.3 f. und 4Makk 1,18 f. textliche Kohärenz herzustellen. Die hier beobachtete Diskontinuität zwischen den Ausführungen 4Makk 1,2b und 4Makk 1,19 vermag für sich genommen somit weder zu begründen, dass beide Texte dem 4Makk zu unterschiedlichen Zeiten implantiert worden sind, geschweige denn die Annahme zu untermauern, dass sie von verschiedenen Verfassern stammen.

Deutlich anders stehen die Dinge nun aber im Blick auf 4Makk 5,22–24; in dieser Passage parallelisiert der jüdische νομικός Eleazar – zumindest implizit, indem er nämlich an die Begründung eines unbedingten Gesetzesgehorsams unmittelbar eine Reflexion über die ‚jüdischen' ἀρεταί anschließt – den Gehorsam gegenüber dem νόμος mit der innerhalb der jüdischen ‚Philosophie' entwickelten Tugendlehre; letztere lehre die Tugenden der σωφροσύνη, der ἀνδρεία, der δικαιοσύνη und schließlich der εὐσέβεια. Innerhalb dieses Katalogs von Kardinaltugenden ist die φρόνησις, nach 4Makk 1,2b die größte[103], nach 4Makk 1,19a die wichtigste[104] der vier Kardinaltugenden, durch die Tugend der εὐσέβεια ersetzt worden: χλευάζεις δὲ ἡμῶν τὴν φιλοσοφίαν ὥσπερ οὐ μετὰ εὐλογιστίας ἐν αὐτῇ βιούντων (23) σωφροσύνην τε γὰρ ἡμᾶς ἐκδιδάσκει ὥστε πασῶν τῶν ἡδονῶν καὶ ἐπιθυμιῶν κρατεῖν καὶ ἀνδρείαν ἐξασκεῖ ὥστε πάντα πόνον ἑκουσίως ὑπομένειν (24) καὶ δικαιοσύνην παιδεύει ὥστε διὰ πάντων τῶν ἠθῶν ἰσονομεῖν καὶ εὐσέβειαν ἐκδιδάσκει ὥστε μόνον τὸν ὄντα θεὸν σέβειν μεγαλοπρεπῶς[105]. Die aus diesen Ausführungen sich ergebende, näherhin als inhaltliche Spannung[106] zu definierende Diskontinuität derselben zu den Darlegungen 4Makk 1,2b. 3 f.18 f. ist offensichtlich. Das in 4Makk 1,2b.3 f.18 f. jeweils vorliegende Schema der vier Kardinaltugenden unterscheidet sich deutlich von demjenigen in 4Makk 5,22–24[107]; letzteres scheint keine Hierarchisierung der einzelnen Tugenden

---

[103]   Vgl. hierzu o. 31.

[104]   Vgl. hierzu o. 31.

[105]   „Du [, Antiochos Epiphanes,] verspottest unsere Philosophie, als ob uns, wenn wir nach ihr leben, Verständigkeit völlig abginge. (23) In der Tat, sie lehrt uns ja lediglich Besonnenheit, so daß wir alle Lüste und Begierden beherrschen; sie übt die Tapferkeit, so daß wir jeden Schmerz bereitwillig ertragen; (24) sie erzieht uns zur Gerechtigkeit, so daß wir in allen Gemütslagen doch ausgewogen agieren, sie lehrt uns die Frömmigkeit, so daß wir allein den Gott, der wahrhaft ist, in gebührend erhabener Weise verehren"; Übersetzung nach H.-J. Klauck, 4Makk, 712.

[106]   Vgl. zu diesem Kriterium o. 26.

[107]   In der Forschung wird diese Differenz häufig entweder nicht diskutiert oder aber unmittelbar parallelisiert; vgl. zu ersterem A. Dupont-Sommer, 4Makk, 108, der diese Differenz zwar nennt, aber nicht kommentiert: „Après la tempérance, le courage, la justice, c'est la

untereinander zu kennen, darüber hinaus bietet es anstelle der φρόνησις die εὐσέβεια als Kardinaltugend auf[108]. D.A. DeSilva erklärt diese beiden unterschiedlichen Tugendschemata mit dem Hinweis darauf, dass die Definition der φρόνησις als ἀρετὴ μεγίστη und deren sachlogische Verschiebung in die Rolle des Handlungsmaßstabs des λογισμός – eine Verschiebung, die etwa in 4Makk 1,30 zu beobachten sei – den argumentationslogischen Raum dafür öffne, die Tugend der εὐσέβεια anstelle der φρόνησις in das Schema der Kardinaltugenden zu integrieren[109].

Ein näherer Blick auf die Argumentation von D.A. DeSilva zeigt zweierlei: (a) Die von ihm angebotene Erklärung für die o. dargestellte Varianz des Schemas der Kardinaltugenden innerhalb des 4Makk will nicht zureichend scheinen. Der Begriff φρόνησις ist in 4Makk insgesamt dreimal belegt, in 4Makk 1,2b.18.19; an keiner dieser Stellen wird diese Tugend in irgendeiner Weise unmittelbar mit dem Konzept des λογισμός identifiziert. In 4Makk 1,30 wird jener zwar als τῶν ἀρετῶν ἡγεμών definiert, aber eben als Führer aller Tugenden und eben nicht nur der φρόνησις.

(b) Der Sachverhalt, dass D.A. DeSilva, um die Differenz innerhalb der in 4Makk überlieferten Tugendschemata zu erklären, eine Erklärung anbietet, die am Text von 4Makk keinerlei Anhalt hat, zeigt folgendes: Er sucht die durch diese Differenz evozierte textliche Diskontinuität zu überwinden, indem er im Rahmen einer nicht mehr nur reflexiven, sondern nun vollständig subjektiven Sinnbildung, d. h. mit Hilfe einer „rekonstruktive[n] oder konstruktive[n] Operation des Rezipienten"[110] und zugleich losgelöst von der textgrammatischen und konzeptionellen ‚Objektivität' des Textes[111], Sinn konstituieren und eine textliche Kohärenz herstellen möchte, ein Verfahren, das die (Erst-)Rezipienten

---

prudence, qui est la principale des quatre vertus ..., qu'on s'attendrait à voir mentionnée: au lieu de la prudence, l'auteur nomme la piété", zu letzterem etwa R. Weber, Eusebeia, 223 f.: „Eleazar tut dies, indem er in ironischem Ton zunächst auf die Lehren und die praktischen Folgen eben dieser Philosophie verweist, als da sind: σωφροσύνη, ἀνδρεία, δικαιοσύνη, εὐσέβεια. Die θρησκεία Ἰουδαίων ... lehrt also die vier von Plato herstammenden philosophischen Kardinaltugenden, d. h. sie befindet sich faktisch in bester Übereinstimmung mit dem Ethos des höchsten hellenistischen Kulturniveaus, und der heidnische Ankläger macht sich mit seinem Vorwurf selbst lächerlich, da ihm dessen Haltlosigkeit ad oculos demonstriert werden kann". Es muss allerdings mehr als fraglich bleiben, ob eine solche unmittelbare Parallelisierung dem Text von 4Makk gerecht zu werden vermag.

[108] Vgl. hierzu D.A. DeSilva, 4Makk, 135, der immerhin auf den in diesem Sinne überraschenden Tatbestand aufmerksam macht: „Here the audience encounters a surprise, for the fourth virtue listed is not prudence, but piety".

[109] Vgl. hierzu 4Makk, 136: „it seems more to the point here that, with the elevation of ‚prudence' to the chief virtue ... and its near identification with the right operation of ὁ λογισμός itself ..., there is now room for another ‚peer virtue' for the other three to be introduced".

[110] T. Lewandowski, Linguistisches Wörterbuch I, s.v. Inferenz, 441.

[111] Vgl. hierzu o. 19.21.

dieses Textes, denen der Text womöglich im Rahmen einer Gemeindeversammlung lediglich mündlich vorgetragen worden ist, in ähnlicher Weise hätten anwenden müssen. Das aber heißt: Diese im Blick auf die Differenzen innerhalb der einzelnen Tugendschemata wahrgenommene textliche Diskontinuität lässt sich kaum anders als literarkritisch erklären, d. h., mit der Annahme, dass grundsätzlich zumindest zwei unterschiedliche Verfasser oder aber – und auch dies ist nicht undenkbar – ein Verfasser zu zwei unterschiedlichen Zeiten an der Genese des 4Makk beteiligt gewesen sind.

Aus den unterschiedlichen Tugendschemata lassen sich im Blick auf das theologische Profil der einzelnen Verfasser – der Einfachheit halber soll hier zunächst von zwei verschiedenen Verfassern ausgegangen werden, wiewohl es ebenso möglich ist, dass ein und derselbe Verfasser mit jeweils anders akzentuierten theologischen Schwerpunkten am Werk gewesen ist[112] –, natürlich mit aller Vorsicht und in aller Vorläufigkeit, folgende Eckpunkte, damit zugleich auch Eckpunkte der zu entwickelnden theologischen Matrix des 4Makk, formulieren: (a) Der Verfasser von 4Makk 5,22–24, der innerhalb seines Schemas der vier Kardinaltugenden die εὐσέβεια auflistet, lässt sich beschreiben als ein durchaus an der Integration von paganer (Popular-)Philosophie und jüdischer Frömmigkeit und Religiosität Interessierter. Innerhalb seiner Konzeption der Relation von Philosophie und Theologie will aber die Philosophie als eine Art von *ancilla theologiae* der Theologie untergeordnet erscheinen. Die pagane (Popular-)Philosophie liefert jenem zufolge augenscheinlich nur die *forma*, die der *materia* der jüdischen Theologie und Religion als Vehikel dient, um jenseits der traditionellen jüdischen Religiosität in pagan-(popular-)philosophischer Umgebung und gegenüber pagan-(popular-)philosophischen, womöglich durchaus auch kritischen Anfragen in einer angemessenen und verstehbaren Weise expliziert und damit zugleich auch gerechtfertigt werden zu können[113]. Der Verfasser von 4Makk 5,22–24 scheint sich dezidiert als Theologe zu verstehen, der seine theologischen Überzeugungen in den Kategorien der Philosophie auszudrücken sucht[114].

---

[112] Vgl. hierzu bereits o. 22, A. 60; 28.

[113] In diesem Sinne treffen die Ausführungen von R. Weber, Eusebeia, 217 durchaus einen wichtigen Punkt: „So können wir das konkrete Unternehmen von 4. Makk als ein Beispiel für die zugleich missionarischen wie apologetischen Impulse des hellenistischen Judentums in der Zeit der Entstehung des Christentums interpretieren".

[114] Vgl. zu diesem Sachverhalt treffend U. Breitenstein, Beobachtungen, 133, der, allerdings ausgehend von einer anderen literarkritischen Grundthese (vgl. hierzu o. 15), formuliert: „Ihren besonderen Charakter erhält die ‚Philosophie' des Ps-Ios durch die religiöse Färbung, die etwa Oxymora vom Typus ὁ εὐσεβὴς λογισμός u.dg. bewirkt und dem νόμος zentrale Bedeutung einräumt (s. 1.16 f., 2.6,20 ff.,22 f. usw.). Das jüdische Element überdeckt das echt griechische [!]".

(b) Derjenige oder womöglich auch diejenigen, die für die Ausführungen in 4Makk 1,2b.3 f.18.19 verantwortlich zeichnen, scheinen, sofern sie überhaupt noch als (jüdische) Theologen und nicht nurmehr ‚nur' als (popular-)philosophisch Gebildete zu deklarieren sind, innerhalb der von ihnen vertretenen Relation der Theologie zur (Popular-)Philosophie letzterer zumindest eine deutlich größere wissenschaftstheoretische Eigenständigkeit und Eigenverantwortung zubilligen zu wollen. Ihnen nämlich scheint in Sonderheit angesichts des Sachverhalts, dass das von ihnen vorgelegte Schema der Kardinaltugenden offensichtlich dem erkenntnislogischen ‚Standard' innerhalb der antiken Philosophie entspricht[115], weit eher daran gelegen zu sein, die Grundsätze und Ergebnisse eines von der Theologie gänzlich unabhängigen (popular-)philosophischen Denkens mit denjenigen der jüdischen Theologie und der jüdischen Religion zu synchronisieren, als die (Popular-)Philosophie als Hilfswissenschaft der Theologie zu etablieren.

Schließlich begegnet in 4Makk 2,23b.c ein drittes Schema der vier Kardinaltugenden: καθ' ὃν πολιτευόμενος βασιλεύσει βασιλείαν σώφρονά τε καὶ δικαίαν καὶ ἀγαθὴν καὶ ἀνδρείαν[116]. Innerhalb dieses Schemas wird im Vergleich zu den Schemata in 4Makk 1,2b.3f und 4Makk 1,18 f. die φρόνησις nicht, wie in 4Makk 5,22–24 durch die εὐσέβεια, sondern durch die ἀγαθή ersetzt, ein Sachverhalt, der in der exegetischen Sekundärliteratur kaum wirklich zur Kenntnis genommen zu werden scheint[117]. Diese textliche Diskontinuität, die sich aus den Ausführungen in 4Makk 2,23b.c. im Blick auf deren Relation sowohl zu 4Makk 1,2b.3 f.18 f. als auch zu 4Makk 5,22–24 ergibt, ist der (Erst-)Rezipient zu überwinden genötigt, indem er im Rahmen von subjektiver Sinnkonstitution mit Hilfe einer von ihm durchzuführenden „rekonstruktive[n] oder konstruktive[n] Operation"[118] textliche Kohärenz herstellt und die Termini φρόνησις, εὐσέβεια und ἀγαθή als zwar unterschiedliche Begriffe, die jedoch entweder ein und denselben Sachverhalt bzw. unterschiedliche Aspekte ein und derselben Wesenheit bezeichneten oder aber wechselseitig auseinander interpretierbar seien, versteht. Subjektiv wird dieser Weg der Sinnkonstitution dadurch, dass er ohne jegliches aus dem Text selbst offeriertes Verstehenssignal, somit also ausschließlich im Vorgang der – vom Verstehenssubjekt zu leistenden – Rezeption desselben zu gehen ist. Das aber heißt: Entweder ist der Verfasser von 4Makk 2,23b.c. von demjenigen von 4Makk 5,22–24 und auch dem- oder denjenigen in 4Makk 1,2b.3 f. und 4Makk 1,18 f. zu unterscheiden, oder – diese Annahme wird

---

[115] Vgl. hierzu bereits o. 29.

[116] „Wer danach lebt, wird König sein über ein Königreich, das besteht aus Besonnenheit und Gerechtigkeit und Güte und Tapferkeit"; Übersetzung nach H.-J. Klauck, 4Makk, 699.

[117] H.-J. Klauck, 4Makk, 699 weist in seinem Kommentar immerhin auf den Sachverhalt an sich hin: „Die vier Kardinaltugenden ohne die φρόνησις", D.A. DeSilva lässt diesen Sachverhalt in seinem Kommentar gänzlich unerwähnt und unkommentiert. Gleiches gilt etwa für die Kommentare von A. Dupont-Sommer und C. Kraus Reggiani.

[118] T. Lewandowski, Linguistisches Wörterbuch I, s.v. Inferenz, 441.

angesichts nun schon drei in 4Makk belegter unterschiedlicher Schemata der
vier Kardinaltugenden jedoch immer unwahrscheinlicher – sämtliche unterschiedliche Schemata gehen auf den gleichen Verfasser zurück, sind von jenem
jedoch zu unterschiedlichen Zeiten oder, weit weniger wahrscheinlich, mit unterschiedlichen Intentionen in den Text eingestellt worden. In jedem Falle
spricht die Existenz dieser unterschiedlichen Schemata deutlich gegen die Annahme, 4Makk stelle ein vollständig einheitliches Werk dar und sei von einem
Verfasser in einem Zuge gleichsam niedergeschrieben worden.

Auch derjenige Autor, auf den das Tugendschema in 4Makk 2,23 zurückzuführen ist, lässt sich – soweit sich aus dem Schema der Kardinaltugenden
überhaupt sichere Schlüsse ableiten lassen – als jemand beschreiben, der der
(Popular-)Philosophie in ihrer Relation zur Theologie eine erheblich größere
wissenschaftstheoretische Eigenständigkeit zubilligen möchte als derjenige, der
für die Ausführungen in 4Makk 5,22–24 verantwortlich zeichnet[119].

---

[119]   Diese hier aufgewiesene Differenz der theologischen Profile kommt recht präzise in einer
        Aussage von R. Weber, Eusebeia, 217 zum Ausdruck: „4. Makk bemüht sich also um den
        geschichtlichen wie systematischen Nachweis, daß die Bestimmungen der jüdischen
        Thora mit den sittlichen Imperativen philosophischer Vernunft konvenient sind [– dies
        entspricht dem theologischen bzw. philosophischen Profil des Verfassers der ‚philosophi-
        schen These‘ –] bzw. diese fundamentieren [– dies entspricht dem theologischen bzw.
        philosophischen Profil des Verfassers der ‚exemplarischen Erzählung‘ –], und zwar auch
        noch da, wo sich die bestallten Vertreter des heidnischen Logos in der überheblichen Pose
        der Wissenden in destruktive Antithese zu den jüdischen Thoratreuen setzen".Vgl. hierzu
        auch H.-J. Klauck, Hellenistische Rhetorik, 462: „Das große aktuelle Problem, mit dem der
        Autor [des 4Makk] ringt, ist das der Assimilation. Er sieht offenkundig mit Sorge, wie sich
        in seinem jüdischen Umfeld liberalere Einstellungen zur Gesetzesobservanz auszubreiten
        beginnen. Im Gegenzug versucht er, durch den philosophischen Unterbau jüdische Le-
        bensweise als rational vertretbar und begründbar erscheinen zu lassen".

Im Rahmen einer theologischen Matrix lassen sich die bis dato erarbeiteten Ergebnisse etwa folgendermaßen darstellen:

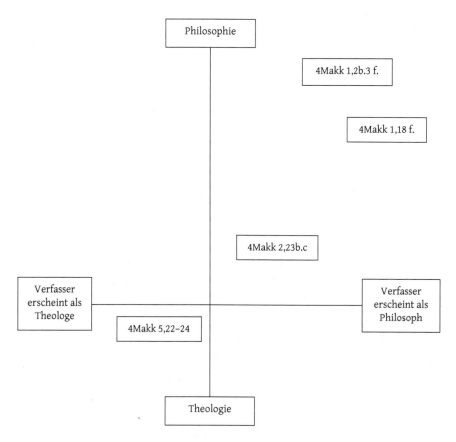

Im weiteren Verlauf der Studie ist nun zu untersuchen, inwieweit diese theologische Matrix sich durchhalten lässt und zugleich hilfreich sein kann, die Geschichte der Genese des 4Makk insgesamt zu erhellen.

I.1.2 εὐσεβὴς λογισμός – λογισμός

In 4Makk 1,1 informiert der Verfasser des 4Makk die Rezipienten seines *opusculums* über den Inhalt der nun folgenden Darlegungen; in seiner Schrift ginge es ihm darum, die Frage zu untersuchen, εἰ αὐτοδέσποτός ἐστιν τῶν παθῶν ὁ εὐσεβὴς λογισμός (4Makk 1,1b). Dieses Thema sei für denjenigen, der nach Wissen strebt, unentbehrlich und beinhalte darüber hinaus ein Loblied auf die φρόνησις als die wichtigste Tugend, die ἀρετὴ μεγίστη. An diese Einleitung schließt sich in 4Makk 1,3 f. dann ein Konditionalsatz, eingeleitet durch die eine

Erwartung ausdrückende Konjunktion εἰ ἄρα, an. In diesem wird die – eigentlich am Ende der Darlegungen zu erwartende – Antwort auf die vom Verfasser des 4Makk in 4Makk 1,1b formulierte Forschungsfrage letztlich vorweggenommen und im Rahmen eines konditionalen Bedingungsgefüges als dieselbe ihrerseits wiederum in Frage stellende *conditio* formuliert[120]: εἰ ἄρα τῶν σωφροσύνης κωλυτικῶν παθῶν ὁ λογισμὸς φαίνεται ἐπικρατεῖν γαστριμαργίας τε καὶ ἐπιθυμίας (4) ἀλλὰ καὶ τῶν τῆς δικαιοσύνης ἐμποδιστικῶν παθῶν κυριεύειν ἀναφαίνεται οἷον κακοηθείας καὶ τῶν τῆς ἀνδρείας ἐμποδιστικῶν παθῶν θυμοῦ τε καὶ φόβου καὶ πόνου. Im Rahmen dieser *conditio* wird nachgerade vorausgesetzt, dass sich bereits erwiesen habe, dass der λογισμός diejenigen πάθη[121], die den Tugenden der σωφροσύνη, der δικαιοσύνη und der ἀνδρεία entgegenstehen, in jedem Falle zu beherrschen in der Lage wäre.

> In der Literatur ist immer wieder beobachtet worden, dass das in 4Makk 1,3 f. als jenes letztlich wieder in Frage stellende *conditio* formulierte Ergebnis der vom Verfasser des 4Makk vorgenommenen Untersuchung im Kontext der Argumentationslogik des Gesamtwerkes deutlich zu früh[122], noch bevor die Untersuchung überhaupt begonnen hat, erscheint. Sinnvoll ließe sich eine solche *conditio* doch erst dann formulieren, wenn das in ihr explizierte Ergebnis der philosophischen Untersuchung bereits erwiesen wäre. Ebenso ist auffällig, dass die in 4Makk 1,2b gepriesene und über sämtliche anderen Tugenden gestellte Tugend der φρόνησις in 4Makk 1,3 f. nicht erwähnt, d. h., offensichtlich nicht unter diejenigen Tugenden subsumiert wird, die der λογισμός vor einer Überformung durch die tugendfeindlichen πάθη bewahren kann, ein Sachverhalt, der auch in 4Makk 1,6 begegnet[123]. Wenn der Verfasser des 4Makk die φρόνησις in dieser Weise hervorhebt, wäre doch zu erwarten, dass

---

[120]   Vgl. zu dieser grammatischen Struktur D.A. DeSilva, 4Makk, 73: „[4Makk] 1:3–4 provide the protasis for a conditional clause the apodosis of which is a question rather than a statement (1:5)".

[121]   Zum Verständnis des Begriffs πάθη in 4Makk vgl. H.-J. Klauck, Hellenistische Rhetorik, 460: „Der Autor gebraucht πάθη in einem sehr weiten Sinn, der Triebe und Leidenschaften ebenso einschließt wie intellektuelle Beeinträchtigungen des Denkens, körperliche Leiden und Schmerzen sowie selbst positive Gefühlsregungen oder Affekte, z. B. die Bruderliebe (14. 1) und die Kindesliebe (15. 1). Nur eine Gleichsetzung der unterschiedlichsten Formen von πάθη ermöglicht ihm überhaupt, seiner Gedankenführung den Anschein von Geschlossenheit zu verleihen".

[122]   Vgl. hierzu H.-J. Klauck, 4Makk, 687, der allerdings nur als *advocatus diaboli* fragt: „Kommt die ganze Schlußfolgerung in V. 3–5 nicht zu früh"? Vgl. hierzu auch J. Freudenthal, 4Makk, 150: „Es ist oben erwiesen worden, dass Ps. Josephus streng nach den Vorschriften der Techniker seine Rede gearbeitet hat. Nun widerspricht es aber nicht bloss den Regeln der Schule, sondern allen Geboten des gesunden Menschenverstandes, in der Einleitung mit einem Einwande zu kommen, der am Schlusse des Erweises erst seine Stelle finden konnte".

[123]   Vgl. hierzu etwa U. Breitenstein, Beobachtungen, 137: „Die Vernunft beherrscht, sagt Ps-Ios 1.6, nicht etwa die ihr selbst widerstrebenden Affekte ..., sondern die, welche der σωφροσύνη, δικαιοσύνη und ἀνδρεία hinderlich sind (1.18 zählt Ps-Ios die vier platonischen Kardinaltugenden, also inkl. φρόνησις als σοφίας ἰδέαι auf)". Literarkritische Konsequenzen aus dieser Differenz zieht Breitenstein jedoch nicht.

er diese auch innerhalb der *conditio* 4Makk 1,3 f. gegenüber den anderen Tugenden hervorhebt und zumindest postuliert, dass auch diejenigen παθή, die dieser hinderlich sind, unter der Kontrolle des λογισμός stehen. Auf diese und ähnliche Fragen ist im weiteren Verlauf der Studie noch näher einzugehen.

In 4Makk 1,1 spricht der Verfasser des 4Makk von dem Untersuchungsgegenstand seiner Rede in der Form eines Oxymorons als von dem εὐσεβὴς λογισμός, bindet den Terminus λογισμός somit also in ein im Grundsatz theologisch konnotiertes Syntagma und auch in eine theologisch konnotierte Systematik ein[124], während er in 4Makk 1,3 lediglich das eher profane und untheologische bzw. *prima vista* nicht in einen theologischen Kontext eingeordnete Simplex λογισμός verwendet. Diese zunächst unauffällige und im Blick auf 4Makk 1,1.3 noch leicht erklärbar erscheinende Beobachtung – denkbar ist immerhin, dass der Verfasser des 4Makk das Adjektiv εὐσεβής in 4Makk 1,3 nicht verwendet[125], um hier eine literarisch hölzern wirkende einfache Wiederholung zu vermeiden[126] – wird dadurch zu einer textlichen Diskontinuität, dass das Syntagma εὐσεβὴς λογισμός über 4Makk 1,1 hinaus nur noch bzw. erst wieder in 4Makk 6,31; 7,16; (11,21:

---

[124] Vgl. hierzu U. Breitenstein, Beobachtungen, 168: „Noch kurz einzugehen ist auf die für uns schwer nachzuvollziehende Gleichsetzung von Vernunft und Frömmigkeit bei Ps-Ios. Er steht damit wohl auch in seiner Zeit einzig da. Bei allen seinen hellenistisch beeinflussten jüdischen Vorgängern ... führt die Vernunft bzw. die Philosophie ebenfalls zur Frömmigkeit, doch in 4Makk besteht eine eigentliche Assimilation der Begriffe λογισμός und εὐσέβεια". Vgl. darüber hinaus auch S. Lauer, Eusebes Logismos, 171: „Thus, the paradox of *eusebes logismos* would seem to mean: ‚Reasoning which follows the rules of piety (these rules being known to us from the divine Law)' and, at the same time, ‚reasoning for the sake of piety'", und R. Weber, Eusebeia, 218: „Der Charakter dieser Vernunft als einer frommen manifestiert sich in ihrer inneren Bestimmtheit und ihrer Anleitung durch die Religion, welche ihrerseits durch die Struktur der Vernunft gekennzeichnet ist. So erhellt aus dieser sich schon allein in der genannten Begriffsverbindung wie in einem Brennpunkt zusammenfassenden Wechselseitigkeit der Interpretationen die harmonisch-reziproke *communicatio idiomatum* der korrespondierenden Größen λογισμός und εὐσέβεια". Der weitere Fortgang der Untersuchung wird jedoch zeigen, dass der εὐσέβεια in dieser Konzeption gegenüber dem λογισμός die systematische Priorität zukommt, somit also das Konzept des λογισμός in dasjenige der εὐσέβεια einzuordnen ist, nicht jedoch umgekehrt (vgl. hierzu u. 40 f.).

[125] Der von A. Rahlfs beigegebene textkritische Apparat weist aus, dass immerhin der Codex Alexandrinus in Verbindung mit dem Substantiv λογισμός an dieser Stelle das Adjektiv εὐσεβής liest. Offensichtlich hat der Abschreiber an dieser Stelle ein argumentationslogisches Defizit empfunden und dieses Adjektiv an dieser Stelle eingefügt. Vgl. zu dieser Beobachtung auch D.A. DeSilva, 4Makk, 79.

[126] Im Blick auf diese sprachliche Differenz zwischen 4Makk 1,1 und 4Makk 1,3 lässt sich durchaus von einer „für Ps-Ios typisch[en] ... ‚variatio im Detail'" (U. Breitenstein, Beobachtungen, 145) sprechen, ein Phänomen, das Breitenstein als μεταβολή beschreibt. Eine einfache Untersuchung der innerhalb des 4Makk vorliegenden Verteilung der Belege für den Terminus λογισμός einer- und für das Syntagma εὐσεβὴς λογισμός andererseits lässt die von Breitenstein vorgelegte rhetorische Erklärung für diese begriffliche Differenz jedoch kaum mehr tragfähig erscheinen.

εὐσεβὴς ἐπιστήμη;) 13,1; 15,23; 16,1 und 18,2 belegt ist. Jenes findet sich also lediglich im dritten Hauptteil, der der *peroratio* vorangehenden ‚exemplarischen
Erzählung' 4Makk 3,19–17,6, und eben jener, jedoch nicht im zweiten Hauptteil,
der auf das *exordium* folgenden ‚philosophischen These' 4Makk 1,13–3,18; zwischen 4Makk 1,3 und 4Makk 6,31 verwendet der Verfasser hingegen immer nur
das Simplex λογισμός[127]. Dazu passt, dass der Begriff εὐσέβεια ebenfalls nur innerhalb der ‚exemplarischen Erzählung', nicht jedoch innerhalb der ‚philosophischen These' in Erscheinung tritt. Im Sinne der von H. Schweizer formulierten
literarkritischen Kriterien liegt an dieser Stelle somit in jedem Falle eine terminologische Differenz vor: Die gleiche Sache wird unterschiedlich benannt[128].

> Nicht unterschlagen werden darf, dass in 4Makk 5,38 immerhin das Syntagma τῆς
> εὐσεβείας λογισμοί[129] erscheint, ein Syntagma, mit dem augenscheinlich Bezug ge-
> nommen werden sollte auf 4Makk 5,11αβ; hier nämlich fordert der seleukidische Kö-
> nig Antiochos Epiphanes den von ihm zur Folter vorgesehenen jüdischen νομικός
> Eleazar auf „dem albernen Geschwätz über ‚Urteilskräfte' [den Abschied zu ge-
> ben]"[130]: καὶ ἀποσκεδάσεις τῶν λογισμῶν σου τὸν λῆρον. Auch in 4Makk 5,38 tritt
> somit der Begriff λογισμός in Verbindung mit dem Terminus εὐσέβεια auf. In ähnli-
> cher Weise ist in 4Makk 5,31 davon die Rede, dass der λογισμός durch das Einwirken

---

[127] Dieser Befund relativiert deutlich die Position von D.A. DeSilva, dem zufolge der Verfasser
       des 4Makk die Begriffe λογισμός und εὐσεβὴς λογισμός synonym verwende: „From the
       fact that the author can move so freely back and forth between ‚pious reason' and ‚reason,'
       one might more correctly deduce that, for him the two are equivalent – the former being
       merely a fuller expression of the latter" (4Makk, 79). Dem obigen Befund zufolge mag dies
       u.U. für die ‚exemplarische Erzählung', nicht jedoch für die ‚philosophische These' zutref-
       fen. Um diesem Problem zu entgehen, weist DeSilva darauf hin, dass etwa in 4Makk 1,17;
       2,23 der λογισμός als von der Thora erzogen und ausgebildet erscheine, um dann zu fol-
       gern: „..., so that the well-functioning rational faculty is *always* acting in accordance with
       piety". Ob diese Überlegung inhaltlich greift, ist jedoch im Rahmen einer exegetischen
       Untersuchung der entsprechenden Passagen erst noch zu erweisen (vgl. hierzu u. 71–
       75.82). Dieser Befund relativiert in gleicher Weise den Hinweis von H.-J. Klauck, 4Makk,
       686: „Mit λογισμός kombiniert er [d. h. der Verfasser von 4Makk] immer wieder in
       variierender Zuordnung εὐσεβής".
[128] Vgl. hierzu o. 26.
[129] Zu den diesen Begriff betreffenden textkritischen Erwägungen vgl. etwa H.-J. Klauck,
       4Makk, 710 und U. Breitenstein, Beobachtungen, 191. Die etwa von A. Deißmann vorge-
       schlagene (vgl. 4Makk, 158, A. d) Streichung dieses Terminus als Glosse kann sich auf kei-
       nerlei Textsignal berufen.
[130] Übersetzung nach H.-J. Klauck, 4Makk, 710; darüber hinaus formuliert Klauck: „Die oben
       gewählte Übertragung rechnet damit, daß der Autor den Eleazar als Träger seiner eigenen
       Ideale ansieht, deshalb λογισμός auch als Leitbegriff der Philosophie Eleazars ausgeben
       kann, dies in der Brechung durch die fiktive Rede des Königs. Anders gesagt: Der Autor ist
       sich bewußt, daß mancher seiner *Leser* des ewigen Geredes über die ‚Urteilskräfte' lang-
       sam überdrüssig geworden ist". Diese Interpretation geht aber von der literarischen und
       auch redaktionsgeschichtlichen Einheitlichkeit des 4Makk aus; wird diese Einschätzung,
       wie etwa in der vorliegenden Studie, nicht geteilt, so ergibt sich eine andere Deutung die-
       ses hier diskutierten Syntagmas; vgl. hierzu auch u. 41 und 91 mit A. 304.

der εὐσέβεια verjüngt, damit also positiv beeinflusst wird[131]. Somit ist also, wenn auch womöglich nur implizit, bereits in 4Makk 5,31 von einem εὐσεβὴς λογισμός die Rede.

Zu fragen ist nun, auf welchem Wege die (Erst-)Rezipienten des 4Makk diese textliche Diskontinuität überwinden konnten? Angesichts der Tatsache, dass bereits in 4Makk 1,1 syntagmatisch vom εὐσεβὴς λογισμός, in 4Makk 1,3 jedoch nurmehr vom λογισμός die Rede ist, ließe sich die Überwindung dieser Diskontinuität durchaus auf dem Wege der reflexiven Sinnbildung, d. h. auf dem Wege der reflektierenden Verknüpfung von im Text selbst gebotenen Verstehenssignalen, leisten. Konkret: Vor dem Hintergrund des in 4Makk 1,1 Formulierten ist es für den (Erst-)Rezipienten auf der Basis des ihm bis dato dargebotenen Textes immerhin möglich, den etwa in 4Makk 2,20 oder auch in 4Makk 3,5 angesprochenen λογισμός zugleich als εὐσεβὴς λογισμός zu definieren. Diese Leistung lässt sich allerdings – gerade auch von (Erst-)Rezipienten, die sich diesen als Rede konzipierten Text nur auditiv vergegenwärtigen können – umso weniger unmittelbar und damit auch umso weniger reflexiv erbringen, je argumentationslogisch weiter entfernt voneinander sich die unterschiedlichen Verstehenssignale und -komponenten befinden. M.a.W.: Wer den in 4Makk 3,5 oder in 4Makk 3,18 f. nur gehörten Terminus λογισμός im Sinne von εὐσεβὴς λογισμός verstehen möchte, ist genötigt, einen so umfassenden Reflexionsaufwand zu betreiben, dass sich das gesamte Verstehensprocedere von demjenigen der subjektiven Sinnbildung kaum mehr unterscheidet. Das aber bedeutet: Diejenigen Passagen des 4Makk, in denen der Terminus λογισμός, im Anschluss an 4Makk 1,1, ohne das Adjektiv εὐσεβής erscheint, konkret etwa die ‚philosophische These' 4Makk 1,13–3,18[132], sind einem anderen Verfasser zuzuschreiben als diejenigen Passagen, in denen das Syntagma εὐσεβὴς λογισμός oder aber eine andere Verknüpfung des Terminus λογισμός mit der Konzeption der εὐσέβεια die Darstellung dominieren. Darüber hinaus legt sich die Annahme nahe, dass diejenigen Passagen, innerhalb derer der Terminus λογισμός mit der Konzeption der εὐσέβεια verknüpft erscheint, demjenigen Verfasser zuzuschreiben sind, der die Kardinaltugend der φρόνησις durch diejenige der εὐσέβεια ersetzt hat. Das aber bedeutet: Die ‚exemplarische Erzählung' 4Makk 3,19–17,6 und die ‚philosophische These' 4Makk 1,13–3,18[133] gehen, soll nicht angenommen werden, dass sie von ein und demselben Verfasser zu unterschiedlichen Zeiten und in unterschiedlichen Phasen seines philosophischen bzw. theologischen Denkens niedergeschrieben wurden – eine Annahme, die sicherlich denkbar, aber angesichts der mit ihr verbundenen Schwierigkeiten insgesamt weniger plausibel erscheint – auf unterschiedliche Verfasser zurück.

---

[131] Vgl. hierzu u. 89–97.
[132] Zur Gliederung des 4Makk vgl. o. 14.
[133] Zur Gliederung des 4Makk vgl. o. 14.

Eingetragen in die o. entwickelte Matrix ergibt sich somit folgendes Bild:

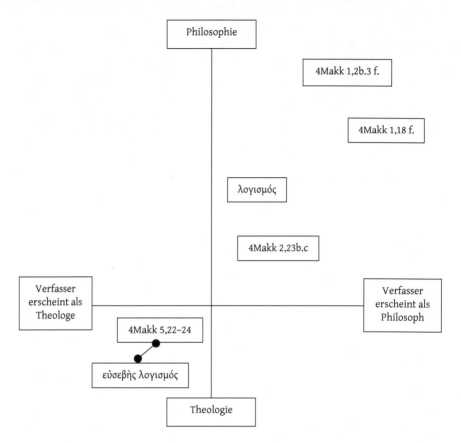

Damit aber haben sich innerhalb des 4Makk zwei differente theologische bzw. philosophische Profile herauskristallisiert, nämlich einerseits dasjenige eines jüdischen Theologen, der die Erkenntnisse der Philosophie seiner Theologie dienstbar gemacht hat, andererseits dasjenige eines womöglich auch jüdischen (Religions-)Philosophen, der die Philosophie und deren Erkenntnisse als gegenüber der Theologie eigenständig betrachtete und daher versuchte, die Erkenntnisse beider Wissenschaften zu synchronisieren[134].

---

[134]   Vgl. hierzu durchaus m.R. R. Weber, Eusebeia, 220: „Man wird die Eigendynamik der verwendeten sprachlichen Mittel und philosophischen Kategorien aus der Welt des Hellenismus, die ihnen immanente prägende Kraft auch hinsichtlich der ihnen dann im folgenden unterlegten geschichtlichen Inhalte aus der jüdischen Vergangenheit nicht pauschal unterschätzen dürfen, wie es in der bisherigen Forschung leider weithin geschieht, sondern genauer zu fragen haben, wie denn auf diesem Hintergrund die Intention des Verfassers zum Zuge kommt, die Vernunft an der Frömmigkeit zu orientieren, indem er die raison

I.1.3   4Makk 1,6a – 4Makk 3,1b[135]

Sowohl in 4Makk 1,6a als auch in 4Makk 3,1b geht es um die Definition der Begrenzungen der Wirksamkeit des λογισμός. Während jener nach 4Makk 1,6a nicht „die ihm eigenen Unzulänglichkeiten, sondern nur jene Leidenschaften, die der Gerechtigkeit, der Tapferkeit und der Besonnenheit entgegenstehen"[136], zu überwinden vermag: οὐ γὰρ τῶν αὐτοῦ παθῶν ὁ λογισμὸς κρατεῖ ἀλλὰ τῶν τῆς δικαιοσύνης καὶ ἀνδρείας καὶ σωφροσύνης ἐναντίων, vermag nach 4Makk 3,1b „die Urteilskraft nicht die ihr inhärenten Unzulänglichkeiten [zu] meistern ..., wohl aber die körperlichen Leidenschaften"[137]: οὐ γὰρ τῶν ἑαυτοῦ παθῶν ὁ λογισμὸς ἐπικρατεῖν φαίνεται ἀλλὰ τῶν σωματικῶν. Werden diese beiden Aussagen einander gegenübergestellt, so ergibt sich eine – in der gegenwärtigen Forschung kaum diskutierte[138] – textliche Diskontinuität, die nur auf dem Wege einer subjektiven Sinnbildung überwunden werden kann: Der (Erst-)Rezipient muss die in 4Makk 1,6a benannten πάθη τῆς δικαιοσύνης καὶ ἀνδρείας καὶ σωφροσύνης ἐναντία mit den πάθη σωματικά identifizieren, eine Identifikation, für die der Text des 4Makk nicht nur keinen Anhalt bietet, sondern die jener

---

de la piété Gestalt werden läßt. Wenn es denn das Ziel seines Unternehmens ist, ‚die Sinnhaftigkeit des jüdischen Gesetzesgehorsams zu erweisen', und ‚die in der εὐσέβεια, d. h. die im Gehorsam gegen Gottes Gesetz bewährte Vernunft' zu explizieren, dann muß die innere Struktur und Argumentationsform dieses Versuches bestimmt werden, und man darf sich nicht mit bloßen Postulaten oder der These begnügen, ‚das griechisch-philosophische Traditionsgut' sei ‚völlig unter die Dominanz spezifisch jüdischer Glaubensanschauungen geraten'". Diese von R. Weber formulierte Einschätzung der philosophischen bzw. theologischen Leistungsfähigkeit des Verfassers des 4Makk trifft auf den bzw. die Verfasser der ‚philosophischen These' in jedem Falle zu, auf denjenigen der ‚exemplarischen Erzählung' nicht. Den von Weber hier angestoßenen Dissens in der Forschung spiegelt die in der vorliegenden Studie entwickelte These zur Genese des 4Makk sehr schön wider; zugleich vermag sie jenen aufzulösen: An der Abfassung des 4Makk sind unterschiedliche Verfasser mit unterschiedlichen philosophischen bzw. theologischen Profilen und Intentionen beteiligt gewesen.

[135]   Vgl. zu einer umfassenderen Interpretation dieser beiden Passagen in ihren jeweiligen Kontexten auch u. 48–61.83 f.

[136]   Übersetzung nach H.-J. Klauck, 4Makk, 688.

[137]   Übersetzung nach H.-J. Klauck, 4Makk, 700. Vgl. zu dieser Aussage und dem derselben inhärenten exegetischen Problem etwa H.-J. Klauck, 4Makk, 700: „Als schwierig wird empfunden, daß der Autor hier anders als in 1,20.26–28 nur körperliche Leidenschaften nennt, obwohl er in V. 2–4 wieder ausschließlich auf seelische Leidenschaften eingeht". Dieses von Klauck zutreffend benannte exegetische Problem, das im Zusammenhang der argumentationslogischen Analyse des gesamten 4Makk näher zu untersuchen sein wird (vgl. hierzu u. 75 f.), wird in der Forschung immer wieder diskutiert.

[138]   Vgl. hierzu etwa D.A. DeSilva, 4Makk, 105 und H.-J. Klauck, 4Makk, 700; beide Forscher diskutieren die hier beschriebene textliche Diskontinuität zwischen 4Makk 1,6a und 4Makk 3,1b nicht.

vielmehr sogar verunmöglicht. In 4Makk 1,33–35 nämlich werden der σωφροσύνη sowohl leibliche als auch seelische Begierden gegenübergestellt; nach
4Makk 1,32 werden, hierin durchaus dem 4Makk 1,6a Ausgeführten entsprechend, beide Formen dieser ἐπιθυμίαι von der Urteilskraft beherrscht werden: τῶν δὲ ἐπιθυμιῶν αἱ μέν εἰσιν ψυχικαί αἱ δὲ σωματικαί καὶ τούτων
ἀμφοτέρων ἐπικρατεῖν ὁ λογισμὸς φαίνεται. Nach 4Makk 3,1 ist dem λογισμός
jedoch nur möglich, die der σωροσύνη entgegenwirkenden ἐπιθυμίαι σωματικαί
zu kontrollieren. Um hier Kohärenz herzustellen, ist es notwendig, dass der
(Erst-)Rezipient diese textliche Diskontinuität mit Hilfe einer im Widerspruch zu
den Aussagen des Textes selbst durchzuführenden „rekonstruktive[n] oder konstruktive[n] Operation"[139] in ein sinnhaftes *continuum* überführt. Das aber heißt:
Die Ausführungen in 4Makk 1,6a und diejenigen in 4Makk 3,1b verdanken sich
unterschiedlichen Verfassern; die Annahme, sie entstammten der Feder eines
einzigen Verfassers, reflektierten aber unterschiedliche Stadien seiner in diesem Falle philosophischen Entwicklung, lässt sich angesichts dieser offensichtlichen Widersprüchlichkeit nurmehr unter großen Schwierigkeiten aufrechterhalten.

> Nicht wenige Kommentatoren, in Sonderheit innerhalb der älteren Forschung, ver-
> suchen, dieses exegetische Problem mit einer Emendation des Textes von 4Makk 3,1
> zu lösen. Im Anschluss an J. Freudenthal und A. Deißmann korrigiert etwa A. Dupont-
> Sommer unter Bezug auf 4Makk 1,5 f.: „ἀλλὰ τῶν τῆς δικαιοσύνης καὶ ἀνδρείας καὶ
> σωφροσύνης καὶ φρονήσεως ἐναντίων, καὶ τούτων οὐχ ὥστε αὐτὰ καταλῦσαι, ἀλλ᾽
> ὥστε αὐτοῖς μὴ εἶξαι"[140], um dann anzumerken: „Le texte ainsi obtenu donne un sens
> très satisfaisant, et se relie parfaitement à ce qui suit"[141]. Mit dieser textlichen Emen-
> dation wird ein literarkritisches Problem zu lösen versucht, ohne dass es zu einer
> solchen Lösung in den zuhandenen Handschriften auch nur einen einzigen Hinweis
> gäbe[142]. Einer solchen ohne jegliche Manuskriptbasis durchgeführten Emendation ist
> die in der vorliegenden Studie vorgeschlagene literarkritische Lösung in jedem Falle
> vorzuziehen. In jedem Falle ist diese Emendation jedoch in die Rubrik der subjektiven
> Sinnbildung einzuordnen.

---

[139] T. Lewandowski, Linguistisches Wörterbuch I, s.v. Inferenz, 441.
[140] 4Makk, 97.
[141] 4Makk, 97.
[142] Vgl. hierzu im Blick auf einen ähnlich gelagerten Lösungsversuch m.R. kritisch H.-J.
       Klauck, 4Makk, 700: „Freudenthal ..., gefolgt von den meisten Übers[etzern]., nimmt ohne
       jede Manuskriptbasis (bestätigt von Hanhart aufgrund der Göttinger Kollationen) massive
       Texteingriffe vor, indem er die vermeintliche Dublette in 1,5 f. dort tilgt und teilweise
       hier einschiebt. Ein zwingender Grund dafür besteht nicht".

Wird die o. entwickelte Matrix mit diesen Aussagen gefüttert, stellt sich folgendes, in sich durchaus differenziertes Bild dar:

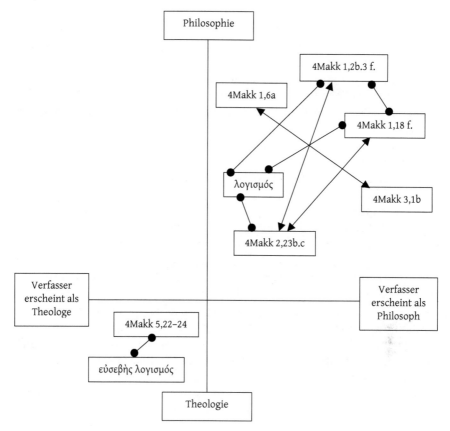

I.2   Zwischenfazit

Das bis dato Erörterte lässt folgende grundlegenden Annahmen plausibel erscheinen: (a) Die ‚exemplarische Erzählung‘ 4Makk 3,19–17,6 scheint sich einem einzigen Verfasser zu verdanken, dessen theologisches Denken, im Unterschied zu demjenigen anderer an der Erstellung dieses *opusculums* Mitwirkender, von der augenscheinlich theologisch konnotierten Konzeption der εὐσέβεια bestimmt ist[143]. Dabei ist natürlich nicht auszuschließen, dass jener auf ihm bereits vorliegendes traditionelles Material zurückgegriffen hat. Naheliegend ist es, die ‚exemplarische Erzählung‘ als die Basis anzusehen, auf der dann das 4Makk bis zum gegenwärtigen Umfang gewachsen ist. Dass diese, die die theologische Konzeption der εὐσέβεια transportierten, in deren Rahmen auch das Konzept des εὐσεβὴς λογισμός einzuordnen ist, um allgemein-(popular-)philosophische Erwägungen zum λογισμός, d. h. um die ‚philosophische These‘ 4Makk 1,13–3,18, ergänzt worden seien, will erheblich plausibler scheinen als die gegenteilige Annahme, dass der doch recht kurzen und im wesentlichen Definitionen bietenden allgemein(popular-)philosophisch geprägten ‚philosophischen These‘ eine von den Konzepten der εὐσέβεια und des εὐσεβὴς λογισμός bestimmte ‚exemplarische Erzählung‘ hinzugefügt worden wäre. Dass nämlich ein theologisch akzentuierter Text wie die ‚exemplarische Erzählung‘ um allgemein(popular-)philosophische Erwägungen ergänzt und somit philosophisch – und damit auch gerade im Blick auf die in der jüdischen Umwelt des Textes und womöglich auch bereits innerhalb der Gruppe der (Erst-)Rezipienten Platz greifende pagane (Popular-)Philosophie – abgesichert und zugleich auch weiterentwickelt wird, ist zwanglos vorstellbar. Dass ein eigentlich sich selbst genügender, bereits mit einer Beispielerzählung versehener[144] und somit argumentationslogisch im Grunde abgeschlossener philosophisch-theologischer Text um eine thematisch ausschweifende Geschichte wie die ‚exemplarische Erzählung‘ ergänzt würde, läßt sich hingegen deutlich weniger zwanglos plausibilisieren[145].

(b) Zur Entstehung der ‚philosophischen These‘ und des *exordiums* haben zumindest zwei, wenn nicht sogar drei unterschiedliche Verfasser beigetragen, wobei auch hier natürlich denkbar ist, dass der eine oder der andere Verfasser traditionelles Material verarbeitet hat. Diese beiden – oder auch diese drei – unterschiedlichen Verfasser stehen sich im Blick auf ihr theologisches bzw. philosophisches Profil recht nahe. Allesamt geht es ihnen um die Synchronisation

---

[143]   Für diesen Verfasser trifft das Urteil von A. Deißmann, 4Makk, 151 zu: „Der Verfasser ist durch und durch ein jüdischer Frommer; alles Stoische ist nur angelernt und anempfunden".

[144]   Vgl. hierzu u. 84.

[145]   Vgl. hierzu bereits die im Grundsatz in eine ähnliche Richtung weisenden Ansätze von A. Dupont-Sommer und J.C.H. Lebram o. 9–11.

philosophischer mit theologischer Erkenntnis, nicht um die Unterordnung ersterer unter letztere. Sie werden im Zuge einer oder mehrerer Relecturen die
bereits bestehende ‚exemplarische Erzählung‘ eben um die ‚philosophische
These‘ und womöglich auch noch um weiteres Material ergänzt haben.

(c) Vor dem Hintergrund der o. entwickelten theologischen Matrix ist es
nicht vollständig unmöglich, die These aufrechtzuerhalten, dass das 4Makk sich
nur einem einzigen Verfasser verdanke, der dieses *opusculum* in unterschiedlichen Zeiten mit jeweils unterschiedlichen neuen Schwerpunktsetzungen versehen habe. Wirklich plausibel will eine solche Annahme aber nicht scheinen;
die Annahme mehrerer Hände, denen diese Schrift ihre Entstehung verdankt, ist
demgegenüber mit deutlich weniger Schwierigkeiten verbunden[146].

Im Rahmen der Analyse der argumentationslogischen Struktur des 4Makk
in seiner Gesamtheit ist auf der Basis des bis hierher Erarbeiteten nun zu untersuchen, wie sich diese hier entworfene theologische Matrix der Genese des
4Makk näherhin, d. h. gerade auch im Blick auf die einzelnen, z. T. inhaltlich
deutlich different konnotierten Passagen dieser Schrift, ausdifferenzieren lässt.

---

[146] Dieses – zunächst natürlich noch vorläufige – Ergebnis deckt sich mit der von U. Breitenstein, Beobachtungen, 132 formulierten Beobachtung, dass „die Philosophie ... nicht integriert [sei] in die Märtyrergeschichten oder umgekehrt“. Gingen alle Teile des 4Makk auf
den gleichen Verfasser zurück, ließe sich eine doch deutlich weitergehende Integration
beider erwarten.

II.   Die Analyse des 4Makk

Ausgehend von der o. entwickelten These, dass die Existenz des 4Makk auf das Wirken zumindest drei unterschiedlicher Verfasser – oder aber, erheblich weniger plausibel, auf das Nacheinander drei unterschiedlicher philosophischer bzw. theologischer Entwicklungsstadien eines Verfassers – zurückzuführen ist, soll nun die argumentationslogische Struktur dieses *opusculums* daraufhin untersucht werden, welche einzelnen Passagen für das Wirken dieser unterschiedlichen Verfasser jeweils in Anschlag zu bringen sind. Darüber hinaus ist auch zu klären, an welchen Stellen sich ein von dem jeweiligen Verfasser vorgenommener Rückgriff auf die Tradition wahrscheinlich machen lässt.

II.1   Das *exordium* 4Makk 1,1-12

II.1.1   4Makk 1,1 f. 3 f.5 f.

Innerhalb des *exordiums*[147] 4Makk 1,1–12 ist der Terminus λογισμός insgesamt viermal belegt, nämlich in 4Makk 1,1.3.7.9. Aufgrund des o. bereits angesprochenen Sachverhalts, dass dieser Begriff in 4Makk 1,1 bereits mit dem Adjektiv εὐσεβής verknüpft, somit also als εὐσεβὴς λογισμός erscheint, ließe sich durchaus mit einer gewissen Plausibilität die These vertreten, dass der λογισμός-Begriff innerhalb des *exordiums* ingesamt unter dem Vorzeichen der εὐσέβεια steht, vom Verfasser des 4Makk somit in diesen Versen durchgängig als εὐσεβὴς λογισμός konnotiert worden ist und im Kontext seiner Rezeption durchgängig als ,fromme Urteilskraft'[148] verstanden werden soll. Auffällig ist freilich, dass der Verfasser des 4Makk in 4Makk 1,7, im Anschluss an die Diskussion eines, ein positives Ergebnis der vom Verfasser des 4Makk eingeleiteten Untersuchung voraussetzenden[149], Einwandes 4Makk 1,3–6, letzten Endes also im Rahmen eines argumentationslogischen Neuansatzes – nun nämlich soll die der Untersuchung zugrundeliegenden Methodik skizziert werden –, wie auch in 4Makk 1,9, nur vom

---

[147]   Zum Begriff des *exordiums* vgl. neben vielen anderen etwa H. Lausberg, Handbuch I, 150: „Das *exordium* ... ist der Anfang der Rede. Ziel des *exordium* ist es, die Sympathie des Richters (oder im weiteren Sinn: des Publikums) für den (parteimäßig vertretenen) Redegegenstand zu gewinnen".

[148]   Vgl. zu dieser Übersetzung des Begriffs λογισμός H.-J. Klauck, 4Makk, 686.

[149]   Vgl. hierzu u. 58 f.

λογισμός, nicht jedoch von einer durch die Konzeption der Frömmigkeit charakterisierten Urteilskraft spricht[150]. Diese Beobachtung weist ihrerseits zumindest
auf eine terminologische, wenn nicht sogar auf eine sachlich-inhaltliche Differenz bzw. eine inhaltliche Spannung[151] zwischen 4Makk 1,1 und 4Makk 1,7.9[152].

Für diesen Befund lassen sich folgende Erklärungen denken: (a) Das Adjektiv
εὐσεβής sei in 4Makk 1,3.7.9 aus rhetorischen Gründen ausgefallen; der Verfasser des 4Makk habe an diesen Stellen, um hölzern wirkende Formulierungen zu
vermeiden, das Substantiv λογισμός ohne das Adjektiv εὐσεβής verwendet. Dieser Erklärung widerrät allerdings unmittelbar die Beobachtung, dass der Verfasser in 4Makk 1,7, nachdem er in 4Makk 1,3 f.5 f. einen möglichen Einwand gegen
seine These zu widerlegen unternahm, nur das Simplex λογισμός verwendet,
wiewohl hier, nach doch erheblichen inhaltlichen Abschweifungen, das Syntagma εὐσεβὴς λογισμός, schon, um hier inhaltlich klar zu formulieren, keinesfalls unangebracht gewesen wäre.

(b) Jenseits dieser rhetorischen Erklärung ließe sich auch vermuten, dass das
exordium 4Makk 1,1–12 ursprünglich einen zusammenhängenden Text bildete
und der Verfasser des 4Makk in 4Makk 1,1 das Adjektiv εὐσεβής lediglich ergänzt
habe, um die später in seiner Rede durchdringende Konzeption von einem
εὐσεβὴς λογισμός bereits am Anfang seiner Rede zu verankern[153]. Diese
Annahme transportiere ihrerseits die Implikation, dass nicht 4Makk 1,1 und
4Makk 1,3.7.9 – bzw. 4Makk 1,1 f. und 4Makk 1,3–12 –, sondern 4Makk 1,1–3,18
und 4Makk 3,19–17,6(.17,7–18,24) entweder von jeweils unterschiedlichen Verfassern stammten oder aber zwei zu unterschiedlichen Anlässen von dem gleichen Verfasser gehaltene, jeweils unterschiedliche Reden darstellten, die von
ihrem Redner dann in 4Makk zusammengefügt worden seien. Das *exordium*
4Makk 1,1–12 bildete jedoch, von dieser Ergänzung abgesehen, von vornherein
einen einheitlichen Text.

(c) Denkbar wäre natürlich auch, dass die Ausführungen 4Makk 1,1 f. und
4Makk 1,3–12 selbst zwei zwar unterschiedlichen, jedoch vom gleichen Verfasser stammenden, allerdings zu jeweils verschiedenen Anlässen konzipierten

---

[150]   Der von A. Rahlfs beigegebene textkritische Apparat weist aus, dass immerhin der Codex
        Alexandrinus in Verbindung mit dem Substantiv λογισμός an dieser Stelle das Adjektiv
        εὐσεβής liest. Offensichtlich hat der Abschreiber an dieser Stelle ein argumentationslogi-
        sches Defizit empfunden und dieses Adjektiv an dieser Stelle eingefügt. Vgl. zu dieser
        Beobachtung auch D.A. DeSilva, 4Makk, 79.

[151]   Vgl. zu diesem Terminus o. 26.

[152]   Vgl. hierzu bereits o. 37–42.

[153]   Vgl. hierzu sehr treffend R. Wonneberger, Redaktion, 124: „Gelegentlich finden sich kurze
        redaktionelle Stücke, die zwar nicht in den Kontext passen, sich jedoch als Vorbereitung
        einer später eingefügten Passage zu erkennen geben. Sieht man letztere als ‚*Schiff*', dann
        bildet erstere den ‚Anker', sorgt also dafür, daß das große und damit den Text leicht
        sprengende Stück festen Halt im Text bekommt. Deshalb wollen wir in solchen Fällen von
        ‚*Anker-Erweiterung*' sprechen".

Reden zuzuordnen wären[154]; die hier namhaft gemachte Verwendung einer unterschiedlich akzentuierten Begrifflichkeit mag sich dann dem jeweils unterschiedlichen Anlass oder aber auch dem jeweils unterschiedlichen Publikum oder aber auch einer theologischen bzw. philosophischen Weiterentwicklung des entsprechenden Verfassers verdanken[155].

(d) Schließlich die – zumindest im Blick auf das *exordium* – weitestgehende Erklärung: Die Ausführungen in 4Makk 1,1 – bzw. 4Makk 1,1 f. – und 4Makk 1,3.7.9 – bzw. 4Makk 1,3–12 – verdankten sich jeweils unterschiedlichen Verfassern[156], 4Makk 1,1 einem explizit auf der Basis der Konzeption eines theologisch geprägten λογισμός argumentierenden Autor, 4Makk 1,3.7.9 einem Verfasser, der den λογισμός selbst, wenn er ihn an sich womöglich konzeptionell ebenfalls in einen theologischen Kontext einzuordnen in der Lage wäre, letztlich jedoch nicht als *sacrum*, sondern ausschließlich als *profanum* verstanden wissen wollte.

Im Rahmen des Versuchs, diese Frage zu klären, verdient eine in der exegetischen Literatur bis dato wenig diskutierte Beobachtung Beachtung: In 4Makk 1,3 f. werden den drei der φρόνησις augenscheinlich nachgeordneten (4Makk 1,2b) Kardinaltugenden der σωφροσύνη, der δικαοσύνη und der ἀνδρεία jeweils folgende, letzten Endes jedoch vom λογισμός bezwungene bzw. beherrschte πάθη gegenübergestellt: Der σωφροσύνη stehen die Leidenschaften der γαστριμαργία und der ἐπιθυμία, also die Völlerei und die Begierde gegenüber, der δικαιοσύνη etwa die κακοήθεια (die Bosheit) und der ἀνδρεία der θυμός (die Wut), der φόβος (die Angst) und der πόνος (der Schmerz). Zwischen diesen Kategorisierungen und denjenigen, die in der Darstellung in 4Makk 1,30b–2,9a sichtbar werden – hier wird die in 4Makk 1, 3 f. anklingende Thematik wieder aufgenommen –, lassen sich nun allerdings deutliche Differenzen ausmachen: (a) Werden in 4Makk 1,3 der σωφροσύνη die γαστριμαργία und die ἐπιθυμία gegenübergestellt, so in 4Makk 1,30b–2.3.4–6a nur die ἐπιθυμία bzw. präziser: einige konkrete ἐπιθυμίαι wie diejenige nach verbotenen Speisen und diejenige der τῆς ἡδυπαθείας οἰστρηλασία. Der Begriff der γαστριμαργία begegnet in 4Makk hingegen nicht mehr. Mit H. Schweizer lässt sich diese Beobachtung als terminologische Differenz oder aber auch als inhaltliche Spannung[157] beschreiben.

(b) In 4Makk 1,32a werden die ἐπιθυμίαι in die Kategorien ‚seelisch' und ‚leiblich' differenziert: τῶν δὲ ἐπιθυμιῶν αἱ μέν εἰσιν ψυχικαί αἱ δὲ σωματικαί, eine Differenzierung, die in 4Makk 1,3 zur Gänze unterbleibt. Nicht undenkbar,

---

[154] Vgl. zu dieser möglichen Erklärung bereits die These von J.C.H. Lebram o. 10 f.
[155] Vgl. hierzu auch J. Krispenz, Literarkritik, 15, die hier zu entsprechender Vorsicht mahnt: „Diese Zäsuren sind Stellen, die einen Verfasserwechsel signalisieren *können*. Sie sind aber kein zureichender Grund für die Annahme eines Verfasserwechsels: Es könnten auch Texte ein und desselben Autors zusammengestellt worden sein".
[156] Vgl. zu dieser möglichen Erklärung bereits die These von A. Dupont-Sommer o. 9 f.
[157] Vgl. zu diesem Kriterium o. 26.

wenn womöglich auch nicht zwingend ist es, diese Beobachtung als terminologische Differenz oder aber auch als inhaltliche Spannung[158] zu werten.

(c) Steht der δικαιοσύνη in 4Makk 1,3 die Leidenschaft der κακοήθεια, also
die Bosheit, gegenüber, werden in 4Makk 2,7.8–9a, hier ohne die Verwendung
einer konkreten philosophischen Begrifflichkeit bzw. einer konkreten philosophischen Fachterminologie, in inhaltlicher Spannung[159] zu den Ausführungen in
4Makk 1,3, die Völlerei, die Habgier und der Geiz als die entsprechenden πάθη
thematisiert.

(d) Wird die γαστριμαργία in 4Makk 1,3b als Leidenschaft beschrieben, die
der Tugend der σωφροσύνη entgegensteht, so begegnet sie in 4Makk 2,7 als ein
πάθος, das gegen die δικαιοσύνη gerichtet auftritt[160], eine Beobachtung, die
ebenfalls auf eine inhaltliche Spannung[161] hinweist.

(e) Während das πάθος des θύμος in 4Makk 1,4b als der ἀνδρεία gegenüber-
stehend definiert wird, ist in 4Makk 2,15–20, dem umfangreichen Kapitel über
den θύμος, von der Tugend der ἀνδρεία gerade nicht mehr die Rede. Letztere, in
4Makk 1.3.6 als eine weitere Kardinaltugend eingeführt, wird weder in 4Makk
1,30b–2,6a noch in den daran anschließenden Erwägungen 4Makk 2,6b–23 diskutiert[162]. Der Begriff ἀνδρεία wird zwar immerhin noch in 4Makk 1,11.18; 2,23;
5,23; 17,23 genannt, jedoch nicht mehr im Kontext mit etwaigen derselben wi-
derstreitenden πάθη verwendet. An dieser Stelle ist, soll der Text von 4Makk als
eine Rede, der es um den Erweis der Richtigkeit eines philosophischen Lehrsatzes geht (4Makk 1,1), ernstgenommen werden, wiederum von einer inhaltlichen
Spannung[163] zu sprechen.

> J. Freudenthal zufolge könnten die Darlegungen 4Makk 1,3 f. aus argumentations-
> logischen und inhaltlichen Gründen nicht „vom Verfasser [des 4Makk] ... geschrie-
> ben worden sein"[164] und seien daher aus dem ursprünglichen Textzusammenhang
> zu entfernen. Zur Begründung führt er an: (a) Die in 4Makk 1,3 vorliegende
> Hervorhebung der σωφροσύνη sei sachlich nicht einsichtig zu machen, da der in
> 4Makk 1,2b thematisierte φρονήσεως ἔπαινος genauso wenig „aus den Wirkungen
> der σωφροσύνη hervor[gehe], als aus denen der ἀνδρεία und δικαιοσύνη"[165].

---

[158]   Vgl. zu diesem Begriff bereits o. 26.

[159]   Vgl. zu diesem Begriff o. 26.

[160]   Vgl. zum Zusammenhang des 4Makk 1,3b mit 4Makk 2,7 etwa A. Dupont-Sommer, 4Makk,
        89; vgl. darüber hinaus auch D.A. DeSilva, 4Makk, 72.

[161]   Vgl. hierzu o. 26.

[162]   Vgl. zu dieser Beobachtung immerhin U. Breitenstein, Beobachtungen, 139: „Die ἀνδρεία-
        feindlichen πάθη ‚vergisst‘ Ps-Ios". Ob dieser Hinweis allein schon ausreicht, das Fehlen
        der Darstellung der der ἀνδρεία gegenüberstehenden Leidenschaften zu erklären, muss
        allerdings mehr als fraglich bleiben.

[163]   Vgl. zu diesem Begriff o. 26.

[164]   4Makk, 152.

[165]   4Makk, 151.

(b) Die die Ausführungen in 4Makk 1,3 einleitende Wendung εἰ ἄρα sei an dieser Stelle und in diesem inhaltlichen Kontext sprachlich nicht möglich[166].

(c) Die in 4Makk 1,3 f. gewählten paradigmatischen Konkretionen der einzelnen πάθη seien „tölpelhaft ... gewählt"[167]: Zunächst ließen sich die der σωφροσύνη zugeordneten πάθη der γαστριμαργία und der ἐπιθυμία nicht als nebeneinander stehende Leidenschaften begreifen[168]. Darüber hinaus werde der δικαιοσύνη in 4Makk 1,4a einzig die κακοήθεια gegenübergestellt; letztere werde in 4Makk 1,25–27 „in ,Völlerei, Gefrässigkeit, Trunksucht', sowie in ,Prahlerei, Habsucht, Ruhmsucht, Streitsucht und Klatschsucht'"[169] aufgefächert. Problematisch sei, dass der größte Teil dieser Konkretionen der κακοήθεια inhaltlich letztlich „nicht als Hemmschuh der Gerechtigkeit angesehen werden"[170] könne. Schließlich ließe sich das πάθος des θυμός nicht als der ἀνδρεία entgegenstehend begreifen[171].

Die u. a. von J. Freudenthal vorgebrachten Argumente zur literarkritischen Eliminierung von 4Makk 1,3 f. aus dem vorliegenden Kontext vermögen jedoch entweder nicht zu überzeugen oder aber eine solche Eliminierung bestenfalls zu indizieren, nicht aber mit Notwendigkeit zu begründen: (a) Eine Hervorhebung der Tugend der σωπροσύνη gegenüber denjenigen der ἀνδρεία und der δικαιοσύνη ist in der Darstellung von 4Makk 1,3 f. insgesamt schlicht nicht zu erkennen.

(b) Die Verwendung der Wendung εἰ ἄρα als Einleitung zu 4Makk 1,3 mag sprachlich ungewöhnlich erscheinen – nicht zuletzt deswegen bietet der textkritische Apparat an dieser Stelle einige andere Lesarten –, muss aber keinesfalls mit Notwendigkeit gegen die Ursprünglichkeit der Passage 4Makk 1,3 f. insgesamt sprechen. Warum nämlich sollte nicht auch dem ursprünglichen Verfasser dieser Passage eine solche sprachliche Merkwürdigkeit unterlaufen sein?

(c) Der Sachverhalt, dass die in 4Makk 1,3 f. begegnenden paradigmatischen Konkretionen der einzelnen πάθη womöglich „tölpelhaft ... gewählt" seien, vermag die Annahme, diese beiden Verse stellten eine literarische Ergänzung dar, in keinem Falle zu begründen. Die ,tölpelhafte Wahl' derselben, ohnehin lediglich ein aus dem persönlichen Geschmacksempfinden des jeweiligen Rezipienten sich ergebendes Urteil, kann – und hier gilt es, methodisch präzise zu arbeiten – genauso gut im Verantwortungsbereich des ursprünglichen Verfassers des 4Makk wie in demjenigen eines möglichen Interpolators gelegen haben[172].

---

[166]   Vgl. hierzu 4Makk, 151; vgl. zu diesem Sachverhalt auch H.-J. Klauck, 4Makk, 687, der im Blick auf den Beginn von 4Makk 1,3 unterschiedliche textkritische Varianten diskutiert, die offensichtlich entstanden sind, um eben dieses Problem zu beheben

[167]   4Makk, 151.

[168]   Vgl. hierzu 4Makk, 151 f.: „Der σωφροσύνη soll ,sowohl Fresssucht wie Begierde' (γαστριμαργίας τε καὶ ἐπιθυμίας ...) im Wege stehen, als ob Fresssucht keine Begierde wäre, und ein vernünftiger Mann, als welcher Ps. Josephus doch wohl gilt, in dieser Weise Art und Gattung mit τε καί neben einander stellen könnte"; vgl. hierzu auch H.-J. Klauck, 4Makk, 687, der diese Beobachtung als *advocatus diaboli* diskutiert.

[169]   4Makk, 152.

[170]   4Makk, 152.

[171]   Vgl. hierzu 4Makk, 152.

[172]   Vgl. zu diesem wie auch zu dem vorhergehenden Argument etwa U. Breitenstein, Beobachtungen, 143, A. 2: „Es geht einfach nicht an, alles irgendwie Unpassende einem Abschreiber oder einem beliebigen Anonymus in die Schuhe zu schieben".

(d) Der argumentationslogische Zeitpunkt der in 4Makk 1,3 f. vorliegenden Erörterungen[173] lässt sich im Kontext des gesamten, als Rede zu charakterisierenden Werkes rhetorisch gänzlich ohne Probleme erklären und begründen[174]. Freilich muss dies nicht zwingend dafür sprechen, dass 4Makk 1,3 f. bereits in der Erstfassung des 4Makk an dieser Stelle platziert gewesen waren; denkbar ist immerhin auch, dass jenen dieser Standort von einem späteren Interpolator oder Redaktor zugewiesen worden ist.

Diese Beobachtungen stehen zumindest in ihrer Summe der Annahme entgegen, dass 4Makk 1,3 f. ursprünglich Teil eines *exordiums* gewesen sei, innerhalb dessen „getreu dem Programm eines Exordium ... - künftige Themen [präludiert]"[175] würden. Die Frage, welche πάθη den einzelnen ἀρεταί jeweils entgegenwirken, wird in 4Makk 1,3 f. im Vergleich zu 4Makk 1,30b–2,3.4–6a.6b.8–9a,9b.10–14.15–23 offensichtlich deutlich anders und mit einer anderen Ausrichtung, darüber hinaus auch erheblich systematischer und letztlich vollständiger beantwortet, so dass die Ausführungen in 4Makk 1,3 f. kaum sinnvoll als inhaltliches ‚Präludium', d. h. also als Vorspiel zu denjenigen in 4Makk 1,30b–2,3.4–6a.6b.8–9a,9b.10–14.15–23 gefasst werden können. Weitaus näher als diese rhetorisch akzentuierte Annahme liegt vielmehr folgende – aus der angesichts der konstatierten inhaltlichen Spannungen bzw. terminologischen Differenzen notwendig werdenden Kohärenzbildung auf dem Wege einer subjektiven Sinnkonstitution[176] sich ergebende – Annahme: 4Makk 1,3 f. – und damit, wie im Folgenden konkret zu begründen sein wird, auch 4Makk 1,5 f. – stellten einen Text dar, der entweder nicht von demjenigen stammt, auf den die ‚philosophische These' 4Makk 1,13–3,18 zurückgeht, oder aber im Rahmen einer späteren und dann zugleich letzten Überarbeitung von 4Makk von demjenigen Verfasser, der zuvor bereits die ‚philosophische These' 4Makk 1,13–3,18 womöglich überarbeitet und in den Gesamtzusammenhang des 4Makk eingepasst hat, hinzugefügt wurde. Als mögliches Motiv für eine solche – letztlich späte – Einfügung von 4Makk 1,3 f.5 f. bzw. eine solche im Rahmen einer Relecture[177] erfolgte Bearbeitung ließe sich durchaus die von H.-J. Klauck im Blick auf 4Makk 1,5 f.[178] formulierte Annahme plausibilisieren, dass an dieser Stelle ein erster Angriff auf Andersdenkende erfolgen bzw. ein womöglich erwartbares zentrales Gegenargument derselben abgewehrt werden sollte.

---

[173] Vgl. hierzu bereits o. 29.

[174] Vgl. hierzu H.-J. Klauck, 4Makk, 687: „Sie dienen der Einführung der noch fehlenden drei Kardinaltugenden und präludieren – getreu dem Programm eines Exordiums ... – künftige Themen".

[175] H.-J. Klauck, 4Makk, 687; vgl. hierzu auch D.A. DeSilva, 4Makk, 72: „This evidence, however, is quite susceptible to another reading, namely that the author himself has prepared the audience for the emergence of these topics by weaving them into his exordium as a kind of outline of things to come, as indeed would be fitting for the opening of a speech".

[176] Vgl. hierzu o. 20 f.

[177] Vgl. zu dieser Konzeption die Ausführungen o. 27.

[178] Vgl. hierzu u. 55 f.

J. Freudenthal zufolge gingen die Ausführungen in 4Makk 1,3 f. in gleicher Weise wie auch diejenigen in 4Makk 1,5 f. – und darüber hinaus weitere Passagen in 4Makk – auf die Arbeit eines nur wenig fähigen Interpolators[179] zurück. Dieser habe die erste, stark beschädigte und nur noch in Trümmern vorhandene Columne einer Handschrift zu reparieren versucht und im Zuge dessen u. a. die Ausführungen von 4Makk 1,3 f.5 f. in den bereits vorhandenen Text eingetragen[180].

Im Blick auf 4Makk 1,5 f., eine Passage, die inhaltlich und auch grammatisch mit den Ausführungen in 4Makk 1,3 f. zusammenhängt – wird hier doch, eingeleitet durch die Wendung πῶς οὖν[181], die *conclusio* der 4Makk 1,3 f. formulierten *conditio* gezogen – lässt sich nur schwerlich von der Hand weisen, dass diese Ausführungen eine sachliche Dublette zu denjenigen in 4Makk 2,24; 3,1 darstellen. Letztere bieten ihrerseits allerdings Inhalte, die sich von den in 4Makk 1,5 f. explizierten deutlich unterscheiden, jenen z. T. sogar widersprechen, somit also in inhaltlicher Spannung[182] zu jenen stehen. Dieser Sachverhalt wird erkennbar, werden die Darlegungen in 4Makk 1,5 f. denjenigen in 4Makk 2,24; 3,1 unmittelbar gegenübergestellt: Zwar ist zuzugeben, dass der in 4Makk 1,5 und in 4Makk 2,24 jeweils vorgebrachte Einwand bis in die jeweilige Begrifflichkeit hinein vollständig parallel formuliert ist. Die auf diesen Einwand jeweils gegebenen Antworten heben sich allerdings nicht nur begrifflich, sondern auch inhaltlich deutlich voneinander ab: Wird nach 4Makk 1,6a dem λογισμός zugebilligt, dass jener οὐ …τῶν αὐτοῦ παθῶν ὁ λογισμὸς κρατεῖ ἀλλὰ τῶν τῆς δικαιοσύνης καὶ ἀνδρείας καὶ σωφροσύνης, so meisterte jener 4Makk 3,1 zufolge – lediglich – die πάθη σωματικά.

Die folgende tabellarische Übersicht unternimmt den Versuch, die o. a. Parallelen und Differenzen zwischen 4Makk 1,5 f. und 4Makk 2,24; 3,1 zu visualisieren:

---

[179] Vgl. zu diesem Terminus und zu den offensichtlich nur wenig überzeugenden denkerischen und schriftstellerischen Fähigkeiten dieser Person etwa 4Makk, 153: „…., eine Lücke durch Stümperhand ausgeflickt, Zuthaten eines Interpolators an das Richtige angeheftet".

[180] Vgl. hierzu 4Makk, 152 f. Freudenthal kritisiert in seinen Ausführungen die Position von C.L.W. Grimm, der „immer bereit … [sei], Sünden der Abschreiber dem Verfasser auf's Kerbholz zu schreiben" (152). Diese Kritik funktioniert freilich auch in die andere Richtung.

[181] Vgl. hierzu etwa H.-J. Klauck, 4Makk, 687: „Ein Komma zwischen V. 4 und V. 5 (gegen Rahlfs, mit Hanhart) erleichtert auch die Sinngebung der Gesamtperikope". Anders hier etwa A. Deißmann, 4Makk, 152, der einen solchen Zusammenhang offensichtlich negiert oder doch zumindest für keinesfalls zwingend hält. Deißmann begründet seine Annahme mit Verweis auf sprachliche Konventionen: „Ist εἰ ἄρα richtig, so leitet εἰ mit wieder aufnehmendem ἄρα einen neuen Satz ein, der logisch von ἐπιδείκνυσθαι Vers 1 abhängt" (4Makk, 152, A. b). Träfe dies zu, legte sich die Annahme eines ursprünglichen Zusammenhanges von 4Makk 1,1 f. und 4Makk 1,3 f. nahe.

[182] Vgl. zu diesem Begriff o. 26.

1,5: πῶς οὖν ἴσως εἴποιεν ἄν τινες εἰ <u>τῶν παθῶν ὁ λογισμὸς κρατεῖ</u> <u>λήθης καὶ ἀγνοίας</u> οὐ δεσπόζει <u>γελοῖον</u> ἐπιχειροῦντες λέγειν 1,6: οὐ γὰρ <u>τῶν αὐτοῦ παθῶν ὁ λογισμὸς</u> <u>κρατεῖ</u> ἀλλὰ <u>τῶν τῆς δικαιοσύνης καὶ</u> <u>ἀνδρείας καὶ σωφροσύνης ἐναντίων</u> καὶ τούτων οὐχ ὥστε αὐτὰ καταλῦσαι ἀλλ᾽ ὥστε αὐτοῖς μὴ εἶξαι	2,24: πῶς οὖν εἴποι τις ἄν εἰ <u>τῶν παθῶν</u> δεσπότης ἐστὶν <u>ὁ</u> <u>λογισμός λήθης καὶ ἀγνοίας</u> οὐ κρατεῖ 3,1: ἔστιν δὲ κομιδῇ <u>γελοῖος</u> ὁ λόγος οὐ γὰρ <u>τῶν ἑαυτοῦ παθῶν ὁ</u> <u>λογισμὸς</u> ἐπικρατεῖν φαίνεται ἀλλὰ <u>τῶν</u> <u>σωματικῶν</u>
1,5: ... wie denn, mögen vielleicht einige sagen, wenn die <u>Urteilskraft</u> also die <u>Leidenschaften</u> überwindet wieso wird sie dann nicht fertig mit Phäno- menen wie <u>Vergessen und Unwissenheit</u>? Ein <u>lächerliches Argument</u>, an dem sie sich da versuchen. 1,6: Das <u>Denken</u> überwindet doch nicht die ihm eigenen Unzulänglichkeiten, sondern nur <u>jene Leidenschaften, die der</u> <u>Gerechtigkeit, der Tapferkeit und der</u> <u>Besonnenheit entgegenstehen</u>, und das nicht so, dass sie diese schlechthin elimi- niert, sondern so, dass sie ihnen keinen Fußbreit Boden preisgibt.	2,24: Und nun möchte wohl jemand einwenden: Wenn die <u>Urteilskraft</u> die Kontrolle über die <u>Leidenschaften</u> ausübt, wieso wird sie dann nicht fertig mit <u>Vergessen und Unwissenheit</u>? 3,1. Das ist ein absolut <u>lächerlicher</u> <u>Einwand</u>. Es liegt doch auf der Hand, dass <u>die Urteilskraft</u> nicht die ihr inhärenten Unzulänglichkeiten meistern kann, wohl aber <u>die körperlichen Leidenschaften</u>.

Im Blick auf 4Makk 1,5 f. schlägt – erneut – J. Freudenthal vor, diese Passage „aus dem ersten Capitel zu entfernen"[183] und – mit einigen wenigen Änderungen – vor 4Makk 3,2 zu platzieren und 4Makk 2,24; 3,1, eine textliche Dublette zu 4Makk 1,5 f., als „hässlich verunstaltete. Worte"[184] gänzlich aus dem Text zu tilgen[185].

Der Versuch, die deutlich unterschiedlichen Angaben bezüglich der positiven Fähigkeiten des λογισμός in 4Makk 1,6 und 4Makk 3,1 miteinander zu harmoni-sieren[186], führte zu der inhaltlichen Schlussfolgerung, dass diejenigen πάθη, die

---

[183] 4Makk, 151; Freudenthal spricht hier unmittelbar von einer „Amputation" (151).

[184] 4Makk, 151.

[185] Vgl. zu dem Vorgehen Freudenthals unmittelbar kritisch H.-J. Klauck, 4Makk, 700: „Freu-denthal ..., gefolgt von den meisten Übers[etzern]., nimmt ohne jede Manuskriptbasis (bestätigt von Hanhart aufgrund der Göttinger Kollationen) massive Texteingriffe vor, indem er die vermeintliche Dublette in 1,5 f. dort tilgt und teilweise hier [, d. h. hinter 4Makk 2,23] einschiebt. Ein zwingender Grund dafür besteht nicht". Vgl. zur Diskussion dieser Frage bereits o. 55.

[186] Vgl. hierzu etwa A. Dupont-Sommer, 4Makk, 97, der in 4Makk 3,1 den entsprechenden Text von 4Makk 1,6 einträgt und dann formuliert: „Dans le texte tel que nous croyons devoir l'établir, l'auteur affirme la maîtrise de la raison sur les passions qui font obstacle à la vertu, et sur celles-là seulement". Dies wird aber in 4Makk 3,1 gerade nicht ausgeführt.

der δικαιοσύνη, der ἀνδρεία und der σωφροσύνη entgegenwirken, sämtlich als πάθη σωματικά zu klassifizieren wären. Eine solche Konsequenz muss jedoch aus folgenden Gründen scheitern: (a) Dass der δικαιοσύνη, der ἀνδρεία und der σωφροσύνη lediglich körperliche und nicht auch seelische πάθη wie etwa der θυμός (4Makk 3,3) und die κακοήθεια (4Makk 3,4)[187] gegenüberstünden, lässt sich *realiter* nicht ernsthaft behaupten.

(b) In 4Makk 3,2–4 kommt der Verfasser des 4Makk eben gerade nicht auf die von ihm zuvor angesprochenen πάθη σωματικά zu sprechen[188].

(c) Nach 4Makk 1,20 lassen sich seelische und körperliche παθή kaum voneinander trennen, präziser: die Existenz ausschließlich somatischer πάθη wird *per definitionem* nachgerade ausgeschlossen: παθῶν δὲ φύσεις εἰσὶν αἱ περιεκτικώταται δύο ἡδονή τε καὶ πόνος τούτων δὲ ἑκάτερον καὶ περὶ τὸ σῶμα καὶ περὶ τὴν ψυχὴν πέφυκεν.

Vor diesem hier im Blick auf 4Makk 1,5 f. bzw. 4Makk 2,24; 3,1 entwickelten argumentationslogischen Hintergrund aber ergibt sich als erste und grundsätzliche Konsequenz: Die Annahme, 4Makk stelle insgesamt ein rhetorisch planvoll durchgestaltetes einheitliches und in diesem Sinne vollendetes Werk dar, lässt

---

Zu weiteren Versuchen, zwischen 4Makk 1,5 f. und 4Makk 2,24; 3,1 mit Hilfe massiver Texteingriffe eine sachliche Parallelität zu konstruieren, vgl. etwa H.-J. Klauck, 4Makk, 700, der solche Versuche mit dem Hinweis auf eine gänzlich fehlende Manuskriptbasis m.R. ablehnt. Allerdings lassen solche Eingriffe erkennen, dass die argumentationslogische Stringenz zwischen den Ausführungen in 4Makk 1,5 f. und denjenigen in 4Makk 2,24; 3,1 augenscheinlich schon immer als unbefriedigend angesehen wurde. Viele Kommentatoren der Vergangenheit waren somit offensichtlich – zurecht – nicht in der Lage, eine argumentationslogische Parallelität zwischen dem in 4Makk 1,5 f. und dem in 4Makk 2,24; 3,1 Dargelegten zu erkennen.

[187] Zu diesen beiden πάθη als seelischen Leidenschaften vgl. H.-J. Klauck, 4Makk, 700 (vgl. hierzu u.).

[188] Vgl. zu diesem Sachverhalt H.-J. Klauck, 4Makk, 700: Klauck formuliert: „Als schwierig wird empfunden, daß der Autor hier anders als in 1,20.26–28.32 nur körperliche Leidenschaften nennt, obwohl er in V. 2–4 wieder ausschließlich auf seelische Leidenschaften eingeht"; vgl. hierzu bereits J. Freudenthal, 4Makk, 151: „Die Beispiele, die 274,25 f. [d. h. augenscheinlich 3,2–4] angeführt werden, passen nicht zu den unmittelbar vorstehenden Worten ἀλλὰ τῶν σώματος. Ja diese Worte sind ganz unsinnig". Klauck gibt zur Überwindung dieser Schwierigkeit letztlich drei Hinweise: „Aber zum einen haben diese seelischen Leidenschaften auch körperliche Auswirkungen (so ausdrücklich für die Begierde 1,32; implizit für die Bosheit 1,23–27), zum andern wird in der folgenden Beispielerzählung vom Durst des Königs David in 3,6–18 sehr akzentuiert ein körperliches Verlangen dargestellt .... Beachtung verdient auch die Überlegung ..., daß der Verf[asser]. in dem Zusammenhang nicht gut die seelischen Affekte ansprechen konnte, weil dazu dann auch die von ihm πάθη genannten Unzulänglichkeiten der Urteilskraft zählen müßten" (700). Auch wenn die von H.-J. Klauck an dieser Stelle geäußerten Erwägungen zuträfen, bliebe aber doch zu fragen, inwieweit diese von jenem auf der rezeptionsästhetischen Ebene konstruierte harmonisierende Interpretation die Annahme eines auf der produktionsästhetischen Ebene tätigen und mit einer nicht unerheblichen rhetorischen Gestaltungskraft begabten Verfassers überhaupt noch zu plausibilisieren vermöchte.

sich kaum mehr durchhalten[189]; das Unterfangen, die hier aufgewiesenen inhaltlichen Differenzen und Gegensätze zwischen 4Makk 1,5 f. einer- und 4Makk 2,24;
3,1 andererseits mit Hilfe der antiken rhetorischen Theorie zu erklären, vermag
in der Regel nicht über das Stadium des Versuches hinauszugelangen[190]. Wer den
hier diskutierten Erwägungen insgesamt folgt, kommt somit letztendlich nicht
umhin, der von J. Freudenthal zu 4Makk 1,3 f.5 f. entwickelten literarkritischen
These[191] zumindest im Grundsatz zuzustimmen: Die Ausführungen in 4Makk
1,3 f.5 f. stammen entweder von einer anderen Hand als derjenigen, die die entsprechenden Ausführungen innerhalb der ‚philosophischen These' 4Makk 1,13–
3,18 zu verantworten hat, oder sie sind von der gleichen Hand, dann allerdings
zu einem späteren Zeitpunkt, in 4Makk eingepasst worden.

Damit aber ergibt sich nun die Frage, ob sich die Ausführungen von 4Makk
1,3 f.5 f. als nachträglich in das *exordium* eingefügt erweisen lassen. Zugunsten
der Annahme eines unmittelbaren Zusammenhanges von 4Makk 1,2 mit 4Makk
1,7–12, bzw. präziser: 1,7–11[192], der dann durch die Einführung von 4Makk
1,3 f.5 f. aufgesprengt worden wäre, lässt sich die Beobachtung ins Feld führen,
dass das in 4Makk 1,5 f. verhandelte Thema in 4Makk 2,24; 3,1 erneut, allerdings
inhaltlich deutlich anders diskutiert wird. Damit aber wird es unmöglich, den
Ausführungen in 4Makk 1,5 f. – und damit auch denjenigen in 4Makk 1,3 f. – innerhalb des *exordiums* des 4Makk überhaupt eine rhetorische Funktion zuzuweisen. H.-J. Klauck verweist in diesem Zusammenhang zwar auf den Diatribenstil,
für den „gedachte Einwände und ihre Zurückweisung charakteristisch"[193] seien
und weist darüber hinaus darauf hin, dass „erste Angriffe auf die Gegenpartei,

---

[189]   Zu 4Makk 1,5 f. anders U. Breitenstein, Beobachtungen, 190: „Die Sätze 1.5–6 und 2.24–3.1
        sind in der Ps-Ios eigenen Art variiert und dürfen, obwohl inhaltlich Dubletten, nicht
        getilgt oder zur Hälfte ausgetauscht werden". Die hier durchgeführte Analyse hat jedoch
        gezeigt, dass die Ausführungen in 4Makk 2,24–3,1 keinesfalls lediglich eine Variation des
        in 4Makk 1,5 f. Gesagten darstellen; durchaus m.R. weist Breitenstein aber darauf hin, dass
        die Annahme einer einfachen Tilgung der einen oder der anderen Passage kaum wirkli-
        ches Lösungspotential bietet.
[190]   So interpretiert etwa D.A. DeSilva die Ausführungen in 4Makk 2,24–3,18 in ihrer Gesamt-
        heit und insbesondere diejenigen in 4Makk 2,24; 3,1 in rhetorischem Sinne als eine „cla-
        rification of his thesis that he [d. h. der Verfasser des 4Makk] introduced in the exordium
        at 1:5-6" (4Makk, 164). Eine Klärung oder auch eine inhaltliche Entfaltung der – in sich
        nun keinesfalls unklaren – Darlegungen von 4Makk 1,5 f. erfolgt in 4Makk 2,24; 3,1 bzw. in
        4Makk 2,24–3,18 jedoch gerade nicht. Eine solche inhaltliche Entfaltung läge etwa dann
        vor, wenn, angedeutet und eingeleitet durch ein entsprechendes Textsignal, in 4Makk
        2,24–3,18 des näheren dargelegt würde, welche Leidenschaften die πάθη τῆς δικαιοσύνης
        καὶ ἀνδρείας καὶ σωφροσύνης ἐναντία denn nun konkret umfassten. Etwaige in diese
        Richtung gehende Darlegungen lassen sich in dieser Passage jedoch nicht aufweisen.
[191]   Vgl. hierzu o. passim.
[192]   Vgl. hierzu u. 61–69.
[193]   4Makk, 687 mit Verweis auf 1Kor 15,35 f.

der das Publikum von vornherein seine Sympathie verweigern soll, … im Exordium einen festen Platz"[194] hätten. Bei alledem übersieht er aber einerseits die o. bereits zitierten deutlichen sachlichen Differenzen zwischen den Darlegungen in 4Makk 1,5 f. und 2,24; 3,1 – und auch zwischen 4Makk 1,3 f. und 4Makk 1,30b–2,3.4–6a.6b.8–9a,9b.10–14.15–23[195] –, andererseits den Sachverhalt, dass der Verfasser des 4Makk in 4Makk 2,24; 3,1 überhaupt noch einmal auf das in 4Makk 1,5 f. eigentlich schon längst ausdiskutierte Thema zu sprechen kommt. Vor diesem Hintergrund lässt sich für die Ausführungen in 4Makk 1,5 f. und damit auch für diejenigen in 4Makk 1,3 f. eine innerhalb des *exordiums* Platz greifende rhetorische Funktion kaum mehr plausibel definieren, was dann heißt, dass es sich bei diesen vier Versen um sekundäre Einfügungen handelte. Zudem ergibt sich, werden 4Makk 1,3 f.5 f. probehalber aus dem jetzigen Zusammenhang entfernt, zwischen 4Makk 1,2 und 4Makk 1,7 ein bruchloser Übergang: καὶ γὰρ ἀναγκαῖος εἰς ἐπιστήμην παντὶ ὁ λόγος καὶ ἄλλως τῆς μεγίστης ἀρετῆς λέγω δὴ φρονήσεως περιέχει ἔπαινον … (7) πολλαχόθεν μὲν οὖν καὶ ἀλλαχόθεν ἔχοιμ' ἂν ὑμῖν ἐπιδεῖξαι ὅτι αὐτοκράτωρ ἐστὶν τῶν παθῶν ὁ λογισμός … .

Als rhetorische Parallele zu 4Makk 1,5 f. und zugleich als Beleg dafür, dass es für eine διατριβή durchaus charakteristisch sein kann, Einwände vorwegzunehmen, verweist H.-J. Klauck auf 1Kor 15,35 f.[196]: ἀλλ' ἐρεῖ τις· πῶς ἐγείρονται οἱ νεκροί; ποίω δὲ σώματι ἔρχονται; (36) ἄφρων, σὺ ὃ σπείρεις, οὐ ζῳοποιεῖται ἐὰν μὴ ἀποθάνῃ· Im Unterschied zu 4Makk 1,(3 f.)5 f. sind die Ausführungen von 1Kor 15,35 f. allerdings nicht unmittelbar am Anfang, sondern mitten in der in 1Kor 15 entwickelten Argumentation verortet, können also nur schwerlich darauf zielen, Andersdenkenden gleich am Anfang der Rede argumentativ entgegenzutreten und bei den Lesern Sympathie für die eigene Position zu entwickeln. Das aber heißt: Die Parallele 1Kor 15,35 f. vermag nicht als rhetorische Parallele zu 4Makk 1,(3 f.)5 f. zu fungieren.

Jenseits klassischer literarkritischer Überlegungen ist immerhin denkbar, dass die Abschnitte 4Makk 1,3 f.5 f. im Zuge einer Relecture in den Text 4Makk 1,1 f.7 ff. eingefügt worden sind. Das – etwa von J. Zumstein in die Forschung zum Johannesevangelium eingeführte – Konzept der Relecture definiert einen Prozess, innerhalb dessen „ein erster Text die Produktion eines zweiten Textes veranlasst und dieser zweite Text seine volle Verständlichkeit erst in Bezug auf den ersten Text gewinnt"[197]. Mit dieser das Wechselspiel zweier Texte in den Blick nehmenden Konzeption wird die von Freudenthal entwickelte Annahme der Figur eines ungeschickten

---

[194]   4Makk, 687; vgl. darüber hinaus Hellenistische Rhetorik, 459: „Erste Einwände gegen die Hauptthese des Verfassers werden in V. 5–6 laut. Darauf kommt der Autor in 2. 24 und 3.1 wieder zurück. An beiden Stellen gibt er seine fiktiven Gegner der Lächerlichkeit preis: ‚Ein lächerliches Argument' (1. 5), ein ‚absolut lächerlicher Einwand' (3. 1). Solche gedachten Einwände und ihre Zurückweisung sind nicht nur charakteristisch für den Diatribenstil, sie haben auch in der Rhetorik unter den Exordialtopoi einen festen Platz. Das Publikum soll der Gegenpartei von vorneherein jegliche Sympathie entziehen". Klauck verweist in diesem Zusammenhang in Sonderheit auf M.Tullius Cicero, *de inventione* I 16.22.

[195]   Vgl. hierzu o. 51 f.

[196]   Vgl. hierzu 4Makk, 687.

[197]   J. Zumstein, Kreative Erinnerung, 16.

oder unkundigen Redaktors oder Interpolators, der einen bestehenden sinnvollen Text verunstaltet hätte, vermieden.

Die Annahme eines literarischen Bruches zwischen 4Makk 1,2b und 4Makk 1,3a ließe sich darüber hinaus im Grundsatz durchaus begründen mit dem letztlich eine inhaltliche Spannung[198] transportierenden Sachverhalt, dass der Verfasser des 4Makk in 4Makk 1,3.6 auf die Tugenden der σωφροσύνη, der δικαιοσύνη und der ἀνδρεία und auf die jenen im Wege stehenden πάθη zu sprechen kommt, ohne allerdings diejenige der φρόνησις und deren potentielle Hemmnisse zu erwähnen. Die Tugend der φρόνησις ist in 4Makk jenseits von 4Makk 1,2b – hier wird sie noch als μεγίστη ἀρετή gefeiert – ausschließlich in 4Makk 1,18 und 4Makk 1,19 – hier erscheint sie als Werkzeug oder auch als Handlungsmittel des λογισμός: ἐξ ἧς δὴ τῶν παθῶν ὁ λογισμὸς ἐπικρατεῖ (4Makk 1,19b) – belegt und tritt sonst nicht weiter in Erscheinung[199].

> H.-J. Klauck, der in gleicher Weise wie etwa auch D.A. DeSilva in 4Makk 1,3 f. die gegenüber 4Makk 1,2 noch fehlenden drei Kardinaltugenden eingeführt sieht[200], zwischen 4Makk 1,2 und 4Makk 1,3 f. also zwanglos einen argumentationslogischen Zusammenhang annehmen kann, kommt auf diese Beobachtung nicht zu sprechen.

Diese letzte Beobachtung wäre ihrerseits nun allerdings durchaus geeignet, die Annahme zu untermauern, dass die Ausführungen in 4Makk 1,2b sich einerseits einer anderen Hand als derjenigen, die für die ‚philosophischen These‘ 4Makk 1,13–3,18 verantwortlich zeichnet, verdanken, andererseits aber zugleich auch einer anderen Hand als derjenigen, auf die die ‚exemplarische Erzählung‘ 4Makk 3,19–17,7 zurückgeht, soll nicht – was immerhin möglich ist – angenommen werden, dass jene etwa von dem Verfasser der ‚philosophischen These‘ zu einem späteren Zeitpunkt in den Text des 4Makk integriert worden seien. Weder in der einen noch in der anderen Passage des 4Makk wird nämlich, wie die o. zitierten Belege für diesen Terminus in 4Makk erweisen, der Tugend der φρόνησις ein jener als der μεγίστη ἀρετή entsprechender und auch zukommender, in 4Makk 1,2b immerhin doch avisierter ἔπαινος gesungen. Wird dieser Sachverhalt nun kombiniert mit der sich aus den o. zitierten Ausführungen von H.-J. Klauck und D.A. DeSilva ableitbaren These, dass die Thematisierung der φρόνησις in 4Makk 1,2b letzten Endes dazu diente, in 4Makk 1,3 f. die innerhalb der ‚philosophischen These‘ dann zumindest in weiten Teilen diskutierten Kardinaltugenden einzuführen, dann ergäbe sich die Annahme, dass nicht nur der Textblock 4Makk 1,3 f.5 f., sondern darüber hinaus auch noch 4Makk 1,2b nachträglich in das *exordium* 4Makk 1,1–12 eingefügt worden sind. Untermauern lässt sich diese Annahme immerhin durch den Sachverhalt, dass der Text in 4Makk 1,2a „zu den

---

[198] Vgl. zu diesem Begriff bereits o. 26.

[199] Vgl. hierzu bereits o. 29–32.

[200] Vgl. hierzu 4Makk, 687; ähnlich auch D.A. DeSilva, 4Makk, 72: „[4Makk] 1:3–4 prepares for what follows very well introducing the remaining three cardinal virtues (after ‚prudence‘ in 1:2) ...“.

Aufmerksamkeit heischenden Effekten in einem Exordium"[201] zu rechnen sei[202], der Verfasser des 4Makk 1,1 f. also unmittelbar nach der Formulierung des Themas seiner Ausführungen in 4Makk 1,1b in 4Makk 1,1c.2a die Aufmerksamkeit seiner Zuhörer zu wecken bzw. zu erhalten beabsichtigte, eine Absicht, zu der die Erwähnung des zu singenden ἔπαινος zugunsten der φρόνησις nicht zu passen scheint. Das aber heißt: 4Makk 1,2b.3 f.5 f. sind insgesamt, womöglich im Zuge der Relecture eines bereits bestehenden Textes[203], nachträglich in das *exordium* des 4Makk eingefügt worden. Innerhalb des ursprünglichen Textes folgte 4Makk 1,7 unmittelbar auf 4Makk 1,2a: καὶ γὰρ ἀναγκαῖος εἰς ἐπιστήμην παντὶ ὁ λόγος ... [(7)] πολλαχόθεν μὲν οὖν καὶ ἀλλαχόθεν ἔχοιμ' ἂν ὑμῖν ἐπιδεῖξαι ὅτι αὐτοκράτωρ ἐστὶν τῶν παθῶν ὁ λογισμός; das bedeutet, dass sich die Ausführungen in 4Makk 1,1–2a und diejenigen in 4Makk 1,7–11 dann, so sich das jeweilige Gegenteil nicht wahrscheinlich machen lässt, dem gleichen Verfasser verdanken und dem gleichen Stadium der Textentstehung zuzuordnen seien.

II.1.2   4Makk 1,7–11.12

In 4Makk 1,7–11 nun wird auf den an das *exordium* und die ‚philosophische These' anschließenden dritten Hauptabschnitt des 4Makk, die ‚exemplarische Erzählung'[204] über das Ergehen des Eleazar, der sieben Brüder und ihrer Mutter (4Makk 3,19–17,6), vorausverwiesen. Eine nähere Inspektion dieses Textes zeigt jedoch, dass unter der Oberfläche einer scheinbaren Einheitlichkeit erhebliche sprachliche und inhaltliche Differenzen und Inkohärenzen aufweisbar sind. Die wichtigsten derselben seien hier angesprochen: (a) Während der Verfasser des

---

[201] H.-J. Klauck, 4Makk, 687; Klauck verweist in diesem Zusammenhang auf L. Annaeus Seneca, *ep.* 89,1: *rem utilem desideras et ad sapientiam properanti necessariam* („Du wünschst Dir eine nützliche und für einen, der nach der Weisheit strebt, notwendige Voraussetzung"; Text und Übersetzung nach R. Nickel, Lucius Annaeus Seneca, Epistulae Morales II, 184 f.).

[202] Vgl. hierzu H. Lausberg, Handbuch I, 154, der als ein rhetorisches Mittel zur Erregung von Aufmerksamkeit anführt: „Klug ist es, die Gegenstandsvertretbarkeit mit der Publikumsansprechbarkeit ... dadurch zu verbinden, daß der Gegenstand als wichtig für die Interessen des Publikums selbst hingestellt wird". Lausberg spricht in diesem Zusammenhang von dem Momentum eines *tua res agitur*. Vgl. hierzu auch M. Fabius Quintilianus, *inst.orat.* IV 1,33: *praecipue tamen si iudex allit sua vice aut rei publicae commovetur: cuius animus spe metu admonitione precibus, vanitate denique, si id profuturum credemus, agitandus est* (",..., vor allem jedoch, wenn entweder im eigenen oder im Staatsinteresse der Richter erregt wird, dessen Geist deshalb aufgepeitscht werden muß mit Hoffnung, Furcht, Mahnen, Bitten, ja auch Täuschung, wenn wir uns davon Erfolg versprechen"; Text und Übersetzung nach H. Rahn, Marcus Fabius Quintilianus, Ausbildung des Redners I, 418 f.) Diese Absicht wird mit dem in 4Makk 1,2a Ausgesagten erreicht, mit dem in 4Makk 1,2b Ausgeführten jedoch nicht.

[203] Vgl. hierzu o. 27.

[204] Zu dieser Bezeichnung vgl. etwa H.-J. Klauck, 4Makk, 703.

4Makk in 4Makk 1,7 davon spricht, dass er sich im Folgenden nun der Aufgabe widmen will, aufzuzeigen, ὅτι αὐτοκράτωρ ἐστὶν τῶν παθῶν ὁ λογισμός (4Makk 1,7b) – eine These, die sich s.E. in geeigneter Weise belegen ließe mit dem Rekurs auf die ἀνδραγαθία τῶν ὑπὲρ ἀρετῆς ἀποθανόντων, nämlich des Eleazar, der sieben Brüder und deren Mutter (4Makk 1,8) –, steht er nach 4Makk 1,10 vor der Aufgabe, den ἔπαινος[205] der sieben Brüder und ihrer Mutter (4Makk 1,8b) zu singen und deren Seligpreisung anzustimmen[206]: τῶν μὲν οὖν ἀρετῶν ἔπεστί μοι ἐπαινεῖν τοὺς κατὰ τοῦτον τὸν καιρὸν[207] ὑπὲρ τῆς καλοκἀγαθίας ἀποθανόντας μετὰ τῆς μητρὸς ἄνδρας τῶν δὲ τιμῶν μακαρίσαιμ' ἄν, eine Aufgabe, deren Notwendigkeit und Sinnhaftigkeit er in 4Makk 1,11 dann näherhin begründet[208]. Die Darstellung des Martyriums des Eleazar, der sieben Brüder und deren Mutter wird in 4Makk 1,8 somit also zunächst als zentrales Argument im Rahmen der vom Verfasser des 4Makk intendierten philosophischen Beweisführung, d. h. als eine innerhalb der *argumentatio*[209] einer dem *genus iudiciale*[210] zuzuordnenden

---

[205]   J.W. van Henten, Martyrs, 63 ordnet diesen Teil von 4Makk der Gattung ἐγκώμιον zu; anders allerdings J.C.H. Lebram, Literarische Form, 83: „Diese Bezeichnung [, d. h. die Bezeichnung ἔπαινος] ist für die rhetorische Prosaform zutreffender als die des ἐγκώμιον, das grundsätzlich als poetisch angesehen werden muß".

[206]   Zu dem damit zusammenhängenden, im Blick auf 4Makk Platz greifenden gattungstheoretischen Problem vgl. bereits o. 10 f. Die von H.-J. Klauck bereits konstatierte Schwierigkeit, 4Makk gattungstheoretisch eindeutig zu klassifizieren, wird in der Relation von 4Makk 1,7 zu 4Makk 1,10 unmittelbar greifbar.

[207]   Vgl. zu dem hier genannten Begriff καιρός H.-J. Klauck, 4Makk, 688: „Die Erwähnung des καιρός wird mehrheitlich als Indiz dafür gewertet, daß der Text als Rede für einen ganz bestimmten Zeitpunkt konzipiert wurde".

[208]   Diese Differenz wird etwa von D.A. DeSilva zwar durchaus gesehen, dann aber mit Verweis auf die antike rhetorische Theorie erklärt: „The author declares that he will also be intent on praising the martyrs for their noble deaths, so that his discourse will incorporate elements both of a philosophical demonstration and an encomium for the commemorated death. He signals quite clearly, therefore, that the hearers should expect to hear the work both as a philosophical diatribe and as an encomium, and not to be surprised as topics familiar, for example, from the civic funeral oration (the *epitaphios logos*) are combined with the demonstration of a thesis. Both rhetorical modes converge in, and are unified by, the promotion of Thorah-observance as the path to virtue and to an honorable remembrance" (4Makk, 80 f.).

[209]   Vgl. zum Begriff der *argumentatio* H. Lausberg, Handbuch I, 190: „Die *argumentatio* ist ... der zentrale, ausschlaggebende Teil der Rede, der durch das *exordium* ... und die *narratio* ... vorbereitet wird: ...der Stoff der *argumentatio* ist das Konzentrat des Stoffes der Gesamtrede, da die *argumentatio* ja der zentrale, ausschlaggebende Teil der Rede ist".

[210]   Nach H. Lausberg, Handbuch I, 86, besteht das „Ziel einer Gerichtsrede ... [in der] Erreichung einer gerichtlichen Entscheidung über einen vorliegenden Tatbestand nach der *genus*-eigenen Qualitätsalternative *iustum/iniustum*". Letzten Endes laufen die Ausführungen in 4Makk 1,8 auf die Einordnung der in 4Makk dargebotenen Rede in das *genus iudiciale* hinaus: Die Rezipienten als diejenige Instanz, der die – richterliche – Entscheidung obliegt, werden mit einer Argumentation zugunsten der These, dass der λογισμός die πάθη

Rede auftretende *probatio* bzw. als ein innerhalb der *argumentatio* einer solchen
Rede auftretendes *argumentum*[211] klassifiziert, um in 4Makk 1,10, reduziert um
die Person des Eleazar[212], dann als zentraler Inhalt eines eher unphilosophi-
schen, stattdessen aber religiös aufgeladenen, und dem *genus demonstrativum* zuzurechnenden ἔπαινος[213] zu erscheinen[214]. Soll diese gattungstheoretische Inkohärenz, die mit H. Schweizer durchaus als terminologische, bzw. in diesem

---

        beherrscht, konfrontiert. Sie sind dann aufgerufen, auf der Basis eben dieser Argumenta-
        tion eine Entscheidung über ‚*iustum* oder *iniustum*', d. h. über die Plausibilität der in der
        Rede verhandelten These zu treffen (vgl. hierzu auch u.). Dies gilt *mutatis mutandis* auch
        dann, wenn 4Makk nur der Form nach eine Rede darstellte, die tatsächlich jedoch so nie-
        mals gehalten worden wäre; vgl. hierzu E. Norden, Kunstprosa I, 417 f., der zur Stützung
        seiner Argumentation C. Grimm, 4Makk, 286 zitiert: „Der Ausdruck ‚Predigt' kann und soll
        aber natürlich nur die Form der Schrift charakterisieren, keineswegs dieselbe als wirklich
        gehaltenen Synagogenvortrag bezeichnen" (Kunstprosa I, 418).

[211]   Vgl. zu diesen beiden Termini H. Lausberg, Handbuch I, 191: „Terminologisch werden die
        Beweise insgesamt ... *p r o b a t i o n e s* , ... *argumenta* genannt".

[212]   Vgl. hierzu u. 66 f.

[213]   Vgl. hierzu J.C.H. Lebram, Literarische Form, 83 f.: „Durch den Terminus technicus ἔπαι-
        νος ist die Gattung unserer Rede schon genauer bestimmt. Sie gehört zum γένος ἐπι-
        δεικτικόν, zur Gattung der Prunk- und Lehrreden, wie z. B. der *Panegyrikos* von Isocrates
        und die Lobreden auf Städte von Dion von Prusa"; vgl. darüber hinaus 84: „Innerhalb
        dieser Kategorie nimmt sie eine eigenartige Stellung ein. Die Verherrlichung von Mär-
        tyrern ist nämlich, soweit wir wissen, vorher nicht Gegenstand der epideiktischen Rede
        gewesen". Vgl. zu dieser Kategorisierung auch H.-J. Klauck, Hellenistische Rhetorik, 104
        und J.W. van Henten, Martyrs, 63: „According to the traditional classification of orations,
        this section [d. h. 4Makk 3,19–18,24] belongs to the genre of the epideictic speech (λόγος
        ἐπιδεικτικός)".

[214]   Vgl. zu der hier angerissenen Gesamtproblematik H. Lausberg, Handbuch I, 129 f.: „Im
        genus iudiciale und im *genus deliberativum* wird das Publikum (die Richter, die Volks-
        versammlung) zur Entscheidungsfällung über eine Sache aufgefordert, die den Gegenstand
        der Rede bildet .... Diese diesen *genera* eigenen *officia* (*accusare, defendere*; *suadere, dis-
        suadere*) stehen im Dienste dieser Entscheidungsfällung. Den *officia* auf Seiten des Redners
        entspricht eine Entscheidungsbereitschaft beim Publikum: die Rede hat nur eine Funktion
        im Dienste von Angelegenheiten, die von sich aus außerhalb der Redekunst stehen, und
        eben nur bei dieser Gelegenheit Objekt einer Rede werden. Wir befinden uns also ganz im
        Bereich der *vita activa* ..., in der die Rede die Rolle eines Werkzeugs spielt. Es ist nun mög-
        lich, daß bei einer Rede des *genus iudiciale* oder des *genus deliberativum* außer dem zur Ent-
        scheidungsfällung rechtsbefugten Publikum (Richter im *genus iudiciale*, Volksversamm-
        lung im *genus deliberativum*) ein Zuschauer anwesend ist, der für die Entscheidungsfällung
        unzuständig ist und der sich somit für die Entscheidungsfällung nicht aktiv interessiert:
        dieser Zuschauer steht dem Gegenstand mit Distanz gegenüber. Da der Gegenstand der
        Rede ihn nichts angeht, kann er an dem ernsthaften Vorhaben des Hauptpublikums nicht
        teilhaben. Der Zuschauer ‚abstrahiert' von diesem ernsthaften Vorhaben, er läßt statt
        dessen die Rede als Kunstwerk auf sich wirken und beurteilt sie nach ihrer Kunstfertig-
        keit. Damit ist für ihn der Gegenstand der Entscheidungsfällung nicht die (das Objekt der
        Rede bildende) juristische oder legislative Angelegenheit, sondern die Rede selbst: *der
        Zuschauer faßt die Rede als eine Exhibition der Redekunst auf.* Der Redegegenstand, der im *ge-

Falle präziser: als rhetorische oder auch gattungstheoretische Differenz zu definieren ist[215], überwunden werden, ist der Rezipient genötigt, die den einzelnen
gattungstheoretischen Begriffen, präziser: den einzelnen *genera dicendi* inhärenten hermeneutischen Verstehensbedingungen, miteinander zu vermengen, ohne dass eine solche ‚formgeschichtliche' Vermengung in der Rede selbst, d. h. im
4Makk, reflektiert oder begründet werden würde. Vor diesem Hintergrund vermag die hier konstatierte gattungstheoretische bzw. rhetorische Differenz
durchaus als Indiz für die Annahme zu gelten, dass im 4Makk Reden oder Rede-
teile unterschiedlicher Provenienz nachträglich zusammengestellt worden sind.

Im Rahmen seines Unterfangens, diese Differenz als einen Topos der antiken rhetorischen Theorie auszumachen, verweist D.A. DeSilva auf *rhetorica ad Herennium* III
4,7–8: *Laudabile est, quod conficit honestam et praesentem et consequentem commemorationem. Hoc nos eo separavimus <a recto, non quod hae quattuor> partes, quae subiciuntur sub
vocabulum recti, hanc honestatis commemorationem dare <non> soleant; sed quamquam ex
recto laudabile nascitur, tamen in dicendo seorsum tractandum est hoc ab illo: neque enim
solum laudis causa rectum sequi convenit, sed si laus consequitur, duplicatur rectei adpetendi
voluntas. Cum igitur erit demonstratum rectum esse, laudabile esse demonstrabimus aut ab
idoneis hominibus – ut si qua res honestiori ordinei placeat, quae a deteriore ordine inprobetur
– aut quibus sociis aut omnibus civibus, exteris nationibus, posterisque nostris. Cum huiusmodi divisio sit locorum in consultatione, breviter aperienda erit totius tractatio causae. Ex-
ordiri licebit vel a principio vel ab insinuatione vel isdem rationibus, quibus in iudicialei causa.
Si cuius rei narratio incidet, eadem ratione narrari oportebit.* [(8)] *Quoniam in huiusmodi causis
finis est utilitas et ea dividitur in rationem tutam atque honestam, <si> utrumque poterimus
ostendere, utrumque pollicebimur nos in dicendo demonstraturos esse; si alterum <erimus
demonstraturi, simpliciter> quid dicturi sumus, ostendemus. At si nostram rationem tutam
esse dicemus, divisione utemur in vim et consilium. Nam quod in docendo rei dilucidae mag-
nificandae causa dolum appellavimus, id in dicendo honestius consilium appellabimus. Si
rationem nostrae sententiae rectam esse dicemus et omnes partes rectei incident, quadri-
pertita divisione utemur: si non incident, quot erunt, tot exponemus in dicendo. Confirmatione*

---

nus iudiciale und im *genus deliberativum* ernstgenommen wird, ist für den Zuschauer be-
langlos: Der Redegegenstand wird zur bloßen Gelegenheit der exhibitionistisch aufgefaß-
ten Ausübung der Redekunst, während im *genus iudiciale* und im *genus deliberativum* die
Rede ihre Funktion einzig und allein im Redegegenstand hat. ... Aus der zufällig-publi-
kumsbedingten Exhibition anläßlich einer judicialen oder deliberativen Rede kann nun
die Redekunst zur *planmäßigen Exhibition* übergehen: damit ist die Rede nicht mehr an Ent-
scheidungsfällungsgegenstände ... gebunden, sie kann die Gegenstände frei auch unter
den *certa* ... wählen, die von vornherein dem Publikum keine sachliche Entscheidungsfäl-
lung abverlangen. Für eine exhibitionistische Rede liegen als Gegenstände am nächsten
die selbst für eine Exhibition geeigneten Gegenstände, d. h. die schönen Gegenstände. Die
Exhibition der Redekunst ist so gegenständlich auf die Exhibition der Schönheit der Gegenstände orientiert: die Schönheit der Gegenstände wird beschrieben und gelobt: *Das Lob
der Schönheit* [bzw. im Falle von 4Makk der überragenden Glaubenstreue und Standfestigkeit des Eleazar, der sieben Brüder und deren Mutter] *ist die Hauptfunktion der epideiktischen Rhetorik*".

[215]   Vgl. hierzu o. 26; vgl. darüber hinaus die von H.-J. Klauck entwickelten Überlegungen zur
Gattung des 4Makk o. 11.

et confutatione utemur, nostris locis, quos ante ostendimus, confirmandis, contrariis con-
futandis. Argumentationis artificiose tractandae ratio de secundo libro petetur. Sed si acci-
derit, ut in consultatione alteri ab tuta ratione, alteri ab honesta sententia sit, ut in delibera-
tione eorum qui a Poeno circumsessi deliberant, quid agant, <qui> tutam rationem sequi
suadebit, his locis utetur: nullam rem utiliorem esse incolumitate; virtutibus uti neminem
posse, qui suas rationes in tuto non conlocarit; <ne> deos quidem esse auxilio is, qui se incon-
sulto in periculum mittant; honestum nihil oportere existimari, quod non salutem pariat[216].
Dieser Beleg trägt allerdings für das hier angesprochene Problem wenig aus, da innerhalb der in diesem erkennbaren Darstellung von einer sachlichen Identität eines
aus unterschiedlichen Blickwinkeln betrachtbaren Faktums ausgegangen wird. Eine
solche Identität ist in 4Makk 1,7–9.10 f. jedoch nicht erkennbar: Den sieben Brüdern
und ihrer Mutter soll nach 4Makk 1,11 nicht etwa ein ἔπαινος angestimmt werden,

---

[216] „Lobenswert ist, was eine ehrenhafte Erwähnung in der Gegenwart und in der Zukunft
bewirkt. Dies habe ich nicht deswegen getrennt, weil die Teile der Tugenden, die dem
Wort ‚das Richtige' untergeordnet werden, diese ehrenhafte Erwähnung nicht hervorzurufen pflegten, sondern obwohl aus dem Richtigen das Ehrenhafte hervorgeht, muß
dennoch in einer Rede das letztere vom ersten getrennt behandelt werden. Denn das
Richtige soll man nicht nur um des Lobes willen verfolgen, aber wenn Lob dazukommt,
wird der Wunsch, das Richtige zu erstreben, verdoppelt. Wenn wir also dargelegt haben,
daß etwas richtig ist, werden wir darlegen, daß es lobenswert ist, indem wir entweder von
geeigneten Menschen ausgehen – z. B. wenn eine Sache einem höher geachteten Stand
gefällt, die von einem niedrigeren Stand nicht gebilligt wird – oder von irgendwelchen
Bundesgenossen oder von allen Mitbürgern, auswärtigen Nationen und unseren Nach-
kommen. Da eine derartige Einteilung der Einzelpunkte in der Beratung vorliegt, muß die
Behandlung des ganzen Falles kurz erörtert werden. Die Einleitung darf man gestalten
entweder in Form der Vorrede oder der Einschmeichelung oder auf dieselbe Weise wie in
der Gerichtsrede. Wenn die Darlegung irgendeines Sachverhaltes hinzukommt, darf man
diesen in derselben Weise darlegen. [(8)] Da ja in derartigen Fällen das Ziel der Nutzen ist
und dieser in Sicherheit und Ehrenhaftigkeit unterteilt wird, werden wir, wenn wir auf
beides hinweisen können, versprechen, daß wir in der Rede beides darlegen werden;
wenn aber nur auf das eine davon, werden wir nur auf das hinweisen, was wir sagen werden. Aber wenn wir sagen, daß es uns um die Sicherheit gehe, werden wir die Untertei-
lung in Gewalt und überlegende Planung anwenden. Denn was ich bei der Belehrung, um
die Sache deutlich herauszustellen, als List bezeichnet habe, das werde ich bei der Rede
als überlegende Planung bezeichnen. Wenn wir sagen, die Begründung unserer Meinung
sei richtig, und alle Gesichtspunkte des Richtigen vorkommen, wenden wir die vierfache
Teilung an; wenn sie nicht vorkommen, werden wir nur so viele in der Rede darstellen,
wie es sind. Die Bekräftigung und Widerlegung wenden wir an bei der Bekräftigung unserer Gesichtspunkte, auf die wir vorher hingewiesen haben, und bei der Widerlegung der
gegensätzlichen Gesichtspunkte. Die Methode der kunstvollen Durchführung der Beweisführung wird dem 2. Buch entnommen. Aber wenn der Fall eintritt, daß bei einer Überlegung der eine bei seiner Meinungsäußerung von der Sicherheit, der andere von der Ehrenhaftigkeit ausgeht, so wie bei der Beratung derer, welche, da sie von den Puniern ein-
geschlossen sind, beraten, was sie tun sollen, wird der, welcher rät, die Sicherheit zu verfolgen, folgende Gesichtspunkte anwenden: Nichts sei nützlicher als die Unversehrtheit;
Tugenden könne niemand zur Entfaltung bringen, der seine Überlegungen nicht auf
Sicherheit gründe; nicht einmal die Götter brächten denen Hilfe, die sich unbedacht in
Gefahr stürzten; für ehrenhaft dürfe man nichts halten, was nicht Wohlergehen bewirke";
Text und Übersetzung nach T. Nüßlein, Rhetorica ad Herennium, 134–137.

weil sie als herausragende Beispiele für die Richtigkeit des 4Makk 1,1 formulierten
Lehrsatzes, dass der λογισμός die πάθη zu beherrschen vermag, anzusehen wären,
sondern, weil sie ihr Volk und ihr Vaterland gerettet hätten: θαυμασθέντες γὰρ οὐ
μόνον ὑπὸ πάντων ἀνθρώπων ἐπὶ τῇ ἀνδρείᾳ καὶ ὑπομονῇ ἀλλὰ καὶ ὑπὸ τῶν
αἰκισαμένων αἴτιοι κατέστησαν τοῦ καταλυθῆναι τὴν κατὰ τοῦ ἔθνους τυραννίδα
νικήσαντες τὸν τύραννον τῇ ὑπομονῇ ὥστε καθαρισθῆναι δι᾽ αὐτῶν τὴν πατρίδα. Angesichts dessen vermag der von D.A. DeSilva zur Überwindung der hier dargestellten
sachlichen Differenz präferierte rhetorische Erklärungsansatz letztlich kaum zu
überzeugen.

(b) Darüber hinaus ist auffällig, dass der Verfasser des 4Makk in 4Makk 1,8b drei
Personen bzw. Personengruppen auflistet, auf die er im Zuge des Versuchs, die
Richtigkeit des von ihm in 4Makk 1,1 aufgestellten Lehrsatzes zu beweisen, zu
sprechen kommen möchte, nämlich zunächst Eleazar, dann die sieben Brüder
und schließlich deren Mutter, in 4Makk 1,10 dann aber nur noch von den sieben
Brüdern und ihrer Mutter spricht, ohne die Person des Eleazar, dem doch sicherlich auch ein ἔπαινος zu singen wäre, auch nur zu erwähnen. Dass der in 4Makk
1,10 verwendete Terminus ἄνδρες die Person des Eleazar nicht mit umfassen
kann, ergibt sich aus dem Sachverhalt, dass die mit diesem Begriff bezeichneten
Personen an dieser Stelle als eng mit der Figur der μήτηρ verbunden erscheinen,
eine Verbindung, die die Gestalt des Eleazar aus der Gruppe der ἄνδρες ausschließt, da jene der Darstellung in 4Makk zufolge in keinerlei Verbindung mit
derjenigen der μήτηρ steht. In diesem Sinne liegt zwischen 4Makk 1,8b und
4Makk 1,10 also eine inhaltliche Spannung[217] vor, die sich kaum als rhetorisch
oder auch stilistisch so gewollt beschreiben lässt[218].

   (c) Sind Eleazar, die ἑπτὰ ἀδελφοί und deren Mutter nach 4Makk 1,8a für die
– hier im Singular stehende – ἀρετή gestorben, so nach 4Makk 1,10b die ἑπτὰ
ἀδελφοί und deren Mutter für die καλοκάγαθία[219]. Der Begriff der καλοκάγαθία
begegnet in 4Makk noch in 4Makk 3,18, hier bezogen auf den λογισμός, und darüber hinaus dann noch in 4Makk 11,22; 13,25; 15,9, hier jeweils bezogen auf die
sieben Brüder, findet sich somit also nicht in der Schilderung des Martyriums

---

[217]   Vgl. zu diesem Begriff o. 26.
[218]   Dies gilt auch dann, wenn mit J.W. van Henten – und auch E. Norden (vgl. hierzu o. 12) –
        der Stil des 4Makk als Asianismus beschrieben wird; vgl. hierzu Martyrs, 60: „Whether or
        not 4 Maccabees is Asianic, short cola, frequent embellishments through repetitions of
        the same statement in synonymous words or with similar images, repetitions of a phrase
        or clusters of words through words stemming from a common root, alliteration, and pa-
        thetic descriptions are typical of its style". Keines dieser hier genannten Phänomene
        erklärte zureichend die Auslassung der Person des Eleazar in 4Makk 1,10.
[219]   Zu dieser Beobachtung auch H.-J. Klauck, Hellenistische Rhetorik, 463: „Die ὑπέρ-Formel
        (‚sterben für ...') ist in V. 8 mit der Tugend verbunden, in V. 10 mit dem sittlichen Ideal
        der Griechen schlechthin, der καλοκάγαθία". Mögliche literarkritische oder auch redak-
        tionsgeschichtliche Konsequenzen aus dieser Beobachtung deutet Klauck freilich nicht
        an.

des Eleazar[220]. Diese Beobachtung macht zunächst eine terminologische Differenz[221] zwischen diesen beiden Einlassungen namhaft, da der Terminus καλοκάγαθία, zu übersetzen mit „Wesen des wahrhaft edeln und vollkommenen Mannes, sittliche Vortrefflichkeit, Ehrenhaftigkeit, Hochherzigkeit"[222], semantisch kaum mit dem – auch etwa in 4Makk 1,2 als solchem verwendeten – philosophischen *terminus technicus* ἀρετή ineins gesetzt werden kann. Soll, um diese terminologische Differenz zu überwinden, der Begriff ἀρετή in 4Makk 1,8a im semantisch eher uneigentlichen, allgemein auf die sittliche Vortrefflichkeit rekurrierenden Sinne interpretiert werden[223], ergäbe sich eine neue terminologische Differenz zwischen 4Makk 1,8a und 4Makk 1,2b, da in letzterer Passage dieser Begriff in jedem Falle in technischem Sinne aufzufassen ist.

Diese Differenzen legen in ihrer Gesamtheit die grundsätzliche – an dieser Stelle in ihrer Substanz natürlich noch vorläufige und nicht wirklich ausdifferenzierte – Annahme nahe, dass in 4Makk 1,7–11 Passagen aus zwei unterschiedlichen Reden bzw. Erzählungen zusammengeflossen seien. Konkret sind folgende Möglichkeiten denkbar: (a) Dem Verfasser von 4Makk 1,7–11 lag ein – entweder von ihm selbst oder von jemand anderem – verfasster ἔπαινος über die sieben Brüder und deren Mutter bereits vor, den er dann mit einer Rede, in der anhand des Geschicks des νομικός Eleazar[224] die Herrschaft des λογισμός über die Leidenschaften erwiesen werden sollte, zu einer ‚exemplarischen Erzählung' verband.

(b) Der Verfasser von 4Makk 1,7–11 griff auf zwei unterschiedliche – entweder von ihm oder aber von jemand anderem verfasste – ἔπαινοι zurück, einer über die sieben Brüder und deren Mutter, einer über den νομικός Eleazar. Er fügte diese beiden Lobgesänge zusammen, ergänzte dieses Material um einige Passagen und Anmerkungen, die die von ihm intendierte philosophische Fragestellung – d. h. die Frage der Herrschaft des λογισμός über die πάθη – betreffen, und entwickelte so aus diesen beiden ἔπαινοι eine im Gewand einer ‚exemplarischen Erzählung' daherkommende ‚philosophische' Abhandlung.

> Zugunsten dieser Annahme lässt sich durchaus die Beobachtung ins Feld führen, dass die Darstellung 2Makk 2,32–7,41, die dem Verfasser des 4Makk bzw. dem Verfasser der ‚exemplarischen Erzählung' als Vorlage diente[225], die Erzählung vom Martyrium

---

[220]   Vgl. zu dieser Erzählung ausführlich u. 89–97.
[221]   Vgl. zu diesem Begriff o. 26.
[222]   H. Menge, Wörterbuch, s.v. καλοκάγαθία, 360.
[223]   Vgl. zu einer solchen Interpretationsmöglichkeit H. Menge, Wörterbuch, s.v. ἀρετή, 104.
[224]   Vgl. zur Person dieses Gesetzeslehrers ausführlich u. 89.
[225]   Vgl. zu diesem Zusammenhang insgesamt H.-J. Klauck, 4Makk, 654–657.

des Eleazar und diejenige vom Martyrium der sieben Brüder und ihrer Mutter deutlich voneinander abgrenzt[226]. Dies könnte indizieren, dass diese beiden Martyriumserzählungen ursprünglich und zunächst als einzelne ἔπαινοι nebeneinander existierten.

Wird nun angenommen, dass der einen Übergang explizierende Vers 4Makk 1,12[227], in dem die beiden Hauptbestandteile des 4Makk, die ‚philosophische These‘ und die ‚exemplarische Erzählung‘ eben als dessen Hauptbestandteile namhaft gemacht werden, im Zuge der – wie im einzelnen auch immer vorzustellenden – Addition dieser beiden Hauptbestandteile zu einem Gesamtwerk als Überleitung hinzugefügt worden sei, ergibt sich im Blick auf die Entstehung des *exordiums* folgende Hypothese: Den ältesten Abschnitten desselben, den einen ἔπαινος über die sieben Brüder und deren Mutter ankündigenden Versen 4Makk 1,10 f. wurden im Rahmen einer ersten Bearbeitung die Ausführungen 4Makk 1,1.2a, der philosophische Lehrsatz, den es zu erweisen gilt, und die Passage 4Makk 1,7–9, in der eben der Erweis der Richtigkeit desselben angekündigt wurde, hinzugefügt. Im Zuge der Vereinigung der beiden Hauptbestandteile des 4Makk, der ‚philosophischen These‘ und der ‚exemplarischen Erzählung‘, wurde dann 4Makk 1,12 – in gleicher Weise wie auch 4Makk 1,13 f.[228] – in einer letzten oder auch vorletzten Phase der Genese dieses Werkes als leserlenkender Übergangsvers, der Rechenschaft über das weitere Vorgehen liefert, formuliert; im Rahmen einer letzten Bearbeitung kamen dann 4Makk 1,2b.3 f.5 f., mögliche Einwände einer innerhalb des Auditoriums ausgemachten Gruppe gegen den philosophischen Lehrsatz, kontextualisiert im hermeneutischen Rahmen der vier Kardinaltugenden, hinzu.

Die Annahme, 4Makk 1,12 stelle einen im Zuge der Vereinigung der ‚philosophischen These‘ und der ‚exemplarischen Erzählung‘ hinzugefügten leserlenkenden Übergangsvers dar, wird durch zwei Beobachtungen gestützt: (a) In 4Makk 1,12 liegt ein syntaktischer Bruch[229] vor; unklar bleibt nämlich, auf welchen Personenkreis sich die Wendung περὶ αὐτῶν 4Makk 1,12c bezieht: auf Eleazar, die sieben Brüder und deren Mutter, wie 4Makk 1,8 nahelegt, oder aber nur auf die sieben Brüder und deren Mutter, wie 4Makk 1,10 indiziert[230].

---

[226]   Vgl. hierzu H.-J. Klauck, 4Makk, 712: „Während 2Makk 7,1 neu einsetzt …, leistet 8,1–3 eine thematische (Hinweis auf die fromme Urteilskraft) und erzählerische (mißglückter erster Versuch) Anbindung an das Eleazarmartyrium“.

[227]   Vgl. hierzu H.-J. Klauck, Hellenistische Rhetorik, 463: „V. 12 referiert die Grobgliederung dessen, was folgt: zuerst die philosophisch gefärbte Erörterung der Hauptthese (in 1. 13 – 3. 18), sodann der aus 2 Makk gewonnene eigentliche Erzählstoff (in 3. 19 – 17. 6)“.

[228]   Vgl. hierzu u. 71.

[229]   Vgl. zu diesem Begriff o. 26.

[230]   Vgl. hierzu o. 63.

(b) In 4Makk 1,7 f. führt der Verfasser aus, dass sich die Generalthese seines Werkes am besten mit einem Rekurs auf die Berichte von den Martyrien des Eleazar, der sieben Brüder und deren Mutter beweisen ließe: πολὺ δὲ πλέον τοῦτο ἀποδείξαιμι ἀπὸ τῆς ἀνδραγαθίας τῶν ὑπὲρ ἀρετῆς ἀποθανόντων Ελεαζαρου τε καὶ τῶν ἑπτὰ ἀδελφῶν καὶ τῆς τούτων μητρός (4Makk 1,8). In 4Makk 1,12 spricht er dann davon, dass er zunächst die ὑπόθεσις zu entwickeln beabsichtige, bevor er sich dann daran begebe, die ‚exemplarische Erzählung‘ darzustellen: ἀλλὰ καὶ περὶ τούτου νῦν αὐτίκα δὴ λέγειν ἐξέσται ἀρξαμένῳ τῆς ὑποθέσεως ὅπερ εἴωθα ποιεῖν καὶ οὕτως εἰς τὸν περὶ αὐτῶν τρέψομαι λόγον δόξαν διδοὺς τῷ πανσόφῳ θεῷ. Die inhaltliche Spannung[231] zwischen den Aussagen in 4Makk 1,7 f. und 4Makk 1,12 besteht nun darin, dass in der ersten Passage im Gegensatz zur zweiten von einer zuerst vorzutragenden ὑπόθεσις nicht die Rede ist.

Diese interpretationslogischen Inkohärenzen lassen sich vor dem Hintergrund der Annahme, der Abschnitt 4Makk 1,7–11.12 stelle ein in einem Zug niedergeschriebenes und aus einer Hand stammendes Werk dar, kaum lösen. Zwanglos erklärbar werden sie jedoch, wenn folgender Prozess der Genese dieses Abschnittes angenommen wird: In 4Makk 1,7–11 stellte ein theologisch bzw. philosophisch interessierter Verfasser Passagen aus zwei unterschiedlichen Reden zusammen und entwickelte aus ihnen dann im weiteren Verlauf eine Rede, konkret: die ‚exemplarische Erzählung‘, mit der er die Plausibilität der von ihm vertretenen philosophischen These, dass die Urteilskraft die Leidenschaften beherrsche, erweisen wollte. Im Zuge der Zusammenführung dieser Rede mit der ‚philosophischen These‘ fügte dann dieser oder aber auch ein anderer Verfasser 4Makk 1,12 hinzu, um die Rezipienten über sein weiteres argumentationslogisches Vorgehen in Kenntnis zu setzen.

II.1.3 Fazit und tabellarische Übersicht

Die folgende Tabelle vermag die hier erarbeiteten Ergebnisse zur Genese zunächst nur des *exordiums* des 4Makk in seiner Gesamtheit anschaulich – und, wie o. bereits betont[232], zunächst nur als ein vorläufiges und nachgerade idealtypisches Ergebnis, das im Fortgang der Analyse sicherlich noch weiterzuentwickeln ist, – darzustellen:

---

[231] Vgl. zu diesem Begriff o. 26.
[232] Vgl. hierzu o. 67.

Die Genese des 4Makk				
ursprüngliche Rede(n)	zweite Phase (Verfasser der ‚exemplarischen Erzählung')	dritte Phase	vierte Phase (Verfasser der ‚philosophischen These')	fünfte Phase (Redaktor/ Relecture)
		stellen möglicherweise einen einzigen Arbeitsgang dar		
(a) Lobgesang über das Martyrium der sieben Brüder und der Mutter, und: (b) Lobgesang über das Martyrium des Eleazar	Verknüpfung dieser beiden ἔπ-αινοι zur ‚exem-plarischen Erzäh-lung' (ἱστορία) in ihrer Gesamtheit, die nun als *argu-mentum* unter ei-ner philosophi-schen Frage-stellung firmiert	Erstellung bzw. Übernahme philosophischer (Schul-)-Traditionen und theologische Bearbeitung derselben auf dem Hintergrund der alttestamentlichen und der frühjüdischen Überlieferung (‚philosophische These', ὑπόθεσις), daran anschließend dann: Vereinigung von ‚philosophischer These' und ‚exemplarischer Erzählung'		letzte Ergänzungen und Aktualisierungen
das exordium 4Makk 1,1–12				
	4Makk 1,1.2a: phi-losophische Neuak-zentuierung; Wechsel der Redegattung vom *genus demons-trativum* zum *genus iudiciale*			
				4Makk 1,2b: unmittelbare Abwehr eines Gegenarguments
				4Makk 1,3 f.5 f.
	4Makk 1,7–9: Hinzufügung der Figur des Eleazar			
4Makk 1,10 f.: ἔπαινος auf die sieben Brüder und deren Mutter				

			4Makk 1,12: leserlenkender Überleitungsvers: Information über den Gesamt- aufriss des Buches	

II.2 Die ‚philosophische These‘ 4Makk 1,13–3,18

II.2.1 4Makk 1,13–19

Wie o. bereits ausgeführt, begegnet innerhalb der ‚philosophischen These‘ 4Makk 1,13–3,18 der Terminus λογισμός nur absolut, d. h., ohne dass er um das eine religiöse bzw. theologische Konnotation transportierende Epitheton εὐσεβής ergänzt wäre[233]. In 4Makk 1,15 wird, im Anschluss an eine die nun folgende Argumentation einleitende Wiederholung der Aufgabenstellung (4Makk 1,13) und an einige Bemerkungen zur Methodik der Untersuchung (4Makk 1,14), der λογισμός – vollständig profan und untheologisch – näherhin definiert als νοῦς μετὰ ὀρθοῦ λόγου προτιμῶν τὸν σοφίας βίον, als Verstand also, „der mit klarer Überlegung das Leben der Weisheit wählt"[234]. In 4Makk 1,16 wird dann die σοφία – ebenfalls durchaus in einem profanen popularphilosophischen Sinne – näher bestimmt als γνῶσις θείων καὶ ἀνθρωπίνων πραγμάτων καὶ τῶν τούτων αἰτιῶν. Der Vorgang dieser γνῶσις wird in 4Makk 1,17 dann, inhaltlich anknüpfend an das 4Makk 1,16 Ausgeführte, als eine vom νόμος geleistete παιδεία beschrieben: αὕτη δὴ τοίνυν ἐστὶν ἡ τοῦ νόμου παιδεία δι᾽ ἧς τὰ θεῖα σεμνῶς καὶ τὰ ἀνθρώπινα συμφερόντως μανθάνομεν. In 4Makk 1,18 werden dann die vier Kardinaltugenden[235], die φρόνησις, die δικαιοσύνη, die ἀνδρεία und die σωφροσύνη, als τῆς σοφίας ἰδέαι, als Ausprägungen der σοφία ausgemacht. Unter diesen vier Tugenden hebe sich die φρόνησις hervor, weil durch jene der λογισμός die πάθη zu beherrschen vermöchte: κυριωτάτη δὲ πάντων ἡ φρόνησις ἐξ ἧς δὴ τῶν παθῶν ὁ λογισμὸς ἐπικρατεῖ (4Makk 1,19).

---

[233] Vgl. hierzu bereits o. 37–42.
[234] Übersetzung nach H.-J. Klauck, 4Makk, 690.
[235] Vgl. hierzu etwa H.-J. Klauck, 4Makk, 691. Klauck verweist an dieser Stelle auf Sap 8,7; hier werde die σοφία als „Lehrerin der vier Kardinaltugenden" vorgestellt (vgl. hierzu auch o. 29 f. und u. 72).

Wird die Argumentation in 4Makk 1,13 f.15–19[236] genauer analysiert, so lassen sich einerseits mehrere sprachliche und inhaltlich-konzeptionelle Auffälligkeiten und Spannungen innerhalb ihrer selbst, andererseits aber auch solche zu anderen Passagen des 4Makk ausmachen: (a) Der Terminus σοφία wird in 4Makk 1,16 und 4Makk 1,17 deutlich unterschiedlich definiert. 4Makk 1,16, einer im Grundsatz schulmäßigen philosophischen, gänzlich untheologischen Definition[237], zufolge stellt die σοφία ein intellektuelles Potential bzw. eine intellektuelle Fähigkeit dar, diejenige nämlich, „die göttlichen und ... [die] menschlichen Dinge samt ihrer jeweiligen Ursachen"[238] zu erkennen bzw. erkennen zu können. Innerhalb dieser Definition fehlt jeglicher Hinweis auf den in der jüdischen Weisheitsspekulation verankerten Gedanken einer präexistenten σοφία[239]. Nach 4Makk 1,17 beschreibt die σοφία den Vorgang der vom νόμος geleisteten[240] παιδεία[241], die uns dazu führt, „voll Ehrfurcht die göttlichen Dinge [zu] erlernen und zu unserem Nutzen die menschlichen"[242], eine Definition, die, wie in der exegetischen Literatur bereits des Öfteren angemerkt worden ist, den Ausführungen in Sap 8,7 durchaus vergleichbar ist: οἱ πόνοι ταύτης εἰσὶν ἀρεταί σωφροσύνην γὰρ καὶ φρόνησιν ἐκδιδάσκει δικαιοσύνην καὶ ἀνδρείαν ὧν χρησιμώτερον οὐδέν ἐστιν ἐν βίῳ ἀνθρώποις. Somit ist im Blick auf den σοφία-Begriff in 4Makk 1,16 und 4Makk 1,17 also eine inhaltliche Spannung bzw. eine terminologische Differenz[243] zu konstatieren.

Diese sich in der Sache, in Sonderheit im Blick auf ihre jeweilige – philosophische oder aber theologische – Akzentuierung durchaus unterscheidenden Definitionen geben immerhin Anlass zu der Vermutung, dass die Ausführungen in 4Makk 1,16 und diejenigen in 4Makk 1,17 sich entweder vollständig unterschiedlichen Händen verdanken oder aber doch einer jeweils differierenden

---

[236] Zur Passage 4Makk 1,15–19 vgl. R. Weber, Eusebeia, 219: „Es handelt sich hier um ein Segment von Definitionen, das in der Art einer sorites gegliedert ist"; s.E. greife der Verfasser des 4Makk in dieser Passage „fast wörtlich auf ihm überkommenes philosophisches Bildungsgut zurück" (219).

[237] Vgl. hierzu H.-J. Klauck, 4Makk, 690: „Das ist wohl der Satz im 4Makk, der einer schulmäßigen philosophischen Definition am nächsten kommt, wenn man davon absieht, daß der Verf[asser]. γνῶσις wählt statt des gebräuchlicheren ἐπιστήμη".

[238] Übersetzung nach H.-J. Klauck, 4Makk, 690.

[239] Vgl. hierzu H.-J. Klauck, 4Makk, 691: „Anders als Aristobul ... verzichtet 4Makk darauf, mit der philosophischen Definition der Weisheit die präexistente Sophia der jüdischen Weisheitstradition zu verbinden".

[240] Vgl. hierzu H.-J. Klauck, 4Makk, 691, der festhält, dass der Verfasser des 4Makk in 4Makk 1,17 das Konzept der σοφία „in engste Beziehung zum jüdischen Gesetz" stellt.

[241] M. Hadas, 4Makk, 149 formuliert hier: „the equation of ‚wisdom' and ‚the Law,' like the qualification of ‚reason' by ‚religious,' is the keynote of our author's thought". Wenn dem so wäre, fragt sich, warum der Verfasser des 4Makk diese von ihm intendierten Gleichsetzungen nicht explizit thematisiert hat.

[242] Übersetzung nach H.-J. Klauck, 4Makk, 691.

[243] Vgl. zu diesen beiden Kriterien o. 26.

Provenienz zuzuordnen sind. Mag die Definition der σοφία in 4Makk 1,16 dem profan-philosophischen Schulbetrieb zuzuordnen sein und einen Bestandteil des ebenso profanen antiken philosophischen Basiswissens ausmachen, so reflektiert diejenige in 4Makk 1,17 eine philosophische Tradition, innerhalb derer solch philosophisches Basiswissen in einem jüdisch-theologisch überformten Gewand erscheint. Die Beobachtung, dass die Darlegungen in 4Makk 1,15 und 4Makk 1,16 in ihrer grammatischen Struktur sehr weitgehend übereinstimmen, einerseits, andererseits der Sachverhalt, dass die Ausführungen in 4Makk 1,14–16 eine strukturelle und argumentationslogische Geschlossenheit an den Tag legen – am Ende von 4Makk 1,14 findet sich der Begriff λογισμός, mit dem dann die Ausführungen in 4Makk 1,15 einsetzen, welche ihrerseits mit dem Syntagma τὸν σοφίας βίον schließen, dessen *nomen regens* σοφία wiederum die Definition in 4Makk 1,16 eröffnet –, lassen die Annahme zumindest plausibel erscheinen, dass der Verfasser des 4Makk in 4Makk 1,14–16 eine ihm vorliegende, aus dem profan-philosophischen Schulbetrieb stammende Definitionsreihe übernommen und seinerseits – im Rahmen einer ‚jüdischen' Relecture – dann mit den Ausführungen in 4Makk 1,17 kombiniert hat, um die philosophischen Definitionen in den Rahmen der jüdisch-theologischen Tradition einzupassen[244]. Die übernommene Definitionsreihe wird dann in 4Makk 1,18.19a weitergeführt; werden die Ausführungen in 4Makk 1,17 probehalber gestrichen, ergibt sich ein vollständig bruchloser Übergang zwischen 4Makk 1,16 und 4Makk 1,18.19a: σοφία δὴ τοίνυν ἐστὶν γνῶσις θείων καὶ ἀνθρωπίνων πραγμάτων καὶ τῶν τούτων αἰτιῶν ... [(18)] τῆς δὲ σοφίας ἰδέαι καθεστήκασιν φρόνησις καὶ δικαιοσύνη καὶ ἀνδρεία καὶ σωφροσύνη. [(19)] κυριωτάτη δὲ πάντων ἡ φρόνησις. Keinesfalls ausgeschlossen werden kann, dass die ‚philosophische These' 4Makk 1,13–3,18 ihre ‚jüdische' Relecture bereits vor ihrer Einfügung in 4Makk erfahren, also als bereits bearbeitete Version Aufnahme in 4Makk gefunden hat.

(b) Auffällig ist, dass in 4Makk 1,19a die Tugend der φρόνησις zwar, hier durchaus mit dem in 4Makk 1,2b Ausgeführten vergleichbar, aus dem Kanon der Kardinaltugenden hervorgehoben wird, dass jene an dieser Stelle aber, im Unterschied zu 4Makk 1,2b, gerade nicht in klassischem Sinne als ἀρετή, sondern als ἰδέα der Weisheit bezeichnet und auch nicht mit dem Epitheton μεγίστη versehen, sondern mit dem Adjektiv κυριωτάτη näher charakterisiert wird. Diese wiederum als terminologische Differenz oder auch als inhaltliche Spannung[245] zu charakterisierende Auffälligkeit nährt ihrerseits nun jedoch den Verdacht, dass die Ausführungen in 4Makk 1,18.19a auf eine andere Hand zurückgehen als

---

[244] Vgl. hierzu m.R. R.J.V. Hiebert, Einleitung, 326 f., der im Blick auf 4Makk 1,15–19 formuliert: „Es liegt vielleicht eine gewisse Ironie darin, dass die Art von Philosophie, die der Verfasser verwendet, auf die Verbindung von griechischer Gedankenwelt und jüdischer Theologie zurückgeht. Diese zeigt sich sehr schön im folgenden Zitat, in dem einerseits Vernunft, Weisheit und die vier griechischen Kardinaltugenden, wie sie Platon formulierte, und andererseits die Weisungen der Thora miteinander verbunden werden".

[245] Vgl. hierzu o. 26.

diejenigen in 4Makk 1,2b – und damit auch diejenigen in 4Makk 1,3 f.5 f. Mehr
als naheliegend ist, das in 4Makk 1,18.19a Dargelegte der o. bereits angesprochenen, aus dem profan-philosophischen Schulbetrieb stammenden Definitionsreihe zuzuordnen, was dann bedeutet, dass die Ausführungen 4Makk 1,2b.3 f.5 f.
– in gleicher Weise wie auch diejenigen in 4Makk 1,19b, in denen immerhin das
Ergebnis der philosophischen Untersuchung bereits vorweggenommen wird[246]
– dem in der LXX vorliegenden 4Makk in einem letzten Stadium hinzugefügt
worden seien[247].

(c) Ein Vergleich der über die mit den einzelnen Ausführungen jeweils ver-
folgte Intention Rechenschaft gebenden Formulierungen in 4Makk 1,7.13.14,
lässt zwischen denjenigen in 4Makk 1,7 und denjenigen in 4Makk 1,13 f. eine
deutliche inhaltliche Spannung[248] erkennen. Wird in 4Makk 1,7 letzten Endes ein
heuristisches Momentum transportiert, d. h., darüber nachgedacht, auf welche
Weise und unter Verwendung welcher Beispiele dem Publikum die augenscheinlich bereits feststehende Richtigkeit der These, dass der λογισμός die πάθη beherrsche, am besten aufgezeigt werden könne – πολλαχόθεν μὲν οὖν καὶ ἀλλαχόθεν ἔχοιμ' ἂν ὑμῖν ἐπιδεῖξαι ὅτι αὐτοκράτωρ ἐστὶν τῶν παθῶν ὁ λογισμός –,
wird in 4Makk 1,13 f. die weitaus grundsätzlichere und offensichtlich noch zu
untersuchende Frage angesprochen, ob (εἰ) die Urteilskraft die Leidenschaften
überhaupt zu beherrschen in der Lage ist – ζητοῦμεν δὴ τοίνυν εἰ αὐτοκράτωρ
ἐστὶν τῶν παθῶν ὁ λογισμός [(14)] ...καὶ εἰ πάντων ἐπικρατεῖ τούτων ὁ λογισμός.
Diese inhaltliche Spannung wird einfach erklärlich, werden die Ausführungen in
4Makk 1,7 und diejenigen in 4Makk 1,13 f. entweder unterschiedlichen Verfassern oder aber unterschiedlichen Stadien der Entstehung dieses opusculums zugeordnet. Werden diejenigen in 4Makk 1,7 als ursprünglich unmittelbar mit der
,exemplarischen Erzählung' verknüpft betrachtet, so lassen sich diejenigen in
4Makk 1,13 f. gänzlich zwanglos als solche begreifen, die, wie 4Makk 1,12, von
demjenigen zu verantworten sind, der 4Makk in der in der LXX vorliegenden
Form verfasst bzw. kreiert hat. Die Ausführungen in 4Makk 1,13 f. informieren
den Rezipienten über das weitere investigative Vorgehen des Verfassers des
4Makk und über den weiteren Verlauf der Darstellung bzw. der Argumentation.

Fazit: Die in sich selbst keinesfalls einheitliche Darstellung in 4Makk 1,13–19
weist, soll nicht von verschiedenen Verfassern geredet werden, zumindest auf
einen mehrstufigen Prozess ihrer Entstehung hin. Von ihrem argumentationslogischen Duktus her erweist sie sich als eine innerhalb der jüdischen Weisheits-

---

[246] Vgl. hierzu o. 60.
[247] Zum inhaltlichen Zusammenhang und zur rhetorischen Funktion von 4Makk 1,13.19.30a
       vgl. H.-J. Klauck, 4Makk 693: „V. 30a bildet mit V. 13 (vgl. auch V. 19) eine rahmende
       Inklusio um diesen Abschnitt mit den Definitionen". Trifft das zu, so sind 4Makk 1,13 und
       4Makk 1,19 – und darüber hinaus dann auch 4Makk 1,30a (vgl. hierzu u. 76) – dem gleichen
       Verfasser bzw. dem gleichen Stadium der Entstehung des 4Makk zuzuweisen.
[248] Vgl. zu diesem Kriterium bereits o. 26.

spekulation und der jüdischen νόμος-Konzeption neu kontextualisierte, im weitesten Sinne (popular-)philosophische Schultradition. Denkbar ist, dass die Ausführungen in 4Makk 1,17 im Zuge einer ‚jüdischen' Relecture dieses Abschnittes hinzugefügt worden sind.

II.2.2 4Makk 1,20–30a

In 4Makk 1,20–29.30a unternimmt der Verfasser des 4Makk – weiterhin, wie in 4Makk 1,29.30a unmittelbar erkennbar wird, auf der Basis eines profan-philosophischen λογισμός-Begriffes – nun den Versuch die unterschiedlichen Ausprägungen der πάθη näher zu kategorisieren. Zunächst unterscheidet er zwei grundlegende Formen der Leidenschaft, nämlich die ἡδονή und den πόνος (4Makk 1,20a). Diese beiden Grundkategorien greifen sowohl innerhalb der Sphäre des Leiblichen als auch innerhalb derjenigen des Seelischen Platz (4Makk 1,20b). Zu den der Grundform der ἡδονή zuzurechnenden πάθη zählt der Verfasser des 4Makk zunächst die ἐπιθυμία und die χαρά – erstere geht der ἡδονή voraus, letztere folgt ihr nach: πρὸ μὲν οὖν τῆς ἡδονῆς ἐστιν ἐπιθυμία μετὰ δὲ τὴν ἡδονὴν χαρά (4Makk 1,22). Unter den πόνος seien zunächst der jenem vorausgehenden φόβος, dann die auf jenen folgende λυπή zu subsumieren: πρὸ δὲ τοῦ πόνου ἐστὶν φόβος μετὰ δὲ τὸν πόνον λύπη (4Makk 1,23). Der θυμός habe an beiden Grundformen der Leidenschaften teil (4Makk 1,24), die in besonderer Weise qualifizierte und sich in der Sphäre des Leiblichen und in derjenigen des Seelischen unterschiedlich äußernde (4Makk 1,26 f.) κακοήθης διάθεσις schließlich sei wiederum in die Kategorie der ἡδονή einzuordnen (4Makk 1,25). 4Makk 1,29 zufolge tritt der παγγέωργος λογισμός den Auswüchsen der πάθη entgegen und sorgt, ohne jene vollständig auszumerzen, dafür, dass sie sich in dem ihnen zukommenden Rahmen entwickeln; das im 4Makk verhandelte Faktum der Herrschaft und der Kontrolle des λογισμός über die πάθη ist nach dem 4Makk 1,29 Dargelegten offensichtlich näherhin als Überwachung mit dem Ziel der Kultivierung letzterer (ἐξημερόω) zu verstehen. Solche Tätigkeit des λογισμός wird in 4Makk 1,30a näher begründet und erklärt, wobei der Verfasser des 4Makk sowohl auf die Ausführungen in 4Makk 1,15–19 als auch auf diejenigen in 4Makk 1,20–28 rekurriert und dieselben in seiner Begründung zusammenfasst.

> H.-J. Klauck sieht in 4Makk 1,29 die Aussage von 4Makk 1,6 wiederholt: „Im Bild wird die Aussage von 1,6 wiederholt: nicht ausrotten, sondern kultivieren; in psychoanalytischer Sprache: nicht verdrängen, sondern sublimieren"[249]. Dieser Einschätzung Klaucks steht der Sachverhalt entgegen, dass in 4Makk 1,6, anders als in 4Makk 1,29, nicht von einer Kultivierung der πάθη durch den λογισμός, sondern vielmehr – lediglich – von der konsequenten und lückenlosen Einhegung ersterer und der ebenso konsequenten Begrenzung der Wirkungsmacht jener durch letzteren die Rede ist:

---

[249] 4Makk, 693.

ἀλλ᾽ ὥστε αὐτοῖς μὴ εἶξαι (4Makk 1,6cβ). Dieses Denken hat mit dem Konzept einer Kultivierung der πάθη durch den λογισμός, so, wie es in 4Makk 1,29 durchscheint, nur wenig zu tun.

Den Ausführungen von 4Makk 1,18 entgegen spricht der Verfasser des 4Makk in 4Makk 1,30a im Blick auf die Kardinaltugenden nicht von ἰδέαι τῆς σοφίας[250], sondern, wie in 4Makk 1,2b[251], unmittelbar von ἀρεταί. Diese terminologische Differenz[252] lässt die Annahme plausibel erscheinen, dass das in 4Makk 1,30a Dargelegte von demjenigen Verfasser stammt, auf den auch das in 4Makk 1,2b Ausgeführte zurückzuführen ist, ohne dass daraus unmittelbar zu schließen wäre, dass 4Makk 1,30a dem Text von 4Makk auch im Zusammenhang des gleichen Bearbeitungs- bzw. Relecturevorgangs, innerhalb dessen jenem auch 4Makk 1,2b implantiert wurde[253], hinzugefügt worden wäre; gestützt wird diese Überlegung durch die eine inhaltliche Spannung[254] implizierende Beobachtung, dass in 4Makk 1,30a im Unterschied zu 4Makk 1,29 weniger von einer Kultivierung der πάθη durch den λογισμός, sondern vielmehr – wiederum – von der Herrschaft des letzteren über erstere gesprochen wird. Die Darlegungen in 4Makk 1,20–29 lassen sich angesichts der in ihnen aufscheinenden intellektuellen Nüchternheit hingegen zwanglos in die o. bereits nachgewiesene, innerhalb der jüdischen Weisheitsspekulation und der jüdischen νόμος-Konzeption neu kontextualisierte (popular-)philosophische Schultradition integrieren.

II.2.3   4Makk 1,30b–2,6a

In 4Makk 1,30b fordert der Verfasser des 4Makk seine Rezipienten auf, nun – obwohl er dieses Geschehen in 4Makk 1,29 eigentlich schon durchaus zureichend beschrieben hat – zu analysieren, wie denn der λογισμός die der Tugend der σωφροσύνη entgegenstehenden, aus den πάθη resultierenden Hindernisse zu bewältigen vermag. Festgehalten zu werden verdient die Beobachtung, dass der Verfasser des 4Makk an dieser Stelle seine Rezipienten unter Verwendung des Imperativs Präsens Plural ἐπιθεωρεῖτε nach 4Makk 1,1b erstmalig direkt zur Durchführung einer eigenständigen Handlung, in diesem Falle zum eigenständigen Mitdenken aufruft. Im Blick auf die Ausführungen in 4Makk 1,30b sprechen folgende Gründe dafür, diesen Halbvers – und auch den größten Teil der unmittelbar daran anschließenden Erörterungen – derjenigen Hand zuzuschreiben, die auch für die Einfügung von 4Makk 1,2b.3 f.5 f. verantwortlich

---

[250]   Vgl. hierzu auch bereits o. 31, 71, 73.
[251]   Vgl. hierzu o. 60.
[252]   Vgl. zu diesem Kriterium o. 26.
[253]   Zum argumentationslogischen Zusammenhang des in 4Makk 1,30a Ausgeführten mit 4Makk 1,7.19 vgl. bereits o. 74.
[254]   Vgl. hierzu o. 26.

zeichnet[255], ohne dabei jedoch zu postulieren, dass beide Textpassagen dem 4Makk innerhalb des gleichen Bearbeitungsstadiums bzw. des gleichen Relecturevorgangs hinzugefügt worden seien: (a) Der Terminus λογισμός erscheint in 4Makk 1,30b ohne das Epitheton εὐσεβής, eine Beobachtung, die in jedem Falle indiziert, dass 4Makk 1,30b nicht dem Autor von 4Makk 1,1.2a zugeordnet werden kann, da in 4Makk 1,1 nämlich eben das Syntagma εὐσεβὴς λογισμός begegnet, zwischen 4Makk 1,30b und 4Makk 1,1.2a somit also eine terminologische Differenz[256] vorliegt.

(b) In 4Makk 1,30b und in den folgenden Versen diskutiert der Verfasser des 4Makk, wie sonst nur in 4Makk 1,3.6, ausführlich die Tugend der σωφροσύνη.

(c) Das Adjektiv κωλυτικός begegnet nur in 4Makk 1,3 und 4Makk 1,30b, darüber hinaus dann noch in 4Makk 2,6b[257]. Diese Stellen ließen sich demzufolge sämtlich zwanglos dem gleichen Verfasser, wenn womöglich jedoch auch nicht dem gleichen Entstehungsstadium dieses *opusculums* zuweisen.

In 4Makk 1,31 wird die Tugend der σωφροσύνη definiert; im Rahmen dieses Unterfangens werden, hier durchaus 4Makk 1,3 entsprechend, die der ἀρετή der σωφροσύνη entgegenstehenden ἐπιθυμίαι in die Diskussion eingeführt. In 4Makk 1,3 werden allerdings die γαστριμαργία, letztlich selbst eine Ausprägung der ἐπιθυμία, und die ἐπιθυμία, verknüpft durch die Konjunktion τε καί, als offensichtlich parallel zu verstehende Gegensätze[258] der Besonnenheit angeführt, wohingegen in 4Makk 1,31 im Blick auf jene nun im pluralischen Sinne von den ἐπιθυμίαι die Rede ist. Diese Differenz legt in gleicher Weise wie auch die Formulierung δὴ τοίνυν, die den Eindruck zu erwecken scheint, dass über die offensichtlich als eine Mehrzahl zu begreifenden ἐπιθυμίαι innerhalb von 4Makk an dieser Stelle erstmalig die Rede sei, die Annahme nahe, dass die Darlegungen in 4Makk 1,3 und diejenigen in 4Makk 1,31 in unterschiedlichen Phasen der Genese dieses *opusculums* Eingang in dasselbe fanden. Zugleich könnten sie aber – und dies belegt ihre hier wie auch in 4Makk 1,3 im Unterschied zu 4Makk 1,22 pluralische Verwendung – durchaus dem gleichen Verfasser zugerechnet werden, wohingegen die Ausführungen in 4Makk 1,22[259], da sie ein singularisches Konzept von ἐπιθυμία transportieren, also in einer inhaltlichen Spannung[260] zu 4Makk 1,3.31 stehen, von einer anderen Hand stammen dürften.

In 4Makk 1,32a werden die einzelnen ἐπιθυμίαι in zwei Gruppen eingeteilt, nämlich in seelische und leibliche: τῶν δὲ ἐπιθυμιῶν αἱ μέν εἰσιν ψυχικαί αἱ δὲ

---

[255] Vgl. zu der Zuweisung bzw. Zuordnung von 4Makk 1,2b.3 f.5 f. ausführlich o. 48–61.
[256] Vgl. zu diesem Begriff bereits o. 26.
[257] Vgl. hierzu u. 80–82.
[258] Vgl. hierzu die Kritik von J. Freudenthal o. 55 f.
[259] Vgl. hierzu o. 75.
[260] Vgl. zu diesem Begriff o. 26.

σωματικαί. Auf den ersten Blick scheint diese Differenzierung derjenigen zu entsprechen, die sich bereits in 4Makk 1,20b findet[261]. Bei genauerer Analyse in Sonderheit der Ausführungen in 4Makk 1,25–27 aber wird deutlich, dass den Ausführungen in 4Makk 1,32a und in 4Makk 1,20b jeweils unterschiedliche Konzeptionen von ἐπιθυμία zugrunde liegen: In 4Makk 1,25–27 nämlich wird das πάθος der κακοήθης διάθεσις als eine Leidenschaft beschrieben, die in den anthropologischen Räumen bzw. den anthropologischen Sphären der ψυχή und des σῶμα jeweils unterschiedliche und auch unterschiedlich benennbare Gestalten ausprägt, ohne dass diese einzelnen Ausprägungen der κακοήθης διάθεσις oder auch diese selbst jedoch einen anthropologischen Akzent gewönnen; jene bleiben vielmehr anthropologisch ‚neutral'. Deutlich anders dagegen die Ausführungen in 4Makk 1,32a; hier wird den einzelnen Ausprägungen der ἐπιθυμία, die selbst als ἐπιθυμίαι bezeichnet werden, ein Begriff, der in 4Makk 1,20–30a bezeichnenderweise nicht begegnet, indem sie als entweder ψυχικαί oder aber σωματικαί definiert werden, explizit eine anthropologische Konnotation beigelegt. Diese Qualifikation wird unterstrichen durch den Sachverhalt, dass diese ἐπιθυμίαι in 4Makk 1,32b als αὗται ἀμφότεραι, also als zwei unterschiedliche Arten, bezeichnet werden. Auch wenn sich diese beiden unterschiedlichen Konzeptionen, in denen das πάθος der ἐπιθυμία bzw. die ἐπιθυμίαι jeweils eingeordnet werden, inhaltlich sicherlich nicht grundlegend unterscheiden, so transportieren sie jedoch in inhaltlicher Spannung[262] zueinander deutlich differente Akzente, ein Sachverhalt, der durchaus die Annahme nahezulegen vermag, dass sich die Darlegungen in 4Makk 1,32a und diejenigen in 4Makk 1,20b.22 jeweils unterschiedlichen Verfassern verdanken.

In 4Makk 1,33–35 beleuchtet der Verfasser des 4Makk nun das obrigkeitliche und kontrollierende Handeln des λογισμός zunächst gegenüber den leiblichen ἐπιθυμίαι[263], hier konkret gegenüber den Speisevorschriften. Wird in 4Makk 1,33 auf die – rhetorische – Frage nach der Ursache der Haltung der Verweigerung gegenüber verbotenen Nahrungsmitteln eine ebenso rhetorische Antwort, die das Wirken des λογισμός als Ursache dieser Verweigerungshaltung definiert[264],

---

[261] Vgl. hierzu etwa H.-J. Klauck, 4Makk, 694: „Die Differenzierung in Affekte der Seele und Affekte des Leibes entspricht 1,20 und 1,26–28". Dies trifft im Grundsatz sicherlich zu; im Detail aber zeigen sich doch auch deutliche konzeptionelle Differenzen zwischen den Ausführungen in 4Makk 1,32a einer- und denjenigen in 4Makk 1.20b.22.25.26–28 andererseits.

[262] Vgl. zu diesem Kriterium o. 26.

[263] Vgl. hierzu H.-J. Klauck, 4Makk, 694: „Im folgenden werden in umgekehrter Reihenfolge zuerst leibliche und dann seelische Begierden im Rückgriff auf das Gesetz abgehandelt. Das gleiche Aufbauschema wird in 2,6b–9a noch einmal angedeutet ..., wenn auch nicht explizit durchgeführt, um im weiteren Verlauf endgültig zu verschwinden".

[264] Zu der gerade auch in diesem Absatz zum Ausdruck kommenden Synchronisation von jüdischer Frömmigkeit und philosophischer Einsicht, die das philosophische bzw. theologische Profil des Verfassers der ‚philosophischen These' insgesamt bestimmt (vgl. hierzu o. 41 f.) vgl. R. Weber, Eusebeia, 221: „Mit diesem exemplarischen Fall steht und fällt die

gegeben, so wird in 4Makk 1,34 der – in der Vergangenheit offensichtlich immer wieder geübte – Verzicht sowohl der Adressaten als auch des Verfassers des 4Makk auf konkrete verbotene Nahrungsmittel als durch die Urteilskraft bewirkt herausgearbeitet. Begründet bzw. erklärt wird dieses Verhalten mit der überragenden kontrollierenden, beherrschenden und determinierenden Kraft des λογισμός[265]. 4Makk 2,1–3 handeln dann von der Herrschaft des λογισμός über die seelischen Begierden; am Beispiel des σώφρων Ιωσηφ wird aufgezeigt, wie der λογισμός die ἡδυπάθεια zu unterdrücken vermag (4Makk 2,2 f.)[266]. Im Rahmen eines Fazits verknüpft der Verfasser des 4Makk dann im Anschluss an die Darlegungen in 4Makk 2,4 – hier wird das in 4Makk 2,1–3 gewonnene Untersuchungsergebnis auf sämtliche ἐπιθυμίαι ausgeweitet: καὶ οὐ μόνον δὲ τὴν τῆς ἡδυπαθείας οἰστρηλασίαν ὁ λογισμὸς ἐπικρατεῖν φαίνεται ἀλλὰ καὶ πάσης ἐπιθυμίας – in 4Makk 2,5.6a eben diesen letzten Gedanken mit dem Wirken des νόμος und baut jenes als ein neues Argument in seine Gesamtargumentation ein: Da auch das Gesetz dazu auffordert, nicht zu begehren, wird er seine Rezipienten umso leichter von der Richtigkeit seiner Generalthese zu überzeugen vermögen. Diese letzte Erwägung macht die Annahme sehr wahrscheinlich, dass die Ausführungen von 4Makk 2,4–6a – und damit auch die Ausführungen 4Makk 1,30a.30b–2,6a insgesamt – auf denjenigen zurückgehen, der, wie sich bereits in 4Makk 1,17 zeigt[267], in 4Makk 1,13 ff. eine ihm vorliegende, aus dem profan-philosophischen Schulbetrieb stammende Definitionsreihe übernommen und seinerseits – im Rahmen einer ‚jüdischen' Relecture – dann mit Elementen alttestamentlicher und frühjüdischer Theologie kombiniert hat, um somit zumindest indirekt die konzeptionelle Parallelität der jüdischen Gesetzesreligion und der paganen philosophischen Tradition zu erweisen. Angesichts der in Sonderheit auch in 4Makk 1,30a.30b–2,6a nachweisbaren zahlreichen unmittelbaren Bezugnahmen auf die Rezipienten seines Werkes legt sich die Annahme durchaus nahe, hier den abschließenden Verfasser des 4Makk am Werk zu sehen. Bei jenem handelt es sich offensichtlich um einen durchaus (popular-)philoso-

---

gesamte Konzeption, und deshalb ist es von tiefster Bedeutung, daß genau diese spezifischen Forderungen der Thora als eben die Forderungen der einen, allgemeinen menschlichen Vernunft erkannt und behauptet werden, so absurd dieses auf den ersten Blick erscheinen muß".

[265] Dieser Gedanke der konsequenten Einhegung der πάθη würde relativiert, würde mit A. Deißmann in Anlehnung an Codex A anstelle der Lesart ἀνέχεται ... ἀνακοπτόμενα die Lesart ἀνέχεται ... ἀνακαμπτόμενα bevorzugt (vgl. hierzu 4Makk, 153 f. mit 154, A. a). Die Lesart ἀνέχεται ... ἀνακοπτόμενα ist allerdings deutlich besser bezeugt; vgl. hierzu etwa H.-J. Klauck, 4Makk, 694.

[266] Zu der in 4Makk 2,2 bezeugten *varia lectio* τῷ λογισμῷ anstelle des in der LXX gebotenen διανοίᾳ vgl. etwa H.-J. Klauck, 4Makk, 695.

[267] Vgl. hierzu o. 71.

phisch gebildeten jüdischen Theologen, der sein *opusculum* vor dem konzeptionellen Hintergrund einer weitgehenden inhaltlichen Parallelität zwischen der
paganen Philosophie und der jüdischen Theologie zu kreieren unternahm.

> In Sonderheit bemerkenswert sind an dieser Stelle die Ausführungen in 4Makk 2,6a:
> Hier spricht der Verfasser des 4Makk davon, dass er die zentrale These seiner Aus-
> führungen, dass nämlich der λογισμός die πάθη, hier im konkreten Falle die ἐπι-
> θυμίαι zu beherrschen vermag, immer dann noch überzeugender belegen zu können
> meint, wenn bzw. weil der νόμος selbst dazu auffordert, nicht zu begehren: καίτοι
> ὅτε μὴ ἐπιθυμεῖν εἴρηκεν ἡμᾶς ὁ νόμος πολὺ πλέον πείσαιμ᾽ ἂν ὑμᾶς ὅτι τῶν ἐπιθυ-
> μιῶν κρατεῖν δύναται ὁ λογισμός. Wenn dem so ist, fragt sich, warum er den νόμος-
> Begriff nicht gleich zu Beginn seiner Darlegungen in die Diskussion eingeführt hat.
> Erklärbar wird dies durch die Annahme, dass vor allem die Ausführungen des
> *exordiums* auf einen oder mehrere andere Verfasser zurückgehen bzw. einer oder
> mehrerer anderer Traditionen entstammen.

II.2.4   4Makk 2,6b–2,9a.9b–14

In diesen Versen diskutiert der Verfasser des 4Makk diejenigen πάθη, die der
Tugend der δικαιοσύνη hinderlich im Wege stehen (4Makk 2,6b). Aus der Menge
der ἐπιθυμίαι σωματικαί greift er konkret die Völlerei heraus; dass jemand von
seiner Völlerei ablieaße, ließe sich nur erklären mit der Annahme, dass κύριός
ἐστιν τῶν παθῶν ὁ λογισμός. In 4Makk 2,8.9a spricht der Verfasser des 4Makk
dann die der ἀρετή der δικαιοσύνη entgegenwirkenden ἐπιθυμίαι ψυχικαί an,
hier konkret die Habgier und den Geiz. Bemerkenswert ist hier, dass in 4Makk
2,9 erstmalig im 4Makk die Theoreme des νόμος und des λογισμός sachlogisch
miteinander verknüpft werden; der knausrige Mensch wird vom νόμος (ὑπὸ τοῦ
νόμου) mit Hilfe des λογισμός (διὰ τὸν λογισμόν) korrigiert: κἂν φειδωλός τις ᾖ
ὑπὸ τοῦ νόμου κρατεῖται διὰ τὸν λογισμόν (4Makk 2,9αα). Das aber heißt: Für den
Verfasser dieser Zeilen kommt dem λογισμός offensichtlich keinerlei Eigenständigkeit oder gar Autonomie zu; er handelt vielmehr ‚nur‘ als Mittler und aus-
führendes Organ des νόμος[268]. Dieser Gedanke lässt die in einigen Passagen des
4Makk bereits nachgewiesene Synthese von paganem philosophischem Denken

---

[268]   Je nach Deutung der Präpositionen ist allerdings auch eine andere Interpretation dieser
Wendung möglich. Wird die Wendung διὰ τὸν λογισμόν im Sinne von ‚durch das
Verdienst der Urteilskraft‘ (vgl. hierzu F. Blaß/A. Debrunner/F. Rehkopf, Grammatik, §
222, 180) verstanden, ließe sich die Wendung insgesamt, bezeichnete das Syntagma ὑπὸ
τοῦ νόμου darüber hinaus dann noch denjenigen, der das κρατεῖται konkret ausübt (vgl.
hierzu F. Blaß/A. Debrunner/F. Rehkopf, Grammatik, § 231, 185), folgendermaßen para-
phrasieren: „... wird vom Gesetz beherrscht durch das Verdienst der (übergeordneten)
Urteilskraft ...‘. Damit wäre dann, soll das Verhältnis von νόμος und λογισμός nicht grundsätzlich als ein dialektisches aufgefasst werden, eine theologische Parallele zu 4Makk 2,14
(vgl. hierzu u. 81 f.) gewonnen.

und jüdischer Religiosität[269] im Blick auf deren Einordnung in einen theologisch-systematischen Kontext konkreter und entwickelter aufscheinen: Das personifiziert gedachte alttestamentlich-jüdische Gesetz bedient sich der Urteilskraft, um den Menschen zu einem ihm und seinen Maßstäben entsprechenden Verhalten zu führen. Dennoch verbleibt der λογισμός hier in der Sphäre des Profanen und wird nicht, wie es durchaus zu erwarten gewesen wäre, unmittelbar zum εὐσεβὴς λογισμός[270]. Damit aber legt sich die Annahme nahe, hinter dem Verfasser des 4Makk 2,6b–9a eben denjenigen zu vermuten, auf den auch die Ausführungen in 4Makk 1,30b–2,6a zurückgehen, einen durchaus (popular-)philosophisch gebildeten und an der Integration von paganer (Popular-)Philosophie und jüdischer Religiosität interessierten jüdischen Theologen.

> Bemerkenswert ist, dass in 4Makk 2,7 der γαστρίμαργος als jemand eingeführt wird, der mit seinem Handeln der Tugend der δικαιοσύνη entgegenwirkt, wohingegen 4Makk 1,3 zufolge das πάθος der γαστριμαργία als der ἀρετή der σωφροσύνη gegenüberstehend dargestellt wird[271]. Diese Beobachtung spricht deutlich dafür, die Ausführungen in 4Makk 2,7 und diejenigen in 4Makk 1,3 unterschiedlichen Verfassern zuzuweisen.
>
> Darüber hinaus ist auffällig, dass die Ausführungen in 4Makk 2,8.9a – hier führt der Verfasser des 4Makk aus, dass sich ein Knausriger vom Gesetz durch den λογισμός in seinem Handeln korrigieren ließe – an dieser Stelle vollständig unvorbereitet und ohne Anbindung an den vorangehenden und den nachfolgenden Kontext erscheinen. Ein Zusammenhang insbesondere auch mit den Ausführungen in 4Makk 2,6b ergibt sich nur, wenn der Begriff der δικαιοσύνη an dieser Stelle nicht im Sinne einer Kardinaltugend, sondern im Sinne der Gerechtigkeit, die der νόμος fordert, gedeutet wird. Das aber bestätigt die o. bereits formulierte Annahme, dass der Verfasser dieser Ausführungen sich um die Integration von pagan-philosophischen Einsichten und jüdischer Gesetzestheologie müht[272].

Weitere Beispiele für die Generalthese, dass die Urteilskraft die Leidenschaften beherrscht, will der Verfasser des 4Makk 4Makk 2,9b zufolge nun im weiteren Verlauf der Darlegungen diskutieren. Den Ausführungen von 4Makk 2,9a durchaus entsprechend wird nun der νόμος an die Stelle des λογισμός gerückt; ersterer wird auch durch die Zuneigung gegenüber Ehepartnern, Familienangehörigen und Freunden nicht daran gehindert, im Menschen seine züchtigende, d. h. jegliche Leidenschaft und jegliches Fehlverhalten aufzeigende und verurteilende Wirkmächtigkeit zu entfalten (4Makk 2,10–13). 4Makk 2,14 zufolge – und hier hebt der Verfasser des 4Makk auf die Feindesliebe ab – vermag die Urteilskraft durch das Gesetz auch die Feindschaft zu überwinden: καὶ ἔχθρας ἐπικρατεῖν ὁ λογισμὸς δύναται διὰ τὸν νόμον (4Makk 2,14αβ). Bemerkenswerterweise wird hier, offensichtlich in diametralem Unterschied zu 4Makk 2,9, der

---

[269] Vgl. hierzu o. passim.
[270] Vgl. zu diesem Gesichtspunkt bereits o. 37–42.
[271] Vgl. hierzu ausführlich o. 51.
[272] Vgl hierzu bereits o. 46 f.

νόμος als ein Werkzeug des λογισμός beschrieben. Soll angesichts dieser Gegen-
sätzlichkeit nicht angenommen werden, 4Makk 2,14 und 4Makk 2,9 verdankten
sich unterschiedlichen Verfassern – eine Annahme, für die sich sonst im Kontext
der jeweiligen Darstellungen keinerlei Textsignale anführen lassen –, will es
wahrscheinlich scheinen, dass der Verfasser des 4Makk 2,9.14 das – jüdische –
Konzept des νόμος und das – letztlich pagan-philosophische – des λογισμός in
ein dialektisches Verhältnis zueinander setzen möchte, ein dialektisches Verhältnis, das als solches bereits in der Wendung ὑπὸ τοῦ νόμου κρατεῖται διὰ τὸν
λογισμὸν 4Makk 2,9aα durchzubrechen scheint: νόμος und λογισμός wirken zusammen, ohne dass der Verfasser des 4Makk an dieser Stelle eine eindeutige
Relationierung der beiden entwickeln möchte.

II.2.5   4Makk 2,15–20.21–23

Im Rahmen seiner Argumentation zeigt der Verfasser des 4Makk in diesem
Abschnitt auf, dass der λογισμός auch die βιαιότεροι πάθη, in Sonderheit auch
den θυμός, zu beherrschen vermag (4Makk 2,15 f.). Diese Einschätzung begründet er näherhin durch einen Rekurs auf das Beispiel des Mose (4Makk 2,17 f.) und
des Jakob (4Makk 2,19 f.). Diesen Abschnitt beschließt eine Bemerkung über die
grundlegende anthropologische Disposition des Menschen: Dem Menschen eig-
nen auf der einen Seite die πάθη, auf der anderen Seite aber auch der νοῦς, der
mit Hilfe des νόμος den Menschen zu einem gelingenden Leben zu führen vermag; wer diesem νόμος folgt, wird herrschen über die die vier Tugenden, darun-
ter drei Kardinaltugenden, umfassende βασιλεία σώφρονά τε καὶ δικαία καὶ
ἀγαθὴ καὶ ἀνδρεία (4Makk 2,23).
     Auffällig ist, dass sich dieses Tugendschema deutlich von denjenigen in
4Makk 1,2b.3 f.5 f. und 4Makk 1,18 f. unterscheidet; die in 4Makk 2,23 erwähnte
ἀγαθή etwa begegnet weder in 4Makk 1,2b.3 f.5 f. noch in 4Makk 1,18 f., wohingegen die in 4Makk 1,2b.3 f.5 f. und auch in 4Makk 1,18 f. gefeierte Tugend der
φρόνησις in 4Makk 2,23 nicht erwähnt wird[273]. Dies lässt die Annahme wahrscheinlich erscheinen, dass die Ausführungen in 4Makk 2,23 und damit auch diejenigen in 4Makk 2,15 f.17 f.19 f.21–23 insgesamt auf einen anderen Verfasser
zurückzuführen sind[274].

---

[273]   Vgl. zu dieser Beobachtung etwa H.-J. Klauck, 4Makk, 699. Literarkritische bzw. redak-
        tionsgeschichtliche Konsequenzen zieht Klauck aus dieser Beobachtung allerdings nicht.
[274]   Vgl. zu dieser Diskussion bereits ausführlich o. 29–37.

II.2.6 4Makk 2,24–3,5

In 4Makk 2,24–3,5 führt der Verfasser des 4Makk die Diskussion weiter, indem er ein – reales oder aber auch nur vorgestelltes – Gegenargument diskutiert: Zu fragen sei, warum dieser doch so mächtige λογισμός, wenn ihm eine solche Macht zukäme, dann nicht auch die πάθη λήθη und ἄγνοια zu beherrschen in der Lage wäre (4Makk 2,24)? Dieses Gegenargument kontert der Verfasser des 4Makk mit dem Hinweis darauf, dass die Urteilskraft „nicht die ihr inhärenten Unzulänglichkeiten meistern"[275] könne, sondern lediglich die πάθη σωματικά (4Makk 3,1).

Auffällig ist, dass der Verfasser des 4Makk in 4Makk 3,1 nur von den körperlichen, nicht aber, wie in 4Makk 1,20.26–28.32, auch von den seelischen Leidenschaften spricht, in 4Makk 3,2–4.5 hingegen, in inhaltlicher Spannung zu jenen Ausführungen[276], ausschließlich πάθη ψυχικά diskutiert[277]. Diese Auffälligkeit lässt sich allerdings zwanglos erklären, werden zwei weitere Beobachtungen in die Betrachtung mit einbezogen: (a) Die in 4Makk 3,6–18 folgende Beispielerzählung vom Durst Davids thematisiert explizit „akzentuiert ein körperliches Verlangen"[278].

(b) 4Makk 3,5 nehmen mit dem Hinweis γὰρ ἐκριζωτὴς τῶν παθῶν ὁ λογισμός ἐστιν ἀλλὰ ἀνταγωνιστής das Bildfeld von 4Makk 1,28 f. wieder auf[279]. Hier wie dort nämlich wird das Wirken des λογισμός im Kontext einer gärtnerischen Metaphorik beschrieben.

Daraus ergibt sich im Blick auf die o. beschriebene Auffälligkeit dann folgendes Erklärungsmodell: Die Ausführungen 4Makk 3,2–4.5 schlossen ursprünglich unmittelbar an diejenigen in 4Makk 1,28 f. an und stammen wie jene aus der o. bereits identifizierten, innerhalb der jüdischen Weisheitsspekulation und der jüdischen νόμος-Konzeption neu kontextualisierten, im weitesten Sinne (popular-)philosophischen Schultradition[280]. Die Darlegungen in 4Makk 3,2–4.5 wurden im Zuge der Vereinigung der ‚philosophischen These' und der ‚exemplarischen Erzählung' von einem o. bereits namhaft gemachten (popular-)philosophisch gebildeten und an der Integration von paganer (Popular-)Philosophie und jüdischer Religiosität interessierten jüdischen Theologen nach 4Makk 3,1 eingefügt, womöglich deswegen, weil er den von ihm hier angesprochenen πάθη

---

[275] Übersetzung nach H.-J. Klauck, 4Makk, 700.
[276] Vgl. zu diesem Kriterium bereits o. 26.
[277] Vgl. hierzu H.-J. Klauck, 4Makk, 700: „Als schwierig wird empfunden, daß der Autor hier anders als in 1,20.26–28.32 nur körperliche Leidenschaften nennt, obwohl er in V. 2–4 wieder ausschließlich auf seelische Leidenschaften eingeht".
[278] H.-J. Klauck, 4Makk, 700.
[279] Vgl. zu dieser Beobachtung H.-J. Klauck, 4Makk, 701.
[280] Vgl. hierzu o. 74 f.76.

ψυχικά durchaus auch in das Körperliche hineinreichende Aspekte zugeschrieben hat[281]. Mit der Erzählung vom Durst Davids 4Makk 3,6–18 wird dann die in 4Makk 3,1bβ formulierte These unmittelbar verifiziert.

II.2.7 4Makk 3,6–18

Die Erzählung vom Durst Davids belegt als Beispielerzählung[282] die Richtigkeit der in 4Makk 3,1 formulierten These. König David, wiewohl dürstend nach Wasser aus dem Lager seiner Feinde, goss diese ihm schließlich unter großem Aufwand beigebrachte Flüssigkeit aufgrund des Einwirkens des λογισμός für Gott als Opferspende aus und überwand damit die auf dieses Wasser ausgerichtete ἐπιθυμία (4Makk 3,16). Dieses Verhalten erklärt der Verfasser des 4Makk dann in 4Makk 3,17 mit dem Hinweis, dass ὁ σώφρων νοῦς dazu fähig ist, „die Triebzwänge zu besiegen und die Feuerflammen rasender Leidenschaft zum Erlöschen zu bringen"[283] (4Makk 3,17). Ebenso vermag der σώφρων νοῦς körperliche Schmerzen zu besiegen und „durch die sittliche Vortrefflichkeit der Urteilskraft das Diktat der Triebe verächtlich abzuweisen"[284] (4Makk 3,18).

Mit dieser letzten Aussage schließt die ‚philosophische These' 4Makk 1,13–3,18. Die Geschichte vom Durst Davids wird demjenigen Verfasser zuzuweisen sein, der den Gesamtzusammenhang 4Makk 2,24 – 3,18 komponiert hat, einem jüdischen Theologen, dem es darum ging, wichtige Aspekte der paganen Philosophie mit Elementen jüdischer Religiosität bzw. alttestamentlicher Tradition zu verknüpfen und zu parallelisieren.

---

[281] Vgl. hierzu H.-J. Klauck, 4Makk, 700: „Aber zum einen haben diese seelischen Leidenschaften auch körperliche Auswirkungen (so ausdrücklich für die Begierde 1,32; implizit für die Bosheit 1,25–27), zum andern wird in der folgenden Beispielerzählung vom Durst des Königs David in 3,6–18 sehr akzentuiert ein körperliches Verlangen dargestellt; …. Beachtung verdient auch die Überlegung von Grimm, S. 314, daß der Verf[asser]. in dem Zusammenhang nicht gut die seelischen Affekte ansprechen konnte, weil dazu dann auch die von ihm πάθη genannten Unzulänglichkeiten der Urteilskraft zählen müßten".

[282] Vgl. zu diesem Titel H.-J. Klauck, 4Makk, 701, der an dieser Stelle titelt: „Der Durst Davids als Beispiel (3,6–18)".

[283] Übersetzung nach H.-J. Klauck, 4Makk, 703.

[284] Übersetzung nach H.-J. Klauck, 4Makk, 703.

II.2.8 Fazit

Die zu 4Makk 1,13–3,18 entwickelten Überlegungen lassen im Zusammenhang mit denjenigen zu 4Makk 1,1–12[285] im Blick auf die Genese des 4Makk folgende Theorie wahrscheinlich erscheinen: In einer zweiten Bearbeitungsphase wurde der ursprüngliche Lobgesang über das Martyrium der sieben Brüder und der Mutter, ergänzt um die Geschichte über das Martyrium des Eleazar zu einer auf eine philosophische Fragestellung hin ausgerichteten ‚exemplarischen Erzählung‘ entwickelt. In einer vierten[286] Bearbeitungsphase nahm ein jüdischer Theologe, dem einerseits eine gewisse (popular-)philosophische Bildung, andererseits ein Interesse an der Integration von paganer (Popular-)Philosophie und jüdischer Religiosität zu attestieren sind, eine im weitesten Sinne (popular-)philosophische Schultradition auf, kontextualisierte sie im Rahmen der jüdischen Weisheitsspekulation und der jüdischen νόμος-Konzeption neu zur ‚philosophischen These‘ und verknüpfte dieses Elaborat schließlich mit der ‚exemplarischen Erzählung‘. In einer fünften Phase wurden dann noch letzte Ergänzungen und Aktualisierungen hinzugefügt. Nach dem bisher Erwogenen lassen sich in Sonderheit aufgrund von theologisch-konzeptionellen Differenzen zumindest vier unterschiedliche Autoren bzw. Bearbeiter ausmachen: zunächst der Verfasser der ursprünglichen Rede, der möglicherweise mit demjenigen identisch ist, der die ‚exemplarische Erzählung‘ kreiert hat, dann der Verfasser der (popular-)philosophischen Schultradition, darüber hinaus der Autor der ‚philosophischen These‘, auf den auch 4Makk in seiner Gesamtheit zurückgeht, und schließlich ein Bearbeiter, der dem 4Makk letzte Ergänzungen und Aktualisierungen implantiert hat.

Die angehängte tabellarische Übersicht vermag das bis dato Erwogene in einer Überschau darzubieten, die ein – selbstverständlich noch sehr vorläufiges – Bild der Genese von 4Makk erschließen lässt:

Die Genese des 4Makk				
ursprüngliche Rede(n)	zweite Phase (Verfasser der ‚exemplarischen Erzählung‘)	dritte Phase	vierte Phase (Verfasser der ‚philosophischen These‘)	fünfte Phase (Redaktor/ Relecture)
		stellen möglicherweise einen einzigen Arbeitsgang dar		

---

[285] Vgl. hierzu ausführlich o. 49–71.
[286] Zur dritten Bearbeitungsphase vgl. u. 85.134.

(a) Lobgesang über das Martyrium der sieben Brüder und der Mutter, und: (b) Lobgesang über das Martyrium des Eleazar	Verknüpfung dieser beiden ἔπαινοι zur ‚exemplarischen Erzählung‘ (ἱστορία) in ihrer Gesamtheit, die nun als *argumentum* unter einer philosophischen Fragestellung firmiert	Erstellung bzw. Übernahme philosophischer (Schul-)-Traditionen und theologische Bearbeitung derselben auf dem Hintergrund der alttestamentlichen und der frühjüdischen Überlieferung (‚philosophische These‘, ὑπόθεσις), daran anschließend dann: Vereinigung von ‚philosophischer These‘ und ‚exemplarischer Erzählung‘	letzte Ergänzungen und Aktualisierungen
		das exordium 4Makk 1,1–12	
	4Makk 1,1.2a: philosophische Neuakzentuierung; Wechsel der Redegattung vom *genus demonstrativum* zum *genus iudiciale*		
			4Makk 1,2b: unmittelbare Abwehr eines Gegenarguments
			4Makk 1,3 f.5 f.
	4Makk 1,7–9: Hinzufügung der Figur des Eleazar		
4Makk 1,10 f.: ἔπαινος auf die sieben Brüder und deren Mutter			
		4Makk 1,12: leserlenkender Überleitungsvers: Information über den Gesamtaufriss des Buches	

die ‚philosophische These‘ 4Makk 1,13–3,18				
			4Makk 1,13 f.: leserlenkender Überleitungsvers: Information über den Aufriss der ‚philosophischen‘ These	
		4Makk 1,15–16		
			4Makk 1,17	
		4Makk 1,18.19a		
			4Makk 1,19b	
		4Makk 1,20–29		
			4Makk 1,30a. 30b–32.33–35; 2,1–3.4–6a.6b.7.8. 9a.9b. 10–13.14. 15–20. 21–23.24– 3,5.6–18	

II.3 Die ‚exemplarische Erzählung‘ 4Makk 3,19–17,6

II.3.1 4Makk 3,19–21

Eingeleitet wird die ‚exemplarische Erzählung‘ mit einem Überleitungsvers, der den *transitus* von der ‚philosophischen These‘ zur ‚exemplarischen Erzählung‘ markiert und sicherlich auf denjenigen zurückzuführen ist, der die beiden Hauptelemente von 4Makk zu einem Gesamtwerk integriert hat. Im Anschluss daran beginnt in 4Makk 3,20 unmittelbar die ‚exemplarische Erzählung‘. Auffällig ist allerdings, dass die Ausführungen in 4Makk 3,20 mit der Konjunktion γάρ eingeleitet werden, ohne dass klar würde, auf welchen Aspekt der Ausführungen von 4Makk 3,19 diese Konjunktion denn nun konkret zu beziehen wäre – auf das Momentum der drängenden Zeit sicherlich nicht, auf dasjenige des λογισμὸς σώφρων ebenfalls nicht; mit H. Schweizer ist somit an dieser Stelle von einem – allerdings, wird die Generalthese dieses *opusculums* argumentationslogisch hinzugefügt, auf dem Wege der reflexiven oder womöglich auch der subjektiven

Sinnbildung durchaus überwindbaren[287] – syntaktischen Bruch[288] zu sprechen. Gänzlich zwanglos ließe sich aber ein Anschluss von 4Makk 3,20 an 4Makk 1,9 denken: Erklärt der Verfasser des 4Makk in 4Makk 1,9, dass sowohl Eleazar als auch die sieben ἀδελφοί als auch deren Mutter mit ihrer Haltung bewiesen hätten, dass der λογισμός also über die πάθη herrsche, so wird diese Aussage mit der daran anschließenden und mit 4Makk 3,20 einsetzenden ‚exemplarischen Erzählung' dann begründet bzw. plausibilisiert. Zwischen 4Makk 1,9 und 4Makk 3,20 ergibt sich somit ein bruchloser und gänzlich nachvollziehbarer argumentationslogischer Übergang: ἅπαντες γὰρ οὗτοι τοὺς ἕως θανάτου πόνους ὑπεριδόντες ἐπεδείξαντο ὅτι περικρατεῖ τῶν παθῶν ὁ λογισμός ... [3,20] ἐπειδὴ γὰρ βαθεῖαν εἰρήνην διὰ τὴν εὐνομίαν οἱ πατέρες ἡμῶν εἶχον καὶ ἔπραττον καλῶς ὥστε καὶ τὸν τῆς Ἀσίας βασιλέα Σέλευκον τὸν Νικάνορα καὶ χρήματα εἰς τὴν ἱερουργίαν αὐτοῖς ἀφορίσαι καὶ τὴν πολιτείαν αὐτῶν ἀποδέχεσθαι κτλ[289].

II.3.2   4Makk 4,1–14.15–29; 5,1–4

Im Anschluss an die Geschichte von einem unter der Regentschaft des Königs Seleukos IV Philopator unternommenen Versuch, die Schätze des Jerusalemer Tempels zu rauben, die letztlich mit der wunderbaren Rettung des an diesem Versuch wesentlich beteiligten seleukidischen Statthalters Apollonios endet (4Makk 4,1–14), berichtet der Verfasser des 4Makk von einem von dem König Antiochos Epiphanes, dem Sohn des Seleukos, in Zusammenarbeit mit dem von ihm selbst neu eingesetzten Hohenpriester Jason unternommenen Versuch, den palästinischen Juden eine hellenistisch geprägte Lebensweise aufzuoktroyieren. Da sich die Juden weigerten, diese Lebensweise anzunehmen, und sich auch durch Erlasse und Verordnungen nicht dazu bewegen ließen, von dem ihnen überkommenen Gesetzesgehorsam abzulassen (4Makk 4,24a), versuchte Antiochos „höchstpersönlich, durch Folterqualen einen jeden einzelnen aus dem

---

[287]   Vgl. zu diesem Begriff o. 20 f.

[288]   Vgl. zu diesem Kriterium bereits o. 26.

[289]   „Denn sie alle haben, indem sie die todbringenden Schmerzen ignorierten, unter Beweis gestellt, daß die Urteilskraft über die Leidenschaften herrscht. ... Einst nämlich hatten unsere Väter tiefen Frieden aufgrund ihrer vorbildlichen Gesetzeserfüllung, und es ging ihnen ausgesprochen gut. Selbst der König von Asien, Seleukos Nikanor, zweigte (von seinen Einkünften) für sie Gelder ab für den Tempeldienst und erkannte ihre Verfassung an"; Übersetzung nach H.-J. Klauck, 4Makk, 688.703. Bei dem hier genannten Seleukos handelt es sich um Seleukos IV Philopator; vgl. zu diesem H.-J. Klauck, 4Makk, 703.

Volk dazu zu zwingen, von unreinen Speisen zu kosten und so jüdischer Lebensart abzuschwören"[290] (4Makk 4,26b)[291].

Im Zuge dieses Vorhabens wurden auf Befehl des Antiochos dann zahlreiche Juden vor ihm zusammengetrieben; aus dieser Schar wurde als erster Eleazar zu ihm gebracht, der Herkunft nach ein Priester, der Ausbildung nach ein νομικός, fortgerückten Alters und vielen in der Umgebung des Antiochos eben aufgrund desselben nicht unbekannt (4Makk 5,1–4).

Der in 4Makk 3,20 f.; 4,1–14.15–29 entwickelte geschichtliche Einstieg fungiert als unmittelbare Einleitung der ‚exemplarischen Erzählung' in ihrer Gesamtheit, ein Sachverhalt, der die Annahme nahelegt, diese Passagen dem Verfasser der ‚exemplarischen Erzählung' zuzuweisen, der die beiden ἔπαινοι über das Martyrium des Eleazar und über dasjenige der sieben Brüder und deren Mutter zusammengefasst und als *argumentum* in den Dienst seiner philosophischen Beweisführung gestellt hat[292]. Die Ausführungen in 4Makk 5,1–4 lassen sich hingegen zwanglos der Tradition über das Martyrium des Eleazar zuschreiben; möglicherweise ist eine in der Tradition vorliegende, noch deutlich umfangreichere Einleitung derselben durch die hier in 4Makk 3,20 f.; 4,1–14.15–29 dargestellte Vorgeschichte ersetzt worden.

II.3.3 4Makk 5,5–13.14–38; 6,1–30

In seiner an Eleazar gerichteten Rede unternimmt Antiochos nun den Versuch, den jüdischen νομικός von seiner Verweigerungshaltung gegenüber der hellenistischen Lebensweise abzubringen; er fordert ihn auf, von dem ihm angebotenen Schweinefleisch zu kosten und sich auf diese Weise vor der Folter zu bewahren (4Makk 5,6b). Um jenen zu überzeugen, verweist der König darauf, dass die φύσις den Menschen das Schwein als Nutztier zur Verfügung gestellt habe, was bedeute, dass es nicht nur gänzlich sinnlos, sondern nachgerade Unrecht sei, sich gegenüber diesem Geschenk der Natur zu verweigern. Diese widernatürliche Haltung des Eleazar ließe ihn, Antiochos, an der Sinnhaftigkeit und der

---

[290]   Αὐτὸς διὰ βασάνων ἕνα ἕκαστον τοῦ ἔθνους ἠνάγκαζεν μιαρῶν ἀπογευομένους τροφῶν ἐξόμνυσθαι τὸν Ιουδαϊσμόν (Übersetzung nach H.-J. Klauck, 4Makk, 708).

[291]   Vgl. zu dem Textabschnitt 4Makk 3,20–4,26 U. Breitenstein, Beobachtungen, 92, A. 1: „Es unterliegt kaum mehr einem Zweifel, dass Ps-Ios als Vorlage 2Makk und nicht Iasons Geschichtswerk direkt benutzt hat. Abgesehen von den wörtlichen Übereinstimmungen zwischen 2- und 4Makk, deren Vielzahl mich davon entheht, Beispiele anzuführen, ist aufschlußreich 4Makk 3.20–4.26, wo Ps-Ios Geschichten erzählt, die mit seinem selbstgewählten Thema ... nichts zu tun haben, jedoch in 2Makk den Folterungsgeschichten vorangestellt sind". Diese Beobachtung spricht für die Annahme, dass der Verfasser der ‚exemplarischen Erzählung' bei der Abfassung derselben auf ihm vorliegendes traditionelles Material zurückgegriffen habe.

[292]   Vgl. hierzu bereits o. 46 f.

Vernünftigkeit des jüdischen Denkens und der jüdischen Lebensweise zweifeln, weswegen er jenen auch auffordere, seine ‚jüdische Philosophie' und die langwierigen Diskussionen über λογισμοί[293] aufzugeben, Vernunft anzunehmen und über die τοῦ συμφέροντος[294] ἀλήθεια nachzusinnen (4Makk 5,11). Beschlossen wird die Rede des Antiochos mit dem Hinweis, dass die ἐποπτικὴ δύναμις, die jüdischem Denken zufolge über die jüdische θρησκεία wache, solche unter Zwang begangenen Gesetzesverstöße wohl verzeihen werde (4Makk 5,13)[295].

Auffällig ist, dass Antiochos in 4Makk 5,11 zwar nicht von ‚der' Urteilskraft, sehr wohl aber von einer Mehrzahl von λογισμοί spricht; der Begriff λογισμός erscheint damit, von 4Makk 1,1 abgesehen[296], innerhalb der ‚exemplarischen Erzählung' zum ersten Mal. Angesichts der Verwendung dieses Terminus in 4Makk 5,11 nimmt H.-J. Klauck durchaus m.R. an, dass der Verfasser des 4Makk bzw. der ‚exemplarischen Erzählung'[297] den νομικός Eleazar als Vertreter des eigenen auctorialen philosophisch-theologischen Denkens installieren möchte und daher den Terminus λογισμός, einen Leitbegriff desselben, als Leitbegriff des Denkens – und Handelns – des Eleazar ausgibt. Zwar erscheint Eleazar innerhalb der – theologisch gebrochenen – Darstellung des Antiochos „vielen in der Umgebung des Tyrannen wegen seines Alters wohlbekannt"[298] (4Makk 5,4bβ); allerdings wird nirgends erwähnt, dass jener dem Antiochos selbst oder dessen Entourage bis dato über sein philosophisches bzw. theologisches Denken Rechenschaft gegeben hätte, dass jenen also dessen philosophisches bzw. theologisches Denken bekannt gewesen wäre. Das bedeutet, dass die Ausführungen in 4Makk 5,11: οὐκ ἐξυπνώσεις ἀπὸ τῆς φλυάρου φιλοσοφίας ὑμῶν καὶ ἀποσκεδάσεις τῶν λογισμῶν σου τὸν λῆρον καὶ ἄξιον τῆς ἡλικίας ἀναλαβὼν νοῦν φιλοσοφήσεις

---

[293] Vgl. zu diesem Begriff bereits o. 40 f.

[294] Zu diesem Begriff und dessen Bezug auf die Ziele der praktischen Philosophie der Stoa vgl. H.-J. Klauck, 4Makk, 711.

[295] Vgl. zu diesem Hinweis H.-J. Klauck, 4Makk, 711: „Wahrscheinlich versteckt sich dahinter [d. h. hinter diesem Hinweis] ein Einwand, dem sich der Autor in der Diskussion mit liberaler gesinnten Mitjuden ausgesetzt sah. Ihnen genügten schon soziale Zwänge als Entschuldigung für eine Übertretung von rational schwer zu vermittelnden und gesellschaftlich hinderlichen Speisetabus". Nicht undenkbar ist es, diese Gruppe als diejenige zu identifizieren, gegen deren Argumentation und Intention die Ausführungen in 4Makk 1,2b.-3 f.5 f. als spätere Ergänzungen in 4Makk eingefügt worden sind (vgl. hierzu o. 49–61)

[296] Vgl. zur Einordnung dieses Verses in die Geschichte der Genese des 4Makk bereits o. 50 f.

[297] Vgl. hierzu bereits o. 46 f.

[298] Καὶ πολλοῖς τῶν περὶ τὸν τύραννον διὰ τὴν ἡλικίαν γνώριμος παρήχθη πλησίον αὐτοῦ (Übersetzung nach H.-J. Klauck, 4Makk, 709). Würde anstelle des Substantivs ἡλικίαν das Nomen φιλοσοφίαν gelesen (vgl. hierzu H.-J. Klauck, 4Makk, 709), ergäbe sich ein noch zwangloserer inhaltlicher Konnex zu 4Makk 5,11.

τὴν τοῦ συμφέροντος ἀλήθειαν[299], in Sonderheit der Hinweis auf das ἀποσκεδάννυμι τῶν λογισμῶν σου τὸν λῆρον 4Makk 5,11αβ, in einer inhaltlichen Spannung[300] zu dem in 4Makk 5,1–10 bis dato Ausgeführten stehen. Diese Spannung ließe sich jedoch, werden die Ausführungen von 4Makk 1,1.2a als bekannt vorausgesetzt[301], auf dem Wege reflexiver, durch eigenes Nachdenken konstituierter Sinnbildung auflösen. Damit wird indiziert, dass jene sekundär in den bereits vorhandenen Text 4Makk 5,1–13\11 eingefügt worden sind. Gleiches gilt dann *mutatis mutandis* auch für die Ausführungen in 4Makk 5,10: Hier nimmt Antiochos auf angeblich von Eleazar verlautbartes ‚eitles Gerede über das Wahre'[302] Bezug, ohne dass ein solches ‚Gerede' jedoch zuvor Erwähnung gefunden hätte bzw. angesichts der Logik der dargestellten Handlung überhaupt hätte Erwähnung finden können. Diese Erwägungen legen die Annahme nahe, 4Makk 5,10 f. demjenigen Redaktor zuzuschreiben, der die beiden ἔπαινοι über Eleazar und über die sieben Brüder und deren Mutter zusammengefügt und seiner philosophisch orientierten Beweisführung dienstbar gemacht hat[303]. In diesen Versen wendet jener sich – im Munde des Eleazar – unmittelbar an seine jüdischen Rezipienten, um jenen zu vermitteln, dass Antiochos – und damit auch der paganen Mehrheitsgesellschaft – die mit der seinigen übereinstimmende theologische Grundkonzeption des Eleazar durchaus bekannt gewesen sei. Antiochos habe Eleazar als Repräsentanten der Konzeption des λογισμός wahrgenommen, gebe diesen Begriff in 4Makk 5,11 allerdings im Plural wieder, womöglich, um – und hier hat der Verfasser der ‚exemplarischen Erzählung' wiederum seine Rezipienten im Blick[304] – anzudeuten, dass er – und damit auch die pagane Umgebung der Rezipienten – die von Eleazar propagierte Konzeption des λογισμός in der Tat für nichts mehr als λῆρος hält.

In seiner Erwiderung auf das Votum des Königs Antiochos führt Eleazar zunächst aus, dass es, unabhängig von der Frage, ob dieser tatsächlich göttlichen Ursprungs sei oder nur für göttlichen Ursprungs gehalten würde, für den Juden keine stärkere Notwendigkeit gäbe als den Gehorsam gegenüber dem νόμος,

---

[299] „Willst du nicht aufwachen von eurer absurden Philosophie und Abschied geben dem albernen Geschwätz über Urteilskräfte. Willst du nicht Vernunft annehmen, wie sie deinem Alter angemessen wäre, und über die Wahrheit philosophieren, die das Praktikable nicht aus den Augen verliert?", Übersetzung nach H.-J. Klauck, 4Makk, 710 f.

[300] Vgl. zu diesem Begriff o. 26.

[301] Zu der Zuordnung dieser beiden Verse vgl. bereits o. 50 f.

[302] Übersetzung nach H.-J. Klauck, 4Makk, 710.

[303] Vgl. hierzu o. 46 f.

[304] Anders hier H.-J. Klauck, 4Makk, 710 der diese Passage nicht produktionsästhetisch, sondern vielmehr rezeptionsästhetisch interpretieren möchte: „Der Autor ist sich bewußt, daß mancher seiner *Leser* des ewigen Geredes über die ‚Urteilskräfte' langsam überdrüssig geworden ist" (vgl. hierzu bereits o. 40 f.). Diese Interpretation lässt sich womöglich auf der Ebene des Gesamtwerkes aufrechterhalten, nicht jedoch auf der Ebene der – vor der Entstehung des 4Makk bereits unabhängig von diesem *opusculum* existierenden – ‚exemplarischen Erzählung' (vgl. hierzu bereits o. 46 f.).

eine Haltung, die Eleazar in 4Makk 5,18 dann näherhin als εὐσέβεια definiert und damit einen entscheidenden Begriff der gesamten ‚exemplarischen Erzählung' einführt (4Makk 5,16–18). Daraus folgt für Eleazar, dass auch der Verstoß gegen ein Speisegebot, hier konkret das Essen von Schweinefleisch, keinesfalls als eine Kleinigkeit anzusehen sei (4Makk 5,19–21).

In 4Makk 5,22–24 parallelisiert Eleazar dann – zumindest implizit, indem er nämlich an die Begründung eines unbedingten Gesetzesgehorsams unmittelbar eine Reflexion über die ‚jüdischen' ἀρεταί anschließt – den Gehorsam gegenüber dem νόμος mit der innerhalb der jüdischen ‚Philosophie' entwickelten Tugendlehre; letztere lehrt die Tugenden der σωφροσύνη, der ἀνδρεία, der δικαιοσύνη und schließlich der εὐσέβεια. Innerhalb dieses Katalogs von Kardinaltugenden ist die φρόνησις, nach 4Makk 1,2b die größte[305], nach 4Makk 1,19a die wichtigste[306] der vier Kardinaltugenden, durch die Tugend der εὐσέβεια ersetzt worden. Dies spricht unmittelbar dafür, dass 4Makk 5,22–24 einer- und 4Makk 1,2b und 4Makk 1,19a andererseits sich unterschiedlichen Verfassern, die jeweils unterschiedliche Konzeptionen von ἀρετή vertraten, verdanken[307]. Dem Verfasser dieser Verse ist offensichtlich daran gelegen, das Konzept der εὐσέβεια stark zu machen, eine Beobachtung, die dafür spricht, ihm auch die Passagen, in denen vom εὐσεβὴς λογισμός die Rede ist[308], zuzuschreiben, was bedeutet, dass der Verfasser von 4Makk 5,22–24 mit dem Verfasser der ‚exemplarischen Erzählung' zu identifizieren sei, dass also die Ausführungen in 4Makk 5,22–24 nicht dem ἔπαινος über das Martyrium des Eleazar zuzuweisen wären. Wie die Ausführungen von 4Makk 5,22–24 zeigen, war auch er in der Lage, die pagane (Popular-)Philosophie und die jüdische religiöse Tradition miteinander zu integrieren, allerdings – und dies indizieren die Ausführungen in 4Makk 5,19–21 und in Sonderheit auch die Einfügung der Tugend der εὐσέβεια – nicht als gleichberechtigte Partner, sondern insgesamt unter dem Vorzeichen der jüdischen Frömmigkeit und des Gehorsams gegen das mosaische Gesetz.

Zugunsten der Zuschreibung der Ausführungen in 4Makk 5,22–24 an den Verfasser der ‚exemplarischen Erzählung' lässt sich folgende Beobachtung namhaft machen: Geht es in 4Makk 5,19–21 um den Erweis des Sachverhalts, dass auch die eher geringerwertig erscheinende Gesetzesübertretung des μιαροφαγεῖν eine erhebliche ἁμαρτία darstellt – eine Argumentation, die in 4Makk 5,25 f., vermittelt über das Stichwort μιαροφαγεῖν dann weitergeführt und weiter entfaltet wird – spricht Eleazar in 4Makk 5,22–24 von den Lehrinhalten der von An-

---

[305]   Vgl. hierzu o. 30.
[306]   Vgl. hierzu o. 31 f.
[307]   Vgl. hierzu o. 34 f.
[308]   Vgl. hierzu o. 37–42 und u. 121–125.

tiochos verspotteten ‚jüdischen' φιλοσοφία, die, hier mit einem ironischen Unterton[309] beschrieben, ‚lediglich' Besonnenheit, Tapferkeit, Gerechtigkeit und Frömmigkeit lehre. Das aber heißt: Zwischen 4Makk 5,19–21.25 f. und 4Makk 5,22–24 liegt eine terminologische Indifferenz vor, eine textliche Diskontinuität, die der (Erst-)Rezipient auf dem Wege der reflexiven Sinnbildung[310] nur überwinden kann, wenn er die Ausführungen von 4Makk 5,22–24 auf 4Makk 5,10 f. zurückbezieht; die Ausführungen von 4Makk 5,22–24 in ihrem unmittelbaren Kontext kohärent zu interpretieren, erfordert eine subjektiv vorzunehmende Sinnkonstitution[311]. Da nun aber 4Makk 5,10 f. innerhalb der vorliegenden Studie dem Verfasser der ‚exemplarischen Erzählung' zugewiesen worden sind[312], folgt daraus, dass dieser auch für die Darlegungen in 4Makk 5,22–24 verantwortlich zeichnen dürfte.

Aus den Ausführungen in 4Makk 5,22–24[313], vor allem aus den Ausführungen zur εὐσέβεια in 4Makk 5,24b, zieht Eleazar dann den Schluss: διὸ οὐ μιαροφαγοῦμεν (4Makk 5,25a). In 4Makk 5,25b f. wird diese Begründung dann ausgeweitet auf den Aspekt der Übereinstimmung von dem von Gott erlassenen νόμος und der ebenso von Gott geschaffenen φύσις: τὰ μὲν οἰκειωθησόμενα ἡμῶν ταῖς ψυχαῖς ἐπέτρεψεν ἐσθίειν τὰ δὲ ἐναντιωθησόμενα ἐκώλυσεν σαρκοφαγεῖν (4Makk 5,26)[314].

Im Anschluss an diese Begründung geht Eleazar dann den seleukidischen Herrscher unmittelbar an: Er verweigert die von Antiochos geforderte - letzten Endes selbst tyrannische - Übertretung der Speisegesetze und wehrt den Verweis auf sein fortgesetztes Alter, das es ihm unmöglich machte, die drohende Folter auszuhalten, ab mit dem Hinweis, dass seine „Urteilskraft ... durch die Frömmigkeit jugendlichen Schwung gewinnen könnte"[315] (4Makk 5,31): οὐχ οὕτως εἰμὶ γέρων ἐγὼ καὶ ἄνανδρος ὥστε μοι διὰ τὴν εὐσέβειαν μὴ νεάζειν τὸν

---

[309] Vgl. hierzu H.-J. Klauck, 4Makk 712 mit Verweis auf C.L.W. Grimm: „Die Überleitung durch γάρ wird mit Grimm, S. 322, als Ironiesignal aufgefaßt: Die angeblich unvernünftige jüdische Philosophie leistet nicht mehr und nicht weniger, als die stoischen Kardinaltugenden einzuüben". Anders hier jedoch J. Freudenthal, 4Makk, 123: „Hier hat A und Vulg. τε γάρ, wo der schärfste Gegensatz durch die Conjunction hätte ausgedrückt werden müssen. Die bekannte Panacee, ‚eine Ironie' anzunehmen, zu der ... Grimm flüchtet, heilt hier nichts, wo Eleasar in vollstem Tone der Überzeugung das Wesen des jüdischen Gesetzes bespricht". Wer der Kritik von Freudenthal an der Interpretation von 4Makk 5,23 im Sinne einer ironischen Ausführung folgt, wird noch bereiter dazu sein, an dieser Stelle einen Redaktor am Werk zu sehen.

[310] Vgl. hierzu o. 20.

[311] Vgl. hierzu o. 20 f.

[312] Vgl. hierzu o. 46 f.

[313] Vgl. zu diesen Ausführungen bereits o. 92.

[314] Vgl. zu diesem Zusammenhang insgesamt H.-J. Klauck, 4Makk, 712: „Weil Gott Physis und Nomos geschaffen hat, müssen beide in Einklang stehen, und wer nach dem Gesetz lebt, der lebt auch naturgemäß".

[315] Übersetzung nach H.-J. Klauck, 4Makk, 713.

λογισμόν. In dieser Einlassung des Eleazar scheint wieder erneut, wie bereits in
4Makk 5,11, der Zusammenhang von εὐσέβεια und λογισμός auf, der als ein ent-
scheidendes theologisches Element der ‚exemplarischen Erzählung' ausgemacht
werden konnte[316]. Die εὐσέβεια vermag den λογισμός – erneut – zu ‚verjüngen'
und damit zugleich auch kräftig und widerstandsfähig zu machen. In diesem Sinne stellt die in 4Makk 5,31 angesprochene Urteilskraft somit auch einen εὐσεβὴς
λογισμός dar.

In 4Makk 5,34 f. spricht Eleazar dann den νόμος, die ἐγκράτεια, den
φιλόσοφος λόγος, die ἱερωσύνη τιμία und die νομοθεσίας ἐπιστήμη als gleichsam
personale Wesenheiten an und versichert jene seiner Treue und Zuverlässigkeit.
In 4Makk 5,36–38 erteilt der νομικός dann dem als Tyrann charakterisierten König Antiochos und dessen Forderungen eine deutliche Absage; in 4Makk 5,38b
werden die λογισμοί[317] als solche bezeichnet, die im Dienst der εὐσέβεια stehen
bzw. von der εὐσέβεια regiert werden (ὑπὲρ τῆς εὐσεβείας), somit also – wiederum – deutlich ein frömmigkeitstheoretisches Gepräge tragen[318].

Nach dem – hier extensiv beschriebenen – Beginn der Folter (4Makk 6,1–11)
unternehmen einige Gutwillige aus der Umgebung einen letzten Versuch zur
Rettung Eleazars; sie fordern ihn auf, sich zu retten – er solle von ihm vorgesetz-
ten gekochten Speisen kosten und so tun, als ob er Schweinefleisch zu sich
nähme. Eleazar aber verweigert diesen Rettungsversuch, indem er darauf verweist, dass er sein gesamtes Leben lang dem νόμος gehorsam gewesen wäre und
diesen Gehorsam nun im Alter nicht aufgeben wolle, um für die nachfolgenden
Generationen kein negatives Vorbild darzustellen. Als Kind Abrahams müsse er
„in edler Haltung für die Frömmigkeit in den Tod gehen"[319] (4Makk 6,22): πρὸς
ταῦτα ὑμεῖς μέν ὦ Αβρααμ παῖδες εὐγενῶς ὑπὲρ τῆς εὐσεβείας τελευτᾶτε – ein
Votum, das wiederum zeigt, dass der Verfasser dieser Verse dem Konzept der
εὐσέβεια offensichtlich eine überragende theologische Relevanz beimisst. Im
Rahmen der daran anschließenden Darstellung der letzten Worte Eleazars und
seines Todes begründet er in 4Makk 6,27 letztmalig sein Martyrium; wichtiger
als die Rettung seines persönlichen Lebens sei ihm der Gehorsam gegenüber
dem Gesetz (4Makk 6,27).

Auffallen muss, dass innerhalb der Darstellung 4Makk 5,1–38; 6,1–30[320] die
Konzeption des die πάθη beherrschenden λογισμός in einigen wenigen Passagen

---

[316]   Vgl. hierzu bereits o. 37–42 und o. 46 f.
[317]   Zu diesem hier im Plural verwendeten Begriff vgl. bereits o. 40 f.
[318]   Vgl. hierzu bereits o. 37–42.
[319]   Übersetzung nach H.-J. Klauck, 4Makk, 716.
[320]   In 4Makk 6,17, somit also innerhalb des in der vorliegenden Studie als bereits vorliegende
        martyrologische Tradition identifizierten ἔπαινος über das Martyrium des Eleazar, begeg-
        net – einmalig im 4Makk – ein Optativ als Wunschmodus im Hauptsatz, ein sog. Kupitiv:
        μὴ οὕτως κακῶς φρονήσαιμεν … (vgl. hierzu U. Breitenstein, Beobachtungen, 53). Wenn
        diese Beobachtung auch nicht überfrachtet werden darf, so vermag sie doch die Annahme

zwar angedeutet, aber gerade auch in den Redebeiträgen des Eleazar – im Unterschied etwa zu der in 4Makk 6,31–35 vorliegenden philosophischen Reflexion – kaum wirklich ausgearbeitet erscheint. Diese Beobachtung legt die Annahme durchaus nahe, dass der Verfasser des 4Makk bzw. präziser: der Verfasser der ‚exemplarischen Erzählung' die in 4Makk 5,1–7,23 vorliegende und ebenfalls als ἔπαινος zu klassifizierende Erzählung über das Martyrium des Eleazar, die er entweder selbst zunächst ohne jeglichen philosophischen Bezug entwickelt oder aber in der Tradition bereits vorgefunden hätte, nachträglich mit dem ἔπαινος über das Martyrium der sieben Brüder und ihrer Mutter verknüpft[321] habe. Die solchermaßen verbundene Gesamterzählung habe er dann zu einer die These von der Herrschaft des εὐσεβὴς λογισμός bestätigenden Historie umgeformt. Diese Annahme implizierte einerseits, dass die o. aufgewiesenen Passagen, die sich mit dem Gedanken des λογισμός bzw. der λογισμοί beschäftigen, also 4Makk 5,31.38, nachträglich in den ἔπαινος über das Martyrium des Eleazar inkorporiert worden seien, machte andererseits ihrerseits die Annahme erforderlich, dass der Verfasser der ‚exemplarischen Erzählung' im Rahmen der Passage 4Makk 5,1–4 unterschiedliche Erzählstränge und -traditionen zusammengefügt hätte. Dieser Annahme wird, ohne hier die einzelnen Stränge und Traditionen schon präzise rekonstruieren zu können, dadurch Rechnung getragen, dass die Verse 4Makk 5,1–3 dem ἔπαινος über die sieben Brüder und deren Mutter, der Vers 4Makk 5,4 dem ἔπαινος über Eleazar zugeordnet werden.

Zugunsten der Annahme, die Ausführungen in 4Makk 5,31.38 seien nachträglich in den Lobgesang über das Martyrium des Eleazar eingefügt worden, lassen sich folgende Überlegungen geltend machen: (a) Zwischen den Ausführungen in 4Makk 5,30 und denjenigen in 4Makk 5,31 liegt ein stilistischer Wechsel[322] vor: Geht es in 4Makk 5,29 f. um die von Eleazar behauptete Unwirksamkeit der Folter des Antiochos, spricht er in 4Makk 5,31 dann davon, dass er nicht so alt und schwächlich sei, dass sein λογισμός durch das Wirken der εὐσέβεια nicht jugendlichen Schwung gewinnen könnte: οὐχ οὕτως εἰμὶ γέρων ἐγὼ καὶ ἄνανδρος ὥστε μοι διὰ τὴν εὐσέβειαν μὴ νεάζειν τὸν λογισμόν[323]. Das in 4Makk 5,29 f. Thematisierte, die Folter des Antiochos und deren Wirk- bzw. Unwirksamkeit gegenüber Eleazar, wird dann in 4Makk 5,32 f. wieder weitergeführt: πρὸς

---

zu stützen, dass dieser Text nicht von dem Verfasser der ‚exemplarischen Erzählung', für den ein solcher Sprachgebrauch nicht belegt ist, stammt.

[321] Zur Begründung der Annahme, dass es sich bei den Lobgesängen über Eleazar und demjenigen über die sieben Brüder und deren Mutter um ursprünglich eigenständige ἔπαινοι handelt, vgl. ausführlich o. 67 f.

[322] Vgl. zu diesem Kriterium bereits o. 26.

[323] „Ich bin nicht so alt und schwächlich, daß meine Urteilskraft nicht durch die Frömmigkeit jugendlichen Schwung gewinnen könnte"; Übersetzung nach H.-J. Klauck, 4Makk, 713.

ταῦτα τροχοὺς εὐτρέπιζε καὶ τὸ πῦρ ἐκφύσα σφοδρότερον [33] οὐχ οὕτως οἰκτίρο-μαι τὸ ἐμαυτοῦ γῆρας ὥστε δι' ἐμαυτοῦ τὸν πάτριον καταλῦσαι νόμον[324]. Die durch diesen stilistischen Wechsel evozierte textliche Diskontinuität ließe sich letztendlich nur mittels einer massiven reflexiven Sinnbildung[325] überwinden, indem etwa der inhaltlich durch die εὐσέβεια gespeiste λογισμός als eine Größe interpretiert würde, mit deren Hilfe Eleazar die ἱεροὶ ὅρκοι (4Makk 5,29) der προ-γονοι und die mit jenen verknüpften, bei Einhaltung positiven und bei einem Bruch negativen Konsequenzen zu überdenken in der Lage wäre, um auf der Ba-sis dieser Reflexion dann zu einer abgewogenen Entscheidung zu gelangen. An-gesichts dieses zur Herstellung von Kohärenz notwendigen erheblichen intel-lektuellen Aufwandes legt sich die Annahme nahe, die Ausführungen von 4Makk 5,31 als eine – möglicherweise aufgrund des Syntagmas τὸ ἐμαυτοῦ γῆρας 4Makk 5,33 an dieser Stelle in dieser Weise eingefügte – nachträgliche Ergänzung in ei-nen vorliegenden Traditionszusammenhang zu verstehen, mit deren Hilfe der Verfasser der ‚exemplarischen Erzählung' die ihm vorgegebene Tradition über das Martyrium des Eleazar philosophisch aufzuladen beabsichtigte.

(b) Ähnliche Erwägungen lassen sich im Blick auf 4Makk 5,38 anstellen. Auch hier liegt ein stilistischer Wechsel[326] vor: Spricht Eleazar in 4Makk 5,34–37 zu-nächst gegenüber dem νόμος, der ἐγκράτεια, dem φιλόσοφος λόγος, der ἱερω-σύνη τιμία und der νομοθεσίας ἐπιστήμη (4Makk 5,34 f.), dann – ohne dass hier jedoch ein entsprechendes Textsignal vorläge – gegenüber Antiochos (4Makk 5,36 f.) davon, dass er der Folter widerstehen und unbefleckt zu seinen Vätern eingehen werde[327], verheißt er, wiewohl seine Argumentation in 4Makk 5,37 eigentlich abgeschlossen scheint, dem Antiochos dann in 4Makk 5,38, dass dieser

---

[324] „Dagegen biete ruhig Folterräder auf und fache das Feuer heftiger an. [33] Ich habe mit meinem Greisenalter nicht solches Mitleid, daß ich die Ursache sein möchte für eine Auf-hebung der väterlichen Gesetze"; Übersetzung nach H.-J. Klauck, 4Makk, 713.

[325] Vgl. zu diesem Begriff o. 20.

[326] Vgl. zu diesem Kriterium o. 26.

[327] Οὐχ οὕτως οἰκτίρομαι τὸ ἐμαυτοῦ γῆρας ὥστε δι' ἐμαυτοῦ τὸν πάτριον καταλῦσαι νόμον ([34]) οὐ ψεύσομαί σε παιδευτὰ νόμε οὐδὲ ἐξομοῦμαί σε φίλη ἐγκράτεια [35] οὐδὲ καταισχυνῶ σε φιλόσοφε λόγε οὐδὲ ἐξαρνήσομαί σε ἱερωσύνη τιμία καὶ νομοθεσίας ἐπιστήμη [36] οὐδὲ μιανεῖς μου τὸ σεμνὸν γῆρως στόμα οὐδὲ νομίμου βίου ἡλικίαν [37] ἁγνόν με οἱ πατέρες εἰσδέξονται μὴ φοβηθέντα σου τὰς μέχρι θανάτου ἀνάγκας („Ich werde dich nicht ver-leugnen, Gesetz, das mich erzogen hat; ich werde dir nicht abschwören, teure Selbst-beherrschung. [35] Ich werde dir keine Schande machen, weisheitsliebende Vernunft, und dich nicht verleugnen, ehrenvolles Priestertum und Kenntnis der Gesetzgebung. [36] Du (Tyrann) sollst mir nicht beflecken den reinen Mund des Greisenalters noch die letzten Tage eines gesetzestreuen Lebens. [37] Rein sollen mich die Väter zu sich nehmen, ohne daß ich zurückgeschreckt wäre vor deinen tödlichen Zwangsmitteln"; Übersetzung nach H.-J. Klauck, 4Makk, 713 f.). Dass dieser Text und nicht zuletzt auch der in demselben unterstellte Subjektwechsel durchaus als schwierig empfunden worden sind, bestätigt H.-J. Klauck, 4Makk, 713 f. mit Verweis auf textkritische Varianten: „Verschiedene Varian-ten, die zu Über[setzungen] führen wie: ‚Der Mund soll nicht beflecken das Greisenalter', oder: ‚O Mund, beflecke nicht …'".

über Gottlose, nicht jedoch über seine Urteilskräfte im Dienst der Frömmigkeit zu herrschen in der Lage wäre: ἀσεβῶν μὲν γὰρ τυραννήσεις τῶν δὲ ἐμῶν ὑπὲρ τῆς εὐσεβείας λογισμῶν οὔτε λόγοις δεσπόσεις οὔτε δι' ἔργων[328]. Um diese textliche Diskontinuität in textliche Kohärenz zu überführen, ist es notwendig, dass der (Erst-)Rezipient die Ausführungen in 4Makk 5,38b: τῶν δὲ ἐμῶν ὑπὲρ τῆς εὐσεβείας λογισμῶν οὔτε λόγοις δεσπόσεις οὔτε δι' ἔργων, im Sinne von: ‚Meine mich immer wieder an das Gesetz erinnernde Urteilskraft wird verhindern, dass ich die von dir geforderte Gesetzesübertretung begehe und Unreines esse', interpretiert, eine Interpretation, zu der der (Erst-)Rezipient nur gelangt, wenn er die eher allgemein gehaltenen Ausführungen in 4Makk 5,38b im Zuge reflexiver Sinnbildung unmittelbar auf das in 4Makk 5,34–37 Ausgeführte bezieht und erstere bewusst im Sinne letzterer zu verstehen sucht. Diese Überlegung lässt die Annahme, 4Makk 5,38 stelle eine spätere Einfügung in den ἔπαινος über das Martyrium des Eleazar dar, zumindest plausibel erscheinen.

II.3.4 4Makk 6,31–35

In diesem philosophisch geprägten, somit im Blick auf das zuvor Gesagte einen stilistischen Wechsel[329] repräsentierenden Zwischenstück zieht der Verfasser der ‚exemplarischen Erzählung', angezeigt durch die Partikel οὖν, aus dem zu Elezar und dessen Martyrium Gesagten zunächst die – von ihm intendierte – philosophische Folgerung: ὁμολογουμένως οὖν δεσπότης τῶν παθῶν ἐστιν ὁ εὐσεβὴς λογισμός[330] (4Makk 6,31), die im weiteren Verlauf der Darlegungen dann weiter entfaltet wird. Die – von ihm selbst dargestellte und bearbeitete – Geschichte des Martyriums des Eleazar habe gezeigt, dass der εὐσεβὴς λογισμός einerseits die Leidenschaft der ἔξωθεν ἀλγηδόναι überwinde (4Makk 6,34), andererseits zugleich auch die ἡδοναί beherrsche (4Makk 6,35).

Dieses philosophisch geprägte Zwischenstück bietet zwei Auffälligkeiten: (a) Gegenüber den bisher analysierten ausschließlich erzählerischen Passagen der ‚exemplarischen Erzählung', zugleich gerade aber auch gegenüber den Passagen, die den Dialog zwischen Antiochos und Eleazar beschreiben, wird in 4Makk 6,31–35, hier einen stilistischen Wechsel signalisierend[331], der Begriff λογισμός nachgerade inflationär[332] verwendet. Dass dieser Terminus in den ausschließlich

---

[328] „Über Gottlose magst du dich als Tyrann gebärden, meine Urteilskräfte im Dienst der Frömmigkeit sollst du weder mit Worten noch mit Taten knechten"; Übersetzung nach H.-J. Klauck, 4Makk, 714.

[329] Vgl. zu diesem Kriterium bereits o. 26.

[330] Zum Gedanken des εὐσεβὴς λογισμός vgl. bereits ausführlich o. 37–42.

[331] Vgl. zu diesem Kriterium o. 26.

[332] Vgl. hierzu U. Breitenstein, Beobachtungen, 119: „Im ganzen 4Makk finden sich mehr als hundert Sätze, die in irgendeiner Form die Herrschaft der Vernunft über die Affekte zum Ausdruck bringen".

erzählerischen Passagen im Unterschied zu diesem philosophisch geprägten
Zwischenstück nicht erscheint, wäre noch zwanglos zu erklären; dass diesem
Terminus und der durch ihn repräsentierten philosophischen Konzeption aber
innerhalb des dialogischen Geschehens zwischen Antiochos und Eleazar genauso wie auch innerhalb der letzten Worte des νομικός letzten Endes keine argumentationslogische Bedeutung zukommt, nötigt nachgerade zu der Annahme,
dass die Passage 4Makk 6,31–35 einen späteren, auf einen anderen, deutlich
stärker philosophisch denkenden Verfasser zurückgehenden Einschub in den
Bericht über das Martyrium des Eleazar darstellt[333]. An dieser Stelle nämlich ist
der (Erst-)Rezipient gerufen, eben dieses Martyrium als Sieg des λογισμός über
die πάθη zu deuten, ohne dass sich eine solche Interpretation aus den dieses
Martyrium unmittelbar darstellenden Abschnitten unmittelbar ergäbe. Damit
sind also Textsinn und textliche Kohärenz auf dem Wege der Reflexion zu konstruieren. Die in der Martyriumserzählung bis dato nachweisbaren, sämtlich als
nachträgliche Einfügungen kenntlich gemachten drei Belege für den Terminus
λογισμός (4Makk 5,11.31.38) scheinen vor diesem Hintergrund eine bewusst
konstruierte ‚Anker-Erweiterung' darzustellen, die diese vom (Erst-)Rezipienten
vor dem Hintergrund von 4Makk 6,31–35 zu leistende Interpretation überhaupt
erst ermöglichen soll und kann: Der erst in 4Makk 6,31–35 reflektierte Inhalt
wird bereits im Vorangehenden, in diesem Falle in 4Makk 5,11.31.38, verankert[334].

Das aber heißt: Die ‚exemplarische Erzählung' 4Makk 3,19–17,6 stellt, so wie
sie im 4Makk vorliegt, offensichtlich schon für sich das Produkt einer ‚philosophischen' Relecture einer ursprünglich ausschließlich theologisch-religiös konnotierten Martyriumserzählung dar. Werden nun der Bericht über das Martyrium des Eleazar und derjenige über das Martyrium der sieben Brüder und ihrer

---

[333] Anders hier U. Breitenstein, Beobachtungen, 144: „Mehrmals unterbricht Ps-Ios die
Erzählung, um auf der Richtigkeit seiner Leitidee (ὁ λογισμὸς αὐτοκράτωρ ἐστὶν τῶν
παθῶν o. ä.) zu insistieren. Diese Rückblendungen – es handelt sich um Stellen außerhalb
des philosophischen Teils 1.1–3.18 – sind von den Interpreten stets als besonders problematisch empfunden worden. Die Abschnitte bieten in der Tat einige sprachliche Härten,
die jedoch nicht unerklärlich sind, sofern man 4Makk nicht als fertig durchgestaltete Fest-
rede betrachtet. Eine Gegenüberstellung der beanstandeten Partien zeigt jedenfalls, dass
von Interpolation nicht die Rede sein kann: Alle sind nach ein und demselben *Schema*
gebaut und in der von Ps-Ios bekannten Art *variiert*". Zu der von Breitenstein selbst formulierten *conditio sina qua non* gegen die Annahme einer Interpolation dieser Passagen
vgl. jedoch bereits o. 15.

[334] Vgl. hierzu sehr treffend R. Wonneberger, Redaktion, 124: „Gelegentlich finden sich kurze
redaktionelle Stücke, die zwar nicht in den Kontext passen, sich jedoch als Vorbereitung
einer später eingefügten Passage zu erkennen geben. Sieht man letztere als ‚Schiff', dann
bildet erstere den ‚Anker', sorgt also dafür, daß das große und damit den Text leicht
sprengende Stück festen Halt im Text bekommt. Deshalb wollen wir in solchen Fällen von
‚Anker-Erweiterung' sprechen".

Mutter als ursprünglich getrennt voneinander existierende eigenständige Erzählungen angesehen[335], so ist die o. erstellte Tabelle zur Geschichte der Genese des 4Makk zu korrigieren: Die beiden Martyriumserzählungen wurden zunächst unabhängig voneinander tradiert und sind dann von einem philosophisch denkenden, zugleich aber auch fest in der Frömmigkeitstheorie des Judentums verankerten Verfasser zusammengefügt und mit philosophischen Ergänzungen und Exkursen versehen worden, um diese Erzählungen dem von ihm intendierten Nachweis der Herrschaft des λογισμός über die πάθη dienstbar zu machen.

(b) In 4Makk 6,35 wird, wie auch in 4Makk 5,23, der Terminus ἡδονή pluralisch und zugleich in absolutem Sinne verwendet; in 4Makk 9,31 liegt ebenfalls eine pluralische Verwendung dieses Begriffes vor, allerdings nicht in absolutem Sinne, sondern bezogen auf die ἀρετή: ἐγὼ μὲν γὰρ ταῖς διὰ τὴν ἀρετὴν ἡδοναῖς τὸν πόνον ἐπικουφίζομαι. Innerhalb der ‚philosophischen These' begegnet dieser Begriff in absolutem Sinne ausschließlich im Singular, und zwar in 4Makk 1,20.21.22(bis).24.25.28; lediglich in 4Makk 1,33 wird er innerhalb der ‚philosophischen These' pluralisch verwendet, dort aber nicht absolut, sondern bezogen auf die verbotenen Nahrungsmittel: ἐπεὶ πόθεν κινούμενοι πρὸς τὰς ἀπειρημένας τροφὰς ἀποστρεφόμεθα τὰς ἐξ αὐτῶν ἡδονάς οὐχ ὅτι δύναται τῶν ὀρέξεων ἐπικρατεῖν ὁ λογισμός ἐγὼ μὲν οἶμαι[336]. Diese als terminologische Indifferenz[337] zu beschreibende unterschiedliche Verwendung, die sich nur mit der Annahme erklären lässt, dass der ‚philosophischen These' bzw. deren entsprechenden Teilen einer- und der ‚exemplarischen Erzählung' andererseits jeweils unterschiedliche Konzeptionen von ἡδονή zugrunde liegen, erzwingt sie doch die Herstellung textlicher Kohärenz auf dem Wege subjektiver Sinnkonstitution[338], nötigt also den diesen Text lediglich auditiv wahrnehmenden (Erst-)Rezipienten dazu, die singularisch formulierte ἡδονή-Konzeption – gegen den Text selbst – unmittelbar mit der pluralisch formulierten zu identifizieren. Diese innerhalb von 4Makk zu konstatierende unterschiedliche Verwendung des ἡδονή-Begriffs indiziert somit die Annahme, die ‚philosophische These' entweder in ihrer Gesamtheit oder aber zumindest in einzelnen Teilen einem anderen Verfasser zuzuschreiben als die in die Märtyrererzählungen jeweils eingefügten philosophischen Einschübe, eine Annahme, die zumindest im Grundsatz allerdings nicht ausschließt, dass die ‚philosophische These' insgesamt und die ‚exemplarische Erzählung' auf den gleichen Verfasser zurückgingen, der in beiden Teilen jedoch jeweils unterschiedliche Traditionen verarbeitet und durchaus differente theologische bzw. philosophische Intentionen verfolgt habe. Diese

---

[335] Vgl. hierzu o. 67 f.

[336] „Woher kommt es denn sonst, daß wir, selbst wenn wir uns hingezogen fühlen zu den verbotenen Nahrungsmitteln, doch die von ihnen zu erwartenden Freuden verschmähen? Geschieht das nicht deswegen, weil die Urteilskraft das Verlangen zu kontrollieren vermag? Ich denke, ja"; Übersetzung nach H.-J. Klauck, 4Makk, 694.

[337] Vgl. zu diesem Kriterium o. 26.

[338] Vgl. zu diesem Begriff o. 20 f.

zweite Auffälligkeit vermag somit die in dieser Studie formulierte Generalthese zur Genese des 4Makk[339] deutlich zu bestätigen.

II.3.5   4Makk 7,1–15

Im Anschluss an diese philosophische Reflexion präsentiert der Verfasser des 4Makk ein Loblied auf Eleazar und dessen Standfestigkeit. Auch innerhalb dieses Lobliedes[340] begegnet zunächst der Begriff des λογισμός, wieder verknüpft mit der Konzeption der εὐσέβεια. Nach 4Makk 7,3 hat die Urteilskraft die τῆς εὐσεβείας οἴακας auf rechtem Kurs gehalten, „bis sie [d. h. die Frömmigkeit] einlief in den Hafen des unsterblichen Sieges"[341] (4Makk 7,3b). Nach 4Makk 7,4 hielt die Urteilskraft während der von Eleazar zu erleidenden und als Belagerung gedeuteten Folterqualen „einen schützenden Schild über seine Frömmigkeit"[342]. Diese Bilder zeigen, dass der Verfasser dieser Passage – wiederum[343] – einen engen Zusammenhang zwischen λογισμός und εὐσέβεια herstellt: Ersterer bewahrt die letztere und hält sie auf Kurs, sorgt letztlich somit dafür, dass sie standfest bleibt und im Kontext paganer Herausforderungen keinerlei Kompromiss eingeht. Auch dieses hier geschilderte Zusammenwirken von λογισμός und εὐσέβεια lässt die Urteilskraft in 4Makk 7,1–4 als εὐσεβὴς λογισμός erscheinen, eine Konzeption, die in der ‚philosophischen These' 4Makk 1,13–3,18 nicht aufweisbar ist[344].

Anschließend an diese Erwägungen preist der Verfasser der ‚exemplarischen Erzählung' in 4Makk 7,6–10 die Gesetzestreue und – zum wiederholten Male – die Standfestigkeit des Eleazar, eine Passage, die den Gedanken der durch die Urteilskraft bewahrten und gesicherten εὐσέβεια mit der Konzeption der Treue zum mosaischen Gesetz parallelisiert. In 4Makk 7,11–14 wird das Verhalten des Eleazar dann mit demjenigen alttestamentlicher Vorbilder wie etwa Aaron und Isaak verglichen[345]; dabei wird der λογισμός des Eleazar demjenigen des Isaak gleichgeordnet.

---

[339]   Vgl. hierzu o. 46 f.

[340]   H.-J. Klauck, 4Makk, 717 ordnet dieses Lied formgeschichtlich als „Enkomion oder Panegyrikos" ein; in diesem Lied ziehe „der Autor alle Register seines rhetorischen Könnens; dabei greift er verbreitete Techniken und Bilder auf. Seine Besonderheit sind die biblischen Vergleiche in V. 11–14".

[341]   Übersetzung nach H.-J. Klauck, 4Makk, 718.

[342]   Übersetzung nach H.-J. Klauck, 4Makk, 718.

[343]   Vgl. hierzu bereits o. 97.

[344]   Vgl. zu diesem Gesichtspunkt bereits ausführlich o. 37–42.

[345]   Vgl. hierzu H.-J. Klauck, 4Makk, 720: „Der Vergleichspunkt [zwischen dem Verhalten des Aaron und demjenigen des Eleazar] scheint die Überwindung der Anfechtung zu sein, die vom Feuer droht".

Nicht zuletzt aufgrund des Sachverhaltes, dass in diesem Loblied der λογισμός des Eleazar wiederum thematisiert und mit dem des Isaak gleichgesetzt wird, ist diese Passage demjenigen zuzuschreiben, der als philosophisch denkender, zugleich aber auch fest in der Frömmigkeitstheorie des Judentums verankerter Theologe die beiden ἔπαινοι über das Martyrium des Eleazar einer- und über das der sieben Brüder und ihrer Mutter andererseits zu einer Erzähleinheit geformt – oder aber bereits eine in diesem Sinne geformte und selbständig existierende Erzähleinheit aufgenommen – und im Zusammenhang mit der These von der Herrschaft der Urteilskraft über die πάθη, die mit Hilfe dieser neu geformten Erzähleinheit bewiesen werden solle, in seinem Sinne neu kontextualisiert hat.

II.3.6   4Makk 7,16–23

Der Einwand, der in dieser Passage diskutiert wird, wird in 4Makk 7,17 formuliert: „Nicht alle beherrschen völlig ihre Leidenschaften, weil nicht alle über eine *besonnene* Urteilskraft verfügen"[346] (ἴσως δ' ἂν εἴποιέν τινες τῶν παθῶν οὐ πάντες περικρατοῦσιν ὅτι οὐδὲ πάντες φρόνιμον ἔχουσιν τὸν λογισμόν). Diesen Einwand kontert der Verfasser der ‚exemplarischen Erzählung' postwendend: Implizit die Richtigkeit des Eingewandten einräumend, führt er aus: ἀλλ' ὅσοι τῆς εὐσεβείας προνοοῦσιν ἐξ ὅλης καρδίας οὗτοι μόνοι δύνανται κρατεῖν τῶν τῆς σαρκὸς παθῶν (4Makk 7,18). Begründet wird diese Behauptung mit dem Hinweis auf das solcher Standhaftigkeit als Belohnung verheißene himmlische Reich und die himmlische Gemeinschaft mit Abraham, Isaak und Jakob (4Makk 7,19), ein typisches Element hellenistischer Eschatologie. Die eigentliche These, dass der λογισμός die πάθη beherrscht, wird durch diesen Einwand somit nicht tangiert. Ein ‚philosophisch-theologisches', philosophische Theorie und jüdische Frömmigkeitspraxis wiederum parallelisierendes Fazit rundet die Argumentation dieses Lobgesangs auf die Standhaftigkeit des Eleazar dann ab (4Makk 7,22 f.).

I1.3.7   4Makk 8,1–3.4–11

Im Rahmen einer szenischen Überleitung wird zunächst zum Ausdruck gebracht, dass der König Antiochos nach seinem vergeblichen Versuch, den νομικός Eleazar zum Verzehr von Schweinefleisch zu bewegen, nun andere aus der Menge der zusammengetriebenen Juden herbeiführen ließ, um eben jene unter der Androhung von Folter zum Verzehr von Unreinem zu zwingen: τότε δὴ σφόδρα περιπαθῶς ἐκέλευσεν ἄλλους ἐκ τῆς λείας τῶν Ἑβραίων ἀγαγεῖν καὶ εἰ

---

[346]   Übersetzung nach H.-J. Klauck, 4Makk, 720.

μὲν μιαροφαγήσαιεν ἀπολύειν φαγόντας εἰ δ᾽ ἀντιλέγοιεν πικρότερον βασα-
νίζειν (4Makk 8,2b). Herbeigeführt werden daraufhin sieben Brüder samt ihrer
Mutter (4Makk 8,3).

Beachtenswert ist, dass der Verfasser der ‚exemplarischen Erzählung' in
4Makk 8,1 den Terminus λογισμός mit dem im Genitiv stehenden Begriff εὐσέβεια näher qualifiziert: διὰ τοῦτό γέ τοι καὶ μειρακίσκοι τῷ τῆς εὐσεβείας
λογισμῷ φιλοσοφοῦντες χαλεπωτέρων βασανιστηρίων ἐπεκράτησαν. Dies entspricht dem philosophischen bzw. theologischen Ansatz, der auch sonst innerhalb der ‚exemplarischen Erzählung' zu beobachten ist[347], eine Beobachtung, die
die Annahme nahelegt, die Passage 4Makk 8,1–3 demjenigen Theologen zuzuschreiben, der die beiden ἔπαινοι über Eleazar einer- und über die sieben Brüder
und deren Mutter andererseits, die ihm womöglich bereits vorgelegen haben,
zusammengefasst und mit der Konzeption der Herrschaft des λογισμός über die
πάθη überformt hat.

Auf diese szenische Überleitung folgt dann in 4Makk 8,4–11 die Darstellung
einer Ansprache des Antiochos an die sieben Brüder; dabei verheißt der seleuki-
dische Herrscher jenen hohe Positionen in seiner Verwaltung, sofern sie sich
denn die griechische Lebensweise aneigneten: καὶ μεταλαβόντες Ἑλληνικοῦ
βίου καὶ μεταδιαιτηθέντες ἐντρυφήσατε ταῖς νεότησιν ὑμῶν (4Makk 8,8). Aufmerksamkeit verdient hier die Beobachtung, dass, anders als noch im Bericht
über das Martyrium des Eleazar – und auch anders als in 2Makk 7,1[348], der Vorlage für diese Passage aus 4Makk –, von dem Genuss unreiner Speisen, konkret:
von dem Genuss von Schweinefleisch, in dieser Passage explizit nicht die Rede
ist. Die Aufforderung des Antiochos, Schweinefleisch zu verzehren, ist somit also
pars pro toto zu verstehen und in den Kontext der weitergehenden Absicht des
Königs, den βίος Ἑλληνικός in Palästina zu etablieren, zu stellen. Der Sachverhalt, dass in dieser Passage der Begriff λογισμός nicht begegnet, lässt die Annahme wahrscheinlich erscheinen, dass die Ausführungen in 4Makk 8,4–11 ursprünglich dem ἔπαινος über die sieben Brüder und deren Mutter zuzurechnen
und vom Verfasser der ‚exemplarischen Erzählung' eben zur Abfassung derselben verwendet worden sind.

---

[347] Vgl. hierzu bereits ausführlich o. 37–42.46 f.

[348] Συνέβη δὲ καὶ ἑπτὰ ἀδελφοὺς μετὰ τῆς μητρὸς συλλημφθέντας ἀναγκάζεσθαι ὑπὸ τοῦ
βασιλέως ἀπὸ τῶν ἀθεμίτων ὑείων κρεῶν ἐφάπτεσθαι μάστιξιν καὶ νευραῖς αἰκιζομένους
(„Denn wie ein trefflicher Steuermann hat die Urteilskraft unseres Vaters Eleazar das
Schiff seiner Frömmigkeit in den Wogen der Leidenschaften sicher auf Kurs gehalten";
Übersetzung nach H.-J. Klauck, 4Makk, 717 f.).

II.3.8　4Makk 8,12–14.15–26.27–9,9

Nachdem die Folterinstrumente bereitgestellt worden sind und Antiochos noch einmal zur Übertretung des νόμος auffordert (4Makk 8,12–14), erhalten die Rezipienten Einblick in eine – wie die Ausführungen in 4Makk 8,16 nahelegen, vom Verfasser der ‚exemplarischen Erzählung' konstruierte – Diskussion, innerhalb der, dem Einwand eines *advocatus diaboli* durchaus vergleichbar, zunächst der Sinn der Standhaftigkeit gegenüber der Forderung bzw. dem Angebot des Antiochos reflektiert, dann mögliche Argumente für ein Eingehen auf den Willen desselben aufgelistet werden, um sogleich im Anschluss daran zu erfahren: ἀλλὰ τούτων οὐδὲν εἶπον οἱ νεανίαι βασανίζεσθαι μέλλοντες οὐδὲ ἐνεθυμήθησαν (4Makk 8,27)[349].

Diese in 4Makk 8,27 beschriebene Haltung wird in 4Makk 8,28 dann mit einem Hinweis auf die von ihnen ausgeübte Herrschaft über die Leidenschaften und über die Schmerzen begründet: ἦσαν γὰρ περίφρονες τῶν παθῶν καὶ αὐτοκράτορες τῶν ἀλγηδόνων[350]. Bemerkenswert ist zunächst, dass innerhalb des gesamten Zusammenhangs 4Makk 8,1–26 der Begriff πάθη weder verwendet noch in irgendeiner Weise diskutiert wird. Diese Beobachtung indiziert, dass 4Makk 8,28 auf den Verfasser der ‚exemplarischen Erzählung' zurückgeht, der aus den beiden Martyriumserzählungen eine Rede geformt hat, mit der er erweisen wollte, dass der εὐσεβὴς λογισμός die πάθη zu beherrschen vermag. Der Gedanke von 4Makk 8,27 wird dann in 4Makk 8,29 weitergeführt, eingeleitet durch die Konjunktion ὥστε[351].

Darüber hinaus: Wer nun den in 4Makk 8,28 erscheinenden Terminus πάθη auf der Basis des in 4Makk 8,15–26 Ausgeführten – und diese Darlegungen bilden immerhin den nächstliegenden Interpretationshorizont – verstehen möchte, muss jenen einerseits selbst im Sinne von ‚scheinbar erstrebenswerte Vorteile' oder aber auch ‚scheinbar erstrebenswerte Erleichterungen' interpretieren, andererseits von dem Begriff ἀλγηδόνα und den von diesem transportierten semantischen Inhalten unterscheiden. Dieses Postulat ergibt sich aus dem Sachverhalt, dass in 4Makk 8,28 die Termini πάθη und ἀλγηδόνα jeweils mit unterschiedlichen, sich semantisch deutlich voneinander abhebenden Bezugsnomina syntagmatisch verknüpft sind. Eine solchermaßen semantisch einzugrenzende

---

[349]　Zum Aufbau der Rede 4Makk 8,17–26 vgl. ausführlich U. Breitenstein, Beobachtungen, 95–100. Nach Breitenstein stelle sie „ein Musterbeispiel für jene ‚ornata sententiarum concinnitas', die Cicero dem einen der beiden ‚genera Asiaticae dictionis' zuschreibt", dar. Im Rahmen der vorliegenden Studie wird diese Rede vollständig dem ἔπαινος über das Martyrium der sieben Brüder und deren Mutter zugeschrieben.

[350]　„Denn auf die Leidenschaften schauten sie verächtlich herab, und Schmerzen vermochten sie souverän zu beherrschen"; Übersetzung nach H.-J. Klauck, 4Makk, 725.

[351]　Zu ὥστε im Sinne von „folglich", also mit einer konsekutiven Bedeutung, vgl. etwa H. Menge, Wörterbuch, s.v. ὥστε, 762.

Definition des πάθος-Begriffs steht in einer erheblichen inhaltlichen Spannung
zu derjenigen, die in 4Makk 1,20a andeutungsweise formuliert ist: παθῶν δὲ
φύσεις εἰσὶν αἱ περιεκτικώταται δύο ἡδονή τε καὶ πόνος[352]. Soll diese textliche
Diskontinuität ausgeglichen werden, ist der (Erst-)Rezipient genötigt, die unterschiedlichen Inhalte entweder additiv miteinander zu verknüpfen oder aber
miteinander zu identifizieren, in jedem Falle somit eine subjektive, über den
Text und dessen Verstehensangebot hinausreichende Sinnbildung vorzunehmen[353]. Damit ergibt sich ein weiteres Indiz für die Annahme, die ‚exemplarische
Erzählung' und die ‚philosophische These' verdankten sich unterschiedlichen
Verfassern.

In ihrer Antwort verweigern sich die sieben Brüder explizit der Offerte des
Antiochos und unterstreichen ihre Bereitschaft, das Martyrium zu erleiden, um
dem mosaischen Gesetz treu bleiben zu können. In ihren Reden weisen sie darauf
hin, dass ihnen zur Belohnung für ihre Standfestigkeit und zum Ausgleich für
ihren Tod der „Siegespreis der Tugend" (τὰ τῆς ἀρετῆς ἆθλα 4Makk 9,8) verhei-
ßen ist und sie in der Gemeinschaft mit Gott sein werden. Wenn angenommen
wird, dass die Berichte über das Martyrium des Eleazar und derjenige über das
der sieben Brüder und deren Mutter ursprünglich selbständige Erzähleinheiten
bildeten, dann müssen die Ausführungen in 4Makk 9,5b: ὥσπερ οὐχὶ πρὸ
βραχέως παρ' Ελεαζαρου μαθών, und 4Makk 9,6c: ἃς καὶ ὁ παιδευτὴς ἡμῶν γέρων
ἐνίκησεν, als sekundäre, im Zuge der Vereinigung der beiden Erzählungen hin-
zugefügte Ergänzungen angesehen werden, da sie unmittelbar auf den Bericht
über das Martyrium des Eleazar rekurrieren. Zugunsten dieser Annahme ließe
sich durchaus ins Feld führen, dass in 4Makk 9,6a von γέροντες τῶν Εβραίων im
Plural gesprochen wird, während 5,1–7,23 immer nur von einem γέρων, nämlich
Eleazar, die Rede gewesen ist. Diese textliche Diskontinuität vermag durchaus zu
indizieren, dass 4Makk 9,5b;6c dem Bericht über das Martyrium der sieben Brüder und deren Mutter sekundär, im Zuge seiner Verschmelzung mit der Erzählung über das Martyrium des Eleazar, implantiert worden sind.

> Auffällig ist darüber hinaus, dass Eleazar in 4Makk 9,6c, anders als noch in 4Makk 5,4
> als „berufsmäßiger Lehrer vorgestellt"[354] wird. Dieser Sachverhalt vermag die An-
> nahme, dass die innerhalb der ‚exemplarischen Erzählung' verarbeiteten Martyri-
> umserzählungen ursprünglich als eigenständige Einheiten umliefen, zu untermau-
> ern. Derjenige, der beide zusammengefügt hat, hat in 4Makk 9,6c, womöglich ohne
> genaue Kenntnis des in 4Makk 5,4 Ausgeführten[355], der Person des Eleazar eine Funk-
> tion und ein Amt beigelegt, die er dem Bericht über das Martyrium desselben zufolge
> weder ausübte noch bekleidete.

---

[352] Vgl. zu dieser Definition U. Breitenstein, Beobachtungen, 134: „Als die zwei umfassend-
sten Wesensformen der πάθη bezeichnet er [d. h. der Verfasser des 4Makk] ἡδονή und
πόνος".
[353] Vgl. hierzu o. 20 f.
[354] H.-J. Klauck, 4Makk, 726.
[355] Vgl. hierzu o. 89.

II.3.9 4Makk 9,10–25

Das Martyrium des ältesten der sieben Brüder wird im Anschluss daran dann in 4Makk 9,10–25 geschildert. Innerhalb dieser Darstellung wird der Begriff der Urteilskraft in 4Makk 9,17aβ zwar genannt, allerdings nur sehr ungenügend kontextualisiert, ein Sachverhalt, der die auf einer terminologischen Indifferenz[356] beruhende textliche Diskontinuität gleichsam mit Händen greifen lässt: Zu fragen ist doch, wie ein Rad dazu in der Lage wäre, die Urteilskraft abzuwürgen: ὥστε μου τὸν λογισμὸν ἄγξαι. Die Überwindung dieser Diskontinuität setzt voraus, dass der (Erst-)Rezipient an dieser Stelle subjektiv einen Sinn konstituiert, den der Text selbst nicht hergibt, ein deutliches Indiz für eine sekundäre Einfügung dieser fünf Worte. Wird 4Makk 9,17aβ als sekundärer Einschub probehalber ausgeschieden, ergibt sich ein sehr glatter Übergang von 4Makk 9,16 zu 4Makk 9,17aα.b: καὶ τῶν δορυφόρων λεγόντων ὁμολόγησον φαγεῖν ὅπως ἀπαλλαγῇς τῶν βασάνων ¹⁷ ὁ δὲ εἶπεν οὐχ οὕτως ἰσχυρὸς ὑμῶν ἐστιν ὁ τροχὸς ὦ μιαροὶ διάκονοι ... τέμνετέ μου τὰ μέλη καὶ πυροῦτέ μου τὰς σάρκας καὶ στρεβλοῦτε τὰ ἄρθρα[357]. Der Satz ὥστε μου τὸν λογισμὸν ἄγξαι 4Makk 9,17aβ geht auf denjenigen zurück, der die beiden Martyriumsberichte zu der die Herrschaft des λογισμός über die πάθη erweisenden ‚exemplarischen Erzählung' zusammengefügt hat; mit Hilfe dieser Einfügung beabsichtigte jener, den philosophischen Leitgedanken seiner ‚exemplarischen Erzählung', auf den er später, d. h. in 4Makk 13,1–5.6 f.[358] noch explizit zu sprechen kommen wird, in dieser Passage des ἔπαινος über die sieben Brüder und deren Mutter bereits zu verankern[359]. In der ursprünglichen Geschichte ging es nicht um das Konzept des λογισμός, sondern ausschließlich um die aus der Gesetzestreue resultierende Bereitschaft zur Standhaftigkeit auch im Angesicht des drohenden Martyriums; durch diesen Kampf ‚um die Frömmigkeit' solle „die gerechte, schon unseren Vätern zugeneigte Vorsehung gnädig gestimmt [werden] dem Volk gegenüber, und sie nehme Rache am frevelhaften Tyrannen"[360] (4Makk 9,24b.c): ἱερὰν καὶ εὐγενῆ στρατείαν στρατεύσασθε περὶ τῆς εὐσεβείας δι' ἧς ἵλεως ἡ δικαία καὶ πάτριος ἡμῶν πρόνοια τῷ ἔθνει γενηθεῖσα τιμωρήσειεν τὸν ἀλάστορα τύραννον[361].

---

[356] Vgl. zu diesem Begriff o. 26.

[357] „Die Leibwachen sagten zu ihm: ‚Gib doch dein Einverständnis und iß, damit du dir weitere Foltern ersparst.' ⁽¹⁷⁾Er aber sprach: ‚So stark ist euer Rad nicht, ihr elenden Knechte .... Zerschneidet mir die Glieder, verbrennt mir das Fleisch Stück für Stück, verrenkt nur die Gelenke'"; Übersetzung nach H.-J. Klauck, 4Makk, 727 f.

[358] Vgl. zu dieser Passage u. 114–117.

[359] Zum Begriff der ‚Anker-Erweiterung' vgl. bereits o. 50, A. 153.

[360] Übersetzung nach H.-J. Klauck, 4Makk, 729.

[361] Nicht unerwähnt bleiben soll der Sachverhalt, dass in 4Makk 9,24, einem Text, der in der vorliegenden Studie als dem ἔπαινος über das Martyrium der sieben Brüder und deren Mutter zugehörig identifiziert wird, erst- und einmalig innerhalb des 4Makk der Optativ

II.3.10 4Makk 9,26–32

Im Rahmen der Darstellung des Martyriums des zweiten Bruders begegnet ebenfalls der Begriff λογισμός: In 4Makk 9,30a fragt der zweite der sieben Brüder den
König: „„Meinst du nicht, grausamster aller Tyrannen, daß du mehr als ich ge-
foltert wirst?"'[362]: οὐ δοκεῖς πάντων ὠμότατε τύραννε πλέον ἐμοῦ σε βασανίζεσθαι? Diese Frage wird in 4Makk 9,30b beantwortet; implizit wird jene zunächst
bejaht, explizit wird diese Bejahung dann begründet bzw. erklärt: „Du mußt
nämlich mit ansehen, wie über deine überhebliche Urteilskraft, so typisch für
deine Tyrannei, unser Ausharren um der Frömmigkeit willen triumphiert"[363]:
ὁρῶν σου νικώμενον τὸν τῆς τυραννίδος ὑπερήφανον λογισμὸν ὑπὸ τῆς διὰ τὴν
εὐσέβειαν ἡμῶν ὑπομονῆς. Bei näherem Hinsehen sind im Blick auf die Relation
von 4Makk 9,30a zu 4Makk 9,30b folgende Auffälligkeiten festzustellen: Steht sowohl in 4Makk 9,30a als auch in 4Makk 9,31 f. einzig das ‚Ich‘ des zweiten Bruders
im Zentrum, ist in 4Makk 9,30b zunächst von der für sein tyrannisches Wesen so
typischen „überhebliche[n] Urteilskraft"[364] des Antiochos die Rede, daran anschließend dann – in der 1. Pers. Plu. – von „unser[em][365] Ausharren um der
Frömmigkeit willen"[366]. Darüber hinaus: Von der Urteilskraft des Antiochos ist
in der bisherigen Darstellung der ‚exemplarischen Erzählung‘ an keiner Stelle
die Rede. Diese Auffälligkeiten, im Verein mit der Beobachtung, dass der Terminus λογισμός an dieser Stelle – somit also letztlich eine terminologische Indifferenz[367] – wiederum ohne jegliche Bindung an den Kontext begegnet, legen
die Annahme nahe, dass die Ausführungen in 4Makk 9,30b, wieder im Sinne einer ‚Anker-Erweiterung‘[368], einen späteren Einschub darstellen, hinzugefügt von
dem Verfasser der ‚exemplarischen Erzählung‘. Wird 4Makk 9,30b probehalber
gestrichen, ergibt sich in der Relation zwischen 4Makk 9,30a und 4Makk 9,31 f.
nicht nur ein gänzlich bruchloser Übergang, sondern darüber hinaus auch noch
ein – sicherlich rhetorisch gewollter – argumentationslogischer Parallelismus,
der folgendermaßen dargestellt werden kann:

---

als Wunschmodus in einem Nebensatz belegt ist; vgl. hierzu U. Breitenstein, Beobachtungen, 46.53. Diese Beobachtung, wiewohl sie sicherlich argumentativ nicht überlastet werden darf, vermag allerdings die Annahme durchaus zu untermauern, dass dieser Vers und
damit dieser ἔπαινος in seiner Gesamtheit nicht auf den Verfasser der ‚exemplarischen
Erzählung‘ zurückgeführt werden kann.

[362]   Übersetzung nach H.-J. Klauck, 4Makk, 729.
[363]   Übersetzung nach H.-J. Klauck, 4Makk, 729.
[364]   Übersetzung nach H.-J. Klauck, 4Makk, 729.
[365]   Nach A. Rahlfs liest der Codex Alexandrinus an dieser Stelle ὑμῶν.
[366]   Übersetzung nach H.-J. Klauck, 4Makk, 729.
[367]   Vgl. zu diesem Kriterium bereits o. 26.
[368]   Vgl. zu diesem Begriff o. 50, A. 153.

οὐ δοκεῖς πάντων ὠμότατε τύραννε πλέον ἐμοῦ (4Makk 9,30a) ●		ἐγὼ μὲν γὰρ ταῖς διὰ τὴν ἀρετὴν ἡδοναῖς τὸν πόνον ἐπικουφίζομαι (4Makk 9,31)
σεβασανίζεσθαι? (4Makk 9,30a) ●		σὺ δὲ ἐν ταῖς τῆς ἀσεβείας ἀπειλαῖς βασανίζῃ οὐκ ἐκφεύξῃ δέ μιαρώτατε τύραννε τὰς τῆς θείας ὀργῆς δίκας (4Makk 9,32)

Klar erkennbar wird, dass diese argumentationslogisch parallele Struktur durch die Ausführungen von 4Makk 9,30b, die, partizipial konstruiert, wie eine erklärende Glosse wirken, aufgebrochen wird, ein weiteres Indiz dafür, dass die Ausführungen in 4Makk 9,30b sekundär in den Text implementiert worden sind. Auch sie werden dem Verfasser der ‚exemplarischen Erzählung' zuzuschreiben sein.

Schließlich sei noch folgende Auffälligkeit notiert: In 4Makk 9,31 wird, gänzlich anders als in den übrigen Passagen des 4Makk, der Affekt der ἡδονή semantisch positiv gefüllt: „Der zweite Jüngling wird von ἡδοναί, welche die Tugend verschafft, in seiner Qual (πόνος) erleichtert: Ps-Ios bringt also plötzlich eine positive Wertung des Begriffs ἡδονή, ohne auf die Differenzierung, die er da vornimmt, je hinzuweisen"[369]. Der (Erst-)Rezipient muss, um diese Diskontinuität in textliche Kohärenz zu verwandeln, auf dem Wege subjektiver Sinnbildung annehmen, dass der Verfasser des 4Makk in seinem *opusculum* zwei unterschiedliche ἡδονή-Begriffe verwendet, eine Annahme, die es wahrscheinlich erscheinen lässt, dass die Ausführungen von 4Makk 9,31 auf einen anderen Verfasser als diejenigen von 4Makk 5,23; 6,35, den zwei übrigen Belegen für den Terminus ἡδονή in der ‚exemplarischen Erzählung'[370], zurückgehen. Innerhalb der vorliegenden Studie hat sich unabhängig von dieser Einzelbeobachtung ergeben, dass sich 4Makk 5,23; 6,35 dem Verfasser der ‚exemplarischen Erzählung' verdanken, 4Makk 9,31 hingegen bereits in dem traditionellen ἔπαινος über das Martyrium der sieben Brüder und deren Mutter verankert gewesen ist[371].

II.3.11 4Makk 10,1–11.12–21; 11,1–12

Im Anschluss an die Darstellung des Martyriums des dritten Bruders (4Makk 10,1–11), in der die Frage der Herrschaft der Urteilskraft über die Leidenschaften vollständig unerwähnt bleibt – eine Beobachtung, die die Annahme indiziert,

---

[369]   U. Breitenstein, Beobachtungen, 149.
[370]   Vgl. hierzu U. Breitenstein, Beobachtungen, 149.
[371]   Vgl. hierzu o. 67 f., 95 und 99.

diese Passage sei vollständig dem ursprünglichen ἔπαινος über das Martyrium der sieben Brüder und ihrer Mutter zuzurechnen[372] –, begegnet innerhalb der Darstellung des Martyriums des vierten Bruders (4Makk 10,12–21)[373] immerhin der Begriff des λογισμός, auch hier jedoch – wiederum – ohne jegliche kontextuelle Anbindung[374]: ἰδοὺ προκεχάλασται ἡ γλῶσσα τέμνε οὐ γὰρ παρὰ τοῦτο τὸν λογισμὸν ἡμῶν γλωττοτομήσεις[375] (4Makk 10,19). Der Duktus der Darstellung in 4Makk 10,19 f. lässt allerdings darauf schließen, dass die Ausführungen in 4Makk 10,19b: οὐ γὰρ παρὰ τοῦτο τὸν λογισμὸν ἡμῶν γλωττοτομήσεις[376], eine spätere, vom Verfasser der ‚exemplarischen Erzählung', womöglich im Zuge einer Relecture[377] der Passage 4Makk 10,12–21, zu verantwortende Einfügung, konkret eine ‚Anker-Erweiterung'[378], darstellen. Dass nämlich der in 4Makk 10,19b, signalisiert durch die kausale koordinierende Konjunktion γάρ[379], gelieferten Begründung bzw. Erklärung des Vorangestellten eine argumentationslogische Funktion bestenfalls auf der Ebene der aktuellen Rezeption dieses Textes, nicht jedoch auf der Ebene der Handlung selbst zukommt, lässt schon eine einfache und oberflächliche Lektüre der Passage 4Makk 10,17–21 erkennen: In 4Makk 10,17 nämlich befiehlt Antiochos, als Reaktion auf dessen Worte, dem vierten Bruder die Zunge abzuschneiden. Dieser weist in seiner Entgegnung darauf hin, dass

---

[372]   Diese Beobachtung eröffnet angesichts des Sachverhaltes, dass der Terminus λογισμός innerhalb des 4Makk vielfach belegt ist, ihrerseits durchaus den argumentationslogischen Raum für die Annahme, dass der Verfasser der ‚exemplarischen Erzählung' in derselben einen ihm bereits vorliegenden ἔπαινος verarbeitet hat, der mit seiner eigentlichen philosophischen Zielstellung zunächst nichts zu tun hatte.

[373]   D.A. DeSilva, 4Makk, 186 macht auf eine sachliche Parallele zwischen 4Makk 10,13 und 4Makk 8,5 aufmerksam, eine Parallele, die angesichts der gemeinsamen Zugehörigkeit dieser beiden Verse zum ἔπαινος über das Martyrium der sieben Brüder und deren Mutter nicht überraschen kann.

[374]   Vgl. hierzu C. Kraus Reggiani, 4Makk, 114: „Accanto alla dottrina della retribuzione che è tema dominante anche in 2 Mac (7,17.19.31–35.36), riaffiora la tesi dell' εὐσεβὴς λογισμός, così formulata". Das Problem der fehlenden Kontextualisierung des Begriffs λογισμός in 4Makk 10,19b wird in der gegenwärtigen Forschung nicht diskutiert; vgl. hierzu etwa die Einlassungen von D.A. DeSilva, 4Makk, 186 f., der zwar durchaus auf inner- und außertextliche Parallelen zu Passagen aus 4Makk 10,12–21 zu sprechen kommt, die Frage nach der Kontextualisierung des Begriffs der Urteilskraft aber nicht berührt. Vgl. zu diesem Gesichtspunkt auch U. Breitenstein, Beobachtungen, 132: „Die Philosophie ist nicht integriert in die Märtyrergeschichten oder umgekehrt".

[375]   „Siehe, meine Zunge ist herausgestreckt. Schneide sie nur ab! Dazu noch unserer Urteilskraft die Zunge abzuschneiden wird dir nicht gelingen"; Übersetzung nach H.-J. Klauck, 4Makk, 731.

[376]   „Dazu noch unserer Urteilskraft die Zunge abzuschneiden, wird dir nicht gelingen"; Übersetzung nach H.-J. Klauck, 4Makk, 731.

[377]   Zum Begriff der Relecture vgl. bereits o. 27.

[378]   Vgl. zu diesem Terminus o. 50, A. 153; mit diesem Begriff soll die philosophische Generalthese der ‚exemplarischen Erzählung' in dem ἔπαινος über das Martyrium der sieben Brüder und deren Mutter verankert werden.

[379]   Vgl. zu dieser Konjunktion F. Blaß/A. Debrunner/F. Rehkopf, Grammatik, § 452, 382 f.

Gott die Menschen auch trotz fehlender Zungen hörte (4Makk 10,18), um dann den König zum Abschneiden der Zunge nachgerade aufzufordern (4Makk 10,19a). Dieses Handeln begründet der vierte Bruder dann in 4Makk 10,20, um in 4Makk 10,21 dem Antiochos dessen Heimsuchung durch Gott zu verkünden, da er die Zunge eines Menschen abschneiden möchte, der Gott preist. Vollständig unklar bleibt nun allerdings, welchen im Rahmen dieser Argumentation begegnenden Sachverhalt die Ausführungen in 4Makk 10,19b denn begründen oder erklären sollten, eine Unklarheit, die sich mit H. Schweizer durchaus als syntaktischer Bruch[380] definieren lässt. Um die Aussage 4Makk 10,19b sinnvoll in den Kontext integrieren zu können, ist es notwendig, die dieselbe einleitende Konjunktion γάρ adversativ, etwa im Sinne der Partikel δέ[381], aufzufassen: „Siehe, meine Zunge ist herausgestreckt. Schneide sie nur ab! Darüber hinaus aber unserer Urteilskraft die Zunge abzuschneiden, wird dir nicht gelingen". Damit aber ist der (Erst-)Rezipient, um die an dieser Stelle vorliegende Diskontinuität zu überwinden und textliche Kohärenz zu kreieren, genötigt, dem Text von 4Makk 10,19b einen Sinn zu unterlegen, der den jenem selbst gebotenen Verstehenssignalen nicht entspricht, womöglich sogar widerspricht, somit also eine zumindest reflexive, eher sogar subjektive Sinnkonstitution[382] vorzunehmen. Das aber heißt: Die Darlegungen in 4Makk 10,19b sind als sekundäre Einfügung in einen bereits vorliegenden textlichen Zusammenhang aufzufassen. Wird diese Einfügung als ‚Anker-Erweiterung' gefasst, so dürfte ihr eine leserlenkende Funktion zukommen: Der Verfasser der ‚exemplarischen Erzählung' möchte an dieser Stelle darauf hinweisen, dass es ihm nicht eigentlich um die Darstellung eines Martyriums, sondern um die – vor dem Hintergrund dieses Berichtes dann wiederum positiv beantwortbare – Frage der Herrschaft der Urteilskraft über die Leidenschaften geht.

Darüber hinaus und dem entsprechend: Wird 4Makk 10,20 probehalber unmittelbar hinter 4Makk 10,19a platziert, ergibt sich ein bruchloser und der Grundintention eines ἔπαινος vollständig entsprechender darstellungslogischer Zusammenhang: ἰδοὺ προκεχάλασται ἡ γλῶσσα τέμνε ... [20] ἡδέως ὑπὲρ τοῦ θεοῦ τὰ τοῦ σώματος μέλη ἀκρωτηριαζόμεθα[383]. Der Verfasser der ‚exemplarischen Erzählung' knüpfte bei seiner im Zuge seiner Relecture des ihm vorliegenden ἔπαινος über das Martyrium der sieben Brüder und deren Mutter vorgenommenen Bearbeitung von 4Makk 10,19 an das in 10,19a Ausgeführte an, indem er die dort belegten Stichworte γλῶσσα und τέμνω auf den λογισμός bezog und semantisch in dem Verb γλωσσοτομέω, das in 2Makk 7,4 im Kontext des Martyriums des ersten der sieben Brüder begegnet, vereinigte.

---

[380]   Vgl. zu diesem Kriterium o. 26.

[381]   Vgl. zu dieser Partikel F. Blaß/A. Debrunner/F. Rehkopf, Grammatik, § 447, 376–378.

[382]   Vgl. zu diesen Begriffen o. 20 f.

[383]   „Siehe, meine Zunge ist herausgestreckt. Schneide sie nur ab! ... [20] Bereitwillig lassen wir für Gott die Glieder des Leibes verstümmeln"; Übersetzung nach H.-J. Klauck, 4Makk, 731.

Dieser Argumentation entspricht durchaus, dass in 2Makk 7,10 f., offensichtlich dem Referenztext für 4Makk 10,19[384], gerade dieser Hinweis fehlt: μετὰ δὲ τοῦτον ὁ τρίτος ἐνεπαίζετο καὶ τὴν γλῶσσαν αἰτηθεὶς ταχέως προέβαλεν καὶ τὰς χεῖρας εὐθαρσῶς προέτεινεν [(11)] καὶ γενναίως εἶπεν ἐξ οὐρανοῦ ταῦτα κέκτημαι καὶ διὰ τοὺς αὐτοῦ νόμους ὑπερορῶ ταῦτα καὶ παρ᾽ αὐτοῦ ταῦτα πάλιν ἐλπίζω κομίσασθαι.

Die Ausführungen in 4Makk 10,19b lassen im Blick auf ihre Kontextualisierung eine gewisse Ähnlichkeit zu den im Markusevangelium vorfindlichen Schweigegeboten[385] erkennen, die auch im Rahmen der erzählten Geschichte eine nur schwerlich zu definierende Funktion ausüben, denen aber sehr wohl im Rahmen der Kommunikation des Evangelisten mit seinen Rezipienten eine leserlenkende Wirkung eignet. Eine solche Parallelisierung spräche ebenfalls dafür, 4Makk 10,19b, in gleicher Weise wie auch die markinischen Schweigegebote, als sekundäre Ergänzung in einen bereits vorliegenden Text anzusehen.

Der Bericht über das Martyrium des fünften Bruders bietet erneut keinerlei semantischen Hinweis auf die Generalthese der ‚exemplarischen Erzählung‘ und von 4Makk insgesamt. Zwar wird die Thematik der Treue zum mosaischen Gesetz thematisiert (4Makk 11,5.12), nicht jedoch der Gedanke, dass der λογισμός die πάθη beherrsche, ein Sachverhalt, der angesichts des inflationären Gebrauchs dieses Terminus innerhalb dieses *opusculum* insgesamt in jedem Falle Beachtung verdient, vermag er doch die Annahme zu substantiieren, dass der Verfasser der ‚exemplarischen Erzählung‘ in 4Makk 11,1–12 auf eine ihm vorgegebene Passage aus einem ἔπαινος für die sieben ἀδελφοί und deren Mutter zurückgegriffen, diese jedoch im Rahmen dieses Rückgriffs und der damit einhergehenden Relecture offensichtlich nicht bearbeitet hat.

II.3.12 4Makk 11,13–27; 12,1–19

Der Terminus λογισμός ist innerhalb der Darstellung des Martyriums des sechsten Bruders (4Makk 11,13–27) zweimal belegt, einerseits in 4Makk 11,25: τὸ γὰρ μὴ δυνηθῆναί σε μεταπεῖσαι τὸν λογισμὸν ἡμῶν μήτε βιάσασθαι πρὸς τὴν μιαροφαγίαν οὐ κατάλυσίς ἐστίν σου[386], andererseits in 4Makk 11,27b: διὰ τοῦτο ἀνίκητον ἔχομεν τὸν λογισμόν[387]. In beiden Passagen erscheint der λογισμός des sechsten Bruders als von Antiochos und den Qualen der von ihm zu verantwortenden Folter nicht überwindbar und nicht besiegt. Auffällig ist, dass in 4Makk 11,21 eben diese Standfestigkeit und diese Unbesiegbarkeit der εὐσεβὴς ἐπιστήμη, der ‚frommen Einsicht‘ also, zugeschrieben werden: ἀνίκητος γάρ ἐστιν ᾧ

Vgl. hierzu A. Dupont-Sommer, 4Makk, 127, darüber hinaus auch M. Hadas, 4Makk, 202.

385 Vgl. zu den im Rahmen der Theorie des Messiasgeheimnisses zu interpretierenden markinischen Schweigegeboten nur U. Schnelle, Einleitung, 278–281.

386 „Denn daß du es nicht vermochtest, unsere Urteilskraft in deinem Sinne zu beeinflussen und uns zum Verzehr von besudelten Speisen zu zwingen, ist das etwa keine empfindliche Niederlage für dich?"; Übersetzung nach H.-J. Klauck, 4Makk, 733.

387 „Deshalb bleibt unsere Urteilskraft unbesiegt"; Übersetzung nach H.-J. Klauck, 4Makk, 733.

τύραννε ἡ εὐσεβὴς ἐπιστήμη[388]. Innerhalb der Perikope 4Makk 11,13–27 steht das Syntagma εὐσεβὴς ἐπιστήμη 4Makk 11,21 somit also in terminologischer Differenz[389] zu dem Begriff λογισμός 4Makk 11,27b; sowohl das Syntagma εὐσεβὴς ἐπιστήμη als auch der Begriff λογισμός scheinen, wie schon die gleichzeitige Verwendung des Adjektivs ἀνίκητος sowohl in 4Makk 11,21 als auch in 4Makk 11,27b nahelegt, den gleichen Sachverhalt bezeichnen zu sollen. Wer nun angesichts dieser terminologischen Differenz die Annahme der literarischen Einheitlichkeit von 4Makk aufrechterhalten möchte, ist genötigt, eben diese im Sinne einer rhetorischen Synonymität aufzulösen: Der Verfasser des 4Makk habe, um in 4Makk 11,13–27 nicht gleiche Begriffe unnötig zu wiederholen, die Termini ἐπιστήμη und λογισμός in synonymer Weise verwendet. Dass eine solche auctoriale rhetorische Sensibilität für diesen Begriffswechsel verantwortlich gewesen sein soll, erscheint jedoch angesichts der nachgerade inflationären Verwendung des Begriffs λογισμός in 4Makk kaum glaubhaft. Weitaus plausibler will demgegenüber die Annahme scheinen, dass der Verfasser der ‚exemplarischen Erzählung', möglicherweise angeregt durch die Ausführungen in 4Makk 11,21, 4Makk 11,25.27b an dieser Stelle in den ihm bereits vorliegenden Lobgesang über das Martyrium der sieben Brüder und deren Mutter eingefügt und die Parallelen in der Formulierung bewusst konstruiert habe. Der (Erst-) Rezipient ist gefordert, die Begriffe ἐπιστήμη und λογισμός als Synonyme zu interpretieren, wiewohl doch sowohl zumindest die Ausführungen in 4Makk 1,2a und 4Makk 5,4 einer solchen synonymen Interpretation im Wege stehen. In 4Makk 1,2a lässt sich dieser Terminus kaum anders als im Sinne von ‚Wissen im Allgemeinen' verstehen – καὶ γὰρ ἀναγκαῖος εἰς ἐπιστήμην παντὶ ὁ λόγος[390] –, eine Interpretation, die sich auch im Blick auf 4Makk 5,4 – πολλῶν δὲ συναρπασθέντων εἷς πρῶτος ἐκ τῆς ἀγέλης ὀνόματι Ελεαζαρος τὸ γένος ἱερεύς τὴν ἐπιστήμην νομικὸς καὶ τὴν ἡλικίαν προήκων καὶ πολλοῖς τῶν περὶ τὸν τύραννον διὰ τὴν ἡλικίαν γνώριμος παρήχθη πλησίον αὐτοῦ[391] – und 4Makk 5,35 – οὐδὲ καταισχυνῶ σε φιλόσοφε λόγε οὐδὲ ἐξαρνήσομαί σε ἱερωσύνη τιμία καὶ νομοθεσίας ἐπιστήμη[392] – aufrechterhalten lässt. Das aber heißt: Um innerhalb der Passage 4Makk 11,17–27 textliche Kohärenz zu kreieren, muss der (Erst-)

---

[388] „Denn unbesiegbar ist, du Tyrann, die fromme Einsicht"; Übersetzung nach H.-J. Klauck, 4Makk, 733.

[389] Vgl. hierzu die von H. Schweizer entwickelten Kriterien o. 25 f.

[390] „Ist doch das Thema für jeden, der nach Wissen strebt, unentbehrlich"; Übersetzung nach H.-J. Klauck, 4Makk, 686.

[391] „Nachdem viele hastig zusammengetrieben worden waren, wurde als erster aus der Schar ein Hebräer namens Eleazar zu ihm herangebracht, von Herkunft ein Priester, seiner Bildung nach ein Gesetzeslehrer, fortgerückten Alters und vielen in der Umgebung des Tyrannen wegen seines Alters wohlbekannt"; Übersetzung nach H.-J. Klauck, 4Makk, 709.

[392] „Ich werde dir keine Schande machen, weisheitsliebende Vernunft, und dich nicht verleugnen, ehrenvolles Priestertum und Kenntnis der Gesetzgebung"; Übersetzung nach H.-J. Klauck, 4Makk, 713.

Rezipient den Begriff ἐπιστήμη in einer Weise interpretieren, die mit den übrigen Belegen für diesen Begriff innerhalb des 4Makk nicht deckungsgleich ist, somit an dieser Stelle also subjektiv[393], gegen die im Text selbst angebotenen Verstehenssignale, Sinn konstituieren. Dies legt die Annahme nahe, die in 4Makk 11,25.27b vorliegenden Erwähnungen des λογισμός als nachträgliche Ergänzungen eines bereits vorliegenden Textes anzusehen.

Darüber hinaus: Wird in 4Makk 11,25 die Wendung μεταπεῖσαι τὸν λογισμὸν ἡμῶν μήτε gestrichen, ergibt sich, in Verbindung mit 4Makk 11,24, ein gerade auch im Kontext des von Antiochos *pars pro toto* geforderten Verstoßes gegen die Speisegesetze[394] vollständig sinnvoller martyrologischer Zusammenhang: τὸ γὰρ μὴ δυνηθῆναί σε βιάσασθαι πρὸς τὴν μιαροφαγίαν οὐ κατάλυσίς ἐστίν σου: „Sechs Knaben ... haben ... deiner Tyrannei einen vernichtenden Schlag versetzt. [(25)] Denn daß du es nicht vermochtest, ... uns zum Verzehr von besudelten Speisen zu zwingen, ist das etwa keine empfindliche Niederlage für dich"[395]? Ähnliches gilt im Blick auf 4Makk 11,27b. Die Ausführungen in 4Makk 11,27a: οὐ γὰρ τυράννου ἀλλὰ θείου νόμου προεστήκασιν ἡμῶν οἱ δορυφόροι[396], fungieren als Begründung des in 4Makk 11,26 Ausgeführten: τὸ πῦρ σου ψυχρὸν ἡμῖν καὶ ἄπονοι οἱ καταπέλται καὶ ἀδύνατος ἡ βία σου[397]. Die daran anschließende, in 4Makk 11,27b formulierte Konsequenz, die den Kausalsatz 4Makk 11,27a syntaktisch implizit zu einem Aussagesatz umformt, klappt zumal angesichts des 4Makk 11,21 Ausgeführten – hier wird bereits festgestellt, dass die εὐσεβὴς ἐπιστήμη unbesiegbar sei: ἀνίκητος γάρ ἐστιν ὦ τύραννε ἡ εὐσεβὴς ἐπιστήμη – nach; auf der Ebene der Argumentationslogik der Geschichte selbst eignet ihr zumindest an dieser Stelle und in diesem argumentationslogischen Zusammenhang keinerlei rhetorische Funktion. Insgesamt gilt daher: Sowohl die Wendung μεταπεῖσαι τὸν λογισμὸν ἡμῶν μήτε in 4Makk 11,25 als auch das in 4Makk 11,27b Dargelegte werden demjenigen Redaktor zuzuschreiben sein, der aus den beiden in der Tradition umlaufenden Lobgesängen über Eleazar und die sieben Brüder und deren Mutter eine philosophisch überformte Rede kreierte, mit deren Hilfe er seine These von der Herrschaft des λογισμός über die πάθη zu beweisen trachtete.

---

[393] Vgl. zu diesem Begriff o. 20 f.

[394] Vgl. hierzu bereits o. 93.

[395] Übersetzung nach H.-J. Klauck, 4Makk, 733.

[396] „Denn vor uns stehen nicht Leibwachen eines Tyrannen, sondern solche eines göttlichen Gesetzes"; Übersetzung nach H.-J. Klauck, 4Makk, 733; zu einer möglichen Interpretation dieses Satzes vgl. 733 f.

[397] „Dein Feuer ist für uns kühl, deine Foltergeräte verursachen keine Schmerzen, machtlos ist deine Gewalttätigkeit"; Übersetzung nach H.-J. Klauck, 4Makk, 733. Mit Verweis auf T. Baumeister macht H.-J. Klauck darauf aufmerksam, dass die Ausführungen in 4Makk 11,26a „an die drei Jünglinge im Feuerofen in Dan 3, deren Beispiel 4Makk selbst mehrmals anführt (13,9; 16,3.21)" erinnerten. Diese hier genannten Belege sind sämtlich dem ἔπαινος über die sieben Brüder und deren Mutter zuzuweisen (vgl. hierzu etwa u. 121–125).

Ein weiteres, dem bisher Gesagten durchaus korrelierendes Argument zugunsten der Annahme, die Ausführungen in 4Makk 11,27b stellten eine spätere Hinzufügung dar, ergibt sich aus dem Argumentationsduktus der Ausführungen 4Makk 11,24 f. Jenen zufolge hätte Antiochos in seinem ‚Kampf' gegen die sieben ἀδελφοί eine – wie die Ausführungen in 4Makk 11,26 des näheren explizieren – augenscheinlich vernichtende Niederlage erlitten: ἐξ μειράκια καταλελύκαμέν σου τὴν τυραννίδα ⁽²⁵⁾ τὸ γὰρ μὴ δυνηθῆναί σε … βιάσασθαι πρὸς τὴν μιαροφαγίαν οὐ κατάλυσίς ἐστίν σου. Das aber heißt: Es geht im Gefälle der Argumentation von 4Makk 11,13–27 schlussendlich, wie bereits die Verwendung des Wortfeldes κατάλυσις κτλ. in 4Makk 11,24 f. zeigt, ab 4Makk 11,24 um die Darstellung einer jenem von den sieben bzw. sechs Brüdern zugefügten Niederlage des Antiochos, nicht jedoch um den Sachverhalt, dass der eigene λογισμός unüberwunden bleibe – dieser Sachverhalt ist, wie o. diskutiert, bereits in 4Makk 11,21 formuliert worden.

> Werden die Ausführungen in 4Makk 11,24–27 in diesem weniger passivischen, sondern eher aktivischen Sinne interpretiert, dann ist der Begriff δορυφόρος weniger im Sinne von ‚Leibwächter', als vielmehr im Sinne von ‚Lanzenträger' oder ‚Stangenträger' zu übersetzen, eine Übersetzung, die lexikographisch vollständig ungezwungen möglich ist[398].
>
> Der in 4Makk 11,21 verwendete Begriff ἐπιστήμη ist in 4Makk über diese Stelle hinaus noch dreimal belegt, in 4Makk 1,2; 5,4.35. Einen frömmigkeitstheoretischen Anstrich erhält dieser Begriff einerseits hier in 4Makk 11,21 – er wird hier mit dem Adjektiv εὐσεβής zu dem Syntagma εὐσεβὴς ἐπιστήμη verknüpft – und in 4Makk 5,35: hier geht es um die νομοθεσίας ἐπιστήμη.

Die Darstellung des Martyriums des letzten der sieben Brüder, 4Makk 12,1–19, wird weitestgehend dem vor der Abfassung der ‚exemplarischen Erzählung' bereits existierenden ἔπαινος über die sieben Brüder und deren Mutter zuzuordnen sein; in ihr geht es zwar durchaus um das Konzept der εὐσέβεια (4Makk 12,11.14), nicht jedoch um den Aspekt der Urteilskraft und deren Macht über die Leidenschaften, ein Sachverhalt, der – erneut[399] – zu der Frage Anlass gibt, warum der Terminus λογισμός, der in 4Makk ansonsten sehr häufig Verwendung findet, an dieser Stelle nicht erscheint. Eine plausible Antwort auf diese Frage stellt die Annahme dar, der Verfasser der ‚exemplarischen Erzählung' habe hier einen ihm bereits vorliegenden Text aufgenommen und verarbeitet. Träfe dies zu, dann gilt aber auch, dass zumindest der gesamte ἔπαινος über das Martyrium der sieben Brüder und deren Mutter bereits vor der Abfassung der ‚exemplarischen Erzählung' bzw. des 4Makk insgesamt als Tradition vorgelegen haben muss.

---

[398]   Vgl. in diesem Zusammenhang H. Menge, Wörterbuch, s.v. δορυφόρος, 189.

[399]   Vgl. hierzu die innerhalb der vorliegenden Studie immer wieder beschriebene Textbeobachtung, der zufolge in Sonderheit innerhalb nicht weniger Passagen der Darstellung über das Martyrium der sieben ἀδελφοί und deren Mutter der λογισμός-Begriff vollständig fehlt, *passim*.

Nicht unwahrscheinlich will allerdings die Annahme scheinen, die Einlassung in 4Makk 12,7b: ὡς ἐροῦμεν μετὰ μικρὸν ὕστερον[400], dem Verfasser der ‚exemplarischen Erzählung‘ zuzuweisen. Im weiteren Verlauf des 4Makk wird diese Rede nämlich nicht überliefert[401], somit also eine inhaltliche Spannung[402] geschaffen, die sich nur mit Hilfe subjektiver Sinnbildung[403] auflösen lässt. Denkbar ist, dass jener hier eine Rede der Mutter an den jüngsten Bruder folgen lassen wollte, dann aber doch darauf verzichtete, diese zu kreieren[404].

II.3.13 4Makk 13,1–5.6 f.7–18

Nach der Darstellung des Martyriums des letzten der sieben Brüder bietet der Verfasser des 4Makk in 4Makk 13,1–5 ein „philosophisches Resümee“[405], das „in Diktion und Funktion“ der Passage 4Makk 6,31–35 entspricht[406], eine Beobachtung, die ihrerseits erheblichen Anlass zu der Vermutung gibt, dass diese beiden Abschnitte auf den gleichen Verfasser zurückgehen. In 4Makk 13,1 wird zunächst ausgeführt, dass die in den vorangehenden Kapiteln vorgelegte Schilderung des Martyriums der sieben ἀδελφοί doch unmittelbar dazu führen müsse, dass die Generalthese dieses *opusculums*, dass nämlich der λογισμός die πάθη beherrsche, unmittelbare und ungeteilte Zustimmung erfährt: συνομολογεῖται πανταχόθεν ὅτι αὐτοδέσποτός ἐστιν τῶν παθῶν ὁ εὐσεβὴς λογισμός (4Makk 13,1b). Wie o. schon angemerkt[407], ist – wie in der ‚exemplarischen‘ Erzählung durchgängig – an dieser Stelle wiederum vom εὐσεβὴς λογισμός die Rede, somit von einer in einen (frömmigkeits-)theologischen Kontext eingefügten und in diesem Sinne sakralen Urteilskraft.

Dieser Hinweis verdient umso mehr Beachtung angesichts des Sachverhalts, dass der Terminus αὐτοδέσποτος, mit dem hier in 4Makk 13,1b die Herrschaft der Urteilskraft über die Leidenschaften expliziert wird, in 4Makk über diese Passage hinaus noch zweimal belegt ist, nämlich in 4Makk 1,1b und 4Makk 1,30b. Dabei stimmen die entsprechenden Phrasen, wie die folgende tabellarische Übersicht zeigt, bis in den Wortlaut hinein überein; in 4Makk 1,30b fehlt lediglich das Adjektiv εὐσεβής.

[400] „Wie wir ein wenig später erzählen werden“; Übersetzung nach H.-J. Klauck, 4Makk, 735.
[401] Vgl. hierzu H.-J. Klauck, 4Makk, 735: „Die Worte der Mutter an den jüngsten Sohn in 2Makk 7,26–29 – auch dort ‚in väterlicher Sprache‘ – läßt der Verf[asser]. hier aus (was die lat[einische]. Übers[etzung]. wieder ‚korrigiert‘“.
[402] Vgl. hierzu o. 26.
[403] Vgl. zu diesem Begriff o. 20 f.
[404] Vgl. hierzu U. Breitenstein, Beobachtungen, 94: „Es sei hier gleich auf eine Inkonsequenz des Ps-Ios aufmerksam gemacht: 12.7 verweist er auf eine später folgende Rede der Mutter an den letzten Jüngling, wie wir sie auch 2Makk 7.27–29 finden. Er hat wohl ursprünglich beabsichtigt, es in diesem Punkt der Vorlage gleichzutun, sein Vorhaben dann aber nicht ausgeführt: Er lässt stets die Mutter zu allen Jünglingen sprechen“.
[405] Vgl. zu diesem Begriff H.-J. Klauck, 4Makk, 736.
[406] Vgl. zu diesem Gesichtspunkt H.-J. Klauck, 4Makk, 736.
[407] Vgl. hierzu bereits o. 37–42.

4Makk 1,1b:	αὐτοδέσποτός ἐστιν τῶν παθῶν ὁ εὐσεβὴς λογισμός
4Makk 1,30b:	αὐτοδέσποτός ἐστιν τῶν παθῶν ὁ λογισμός
4Makk 13,1b:	αὐτοδέσποτός ἐστιν τῶν παθῶν ὁ εὐσεβὴς λογισμός

Angesichts dieser weitgehenden Parallelität stellt sich, zumal angesichts der etwa von E. Norden und J.W. van Henten als asianisch bezeichneten stilistischen Eigentümlichkeiten des 4Makk[408], jedoch die Frage, wieso der Verfasser von 4Makk 1,30b dann nicht auch vom λογισμός als von einem εὐσεβὴς λογισμός spricht, sondern an dieser Stelle terminologisch differiert[409]. Da sich für diesen Sachverhalt eine rhetorische, etwa auf die Vermeidung von inhaltlich unnötigen Wiederholungen – im Sinne einer μεταβολή[410] als sprachlicher Varianz – zielende Erklärung für die Ausführungen in 4Makk 1,30b schon deshalb nicht namhaft machen lässt, weil das Syntagma εὐσεβὴς λογισμός davor letztmalig in 4Makk 1,1b – also mit einem erheblichen textlichen Abstand zu 4Makk 1,30b – belegt ist, bietet sich als letzte mögliche Erklärung die Annahme unterschiedlicher Verfasser an, die jeweils unterschiedliche Konzeptionen des λογισμός präferierten.

Im weiteren Verlauf der Darstellung wird dieser in 4Makk 13,1 zunächst noch apodiktisch formulierte Konnex dann erklärt: Hätten die sieben ἀδελφοί die ihnen angebotenen unreinen Speisen verzehrt, hätten sie als solche gegolten, die von den entsprechenden πάθη besiegt worden wären (4Makk 13,2). Sie aber seien nicht auf das Angebot des Antiochos eingegangen und hätten somit durch „die Urteilskraft, die Beifall findet bei Gott, die Leidenschaften überwunden"[411] (4Makk 13,3), ein Resultat, das in 4Makk 13,4 f. – ganz dem asianischen Stil zumindest von Teilen des 4Makk entsprechend[412] – in redundanter Form noch einmal aufgegriffen wird. Diese Passage wird in ihrer Gesamtheit dem Verfasser der ‚exemplarischen Erzählung' zuzuschreiben sein, der die beiden ἔπαινοι über Eleazar und die sieben Brüder und deren Mutter zu einer Darstellung zusammenfügte und diese als *argumentatio*[413] dann in den Dienst des Nachweises der Plausibilität der von ihm in 4Makk 1,1 programmatisch formulierten philosophischen These stellte[414].

An dieses philosophische Resümee anknüpfend schildert der Verfasser der ‚exemplarischen Erzählung' dann den chorischen Auftritt der sieben ἀδελφοί; im Rahmen dieses Auftrittes reflektieren sie ihr eigenes Verhalten während

---

[408] Vgl. hierzu bereits o. 66, A. 218.

[409] Zum Begriff der terminologischen Differenz vgl. o. 26.

[410] Vgl. hierzu bereits o. 39, A. 126.

[411] Übersetzung nach H.-J. Klauck, 4Makk, 737.

[412] Vgl. hierzu o. 10, A. 12.

[413] Vgl. zu diesem rhetorischen *terminus technicus* bereits o. 62 mit A. 209.

[414] Vgl. zu diesem theologisch geprägten Autor bereits o. 37–42.

ihres Martyriums. Bevor die Rezipienten die sieben Brüder als ἱερὸς εὐσεβείας χορός (4Makk 13,8) jedoch in Aktion erleben, wird ihnen in 4Makk 13,6 f. – gleichsam als Weiterführung des philosophischen Resümees – zunächst die Beurteilung ihres Verhaltens durch den Erzähler vermittelt. S.E. habe „die vernünftige Überlegung der Jünglinge sieben Bollwerken gleich den Hafen der Frömmigkeit befestigt und die Unbotmäßigkeit der Leidenschaften gebändigt"[415]: ἡ ἑπτάπυργος τῶν νεανίσκων εὐλογιστία[416] τὸν τῆς εὐσεβείας ὀχυρώσασα λιμένα τὴν τῶν παθῶν ἐνίκησεν ἀκολασίαν (4Makk 13,7).

Ein interpretatorisches Problem ergibt sich, wenn im Anschluss an 4Makk 13,7 die Ausführungen in 4Makk 13,8 in Augenschein genommen werden; hier wird die Aufstellung der sieben Brüder als ἱερὸς εὐσεβείας χορός beschrieben: ἱερὸν γὰρ εὐσεβείας στήσαντες χορὸν παρεθάρσυνον ἀλλήλους λέγοντες. Angesichts des in 4Makk 13,6 f. Ausgeführten und des reflektierenden Charakters desselben – denkbar wäre auch, die Passage 4Makk 13,6 f. noch zu 4Makk 13,1–5 zu schlagen, da beide Texte gattungstheoretisch gleich einzuordnen sind – bleibt völlig unklar, welcher Sachverhalt denn mit der kausalen koordinierenden Konjunktion γάρ, die 4Makk 13,8, den Beginn eines narrativen, die dem Martyriumsbericht inhärente Handlung fortschreibenden Textes, einleitet, denn begründet bzw. erklärt werden sollte[417]. Diese Störung im Lesevorgang ließe sich im Grundsatz durchaus als syntaktischer Bruch[418] charakterisieren. Gänzlich zwanglos überwinden ließe sich – wiederum auf dem Wege subjektiver Sinnbildung[419] – dieselbe, würde angenommen, zwischen 4Makk 12,19 und 4Makk 13,1 sei ein Stück des ursprünglichen Berichts über das Martyrium der sieben ἀδελφοί weggebrochen; der Sachverhalt, auf den sich die Konjunktion γάρ in 4Makk 13,8 bezieht, wäre, so die Konsequenz aus dieser Annahme, dann in dieser weggebrochenen Passage entfaltet worden. Gestützt wird die Annahme durch die Beobachtung, dass in 4Makk 13,6 f. von der εὐσέβεια in unmittelbarem Konnex zu den πάθη die Rede ist, ein Junktim, das der philosophischen bzw. theologischen

---

[415] Übersetzung nach H.-J. Klauck, 4Makk, 737.

[416] Der Begriff εὐλογιστία, ein Fachterminus der stoischen Philosophie (vgl. hierzu H.-J. Klauck, 4Makk, 712), begegnet innerhalb des 4Makk in 4Makk 5,22; 8,15 und 13,5.7, in 4Makk 5,22; 8,15 im Zusammenhang mit dem Terminus φιλοσοφία κτλ., in 4Makk 13,5.7 im Zusammenhang mit den Konzepten des λογισμός und der πάθη. Diese Differenz sei hier notiert, lässt sich aber angesichts der fachterminologischen Funktion des εὐλογιστία-Begriffs kaum belastbar literarkritisch auswerten.

[417] Zur Bedeutung dieser Konjunktion vgl. etwa H. Menge, Wörterbuch, s.v. γάρ, 143. Diese Unklarheit findet etwa darin seinen beredten Ausdruck, dass H.-J. Klauck in seiner Übersetzung des 4Makk diese Konjunktion nicht übersetzt: „Ein heiliger Chor der Frömmigkeit, so nahmen sie Aufstellung und sprachen einander Mut zu mit den Worten: ..." (4Makk, 737). Gleiches gilt für den Kommentar von A. Dupont-Sommer und dessen Übersetzung: „comme en un chœur saint et pieux, ils s'encourageaient les uns les autres: ..." (4Makk, 134).

[418] Vgl. zu diesem Begriff o. 26.

[419] Vgl. zu diesem Begriff o. 20 f.

Konzeption desjenigen Redaktors, der die Berichte über das Martyrium des Eleazar und über die sieben Brüder und deren Mutter zusammenfügte und in den Dienst des Erweises der Plausibilität der These von der Herrschaft des εὐσεβὴς λογισμός über die πάθη stellte[420], vollständig entspräche, eine Beobachtung, die dazu führt, die Ausführungen in 4Makk 13,6 f. eben jenem Redaktor zuzuschreiben und nicht im ursprünglichen Martyriumsbericht zu verorten.

Innerhalb des 4Makk 13,8–18 auftretenden Chores der sieben ἀδελφοί begegnet in 4Makk 13,16 der Begriff der παθοκρατεία, der über diesen Vers hinaus in 4Makk nur noch in 4Makk 13,5 und, in verbalisierter Form, in 4Makk 7,20 begegnet[421], beides Passagen, die demjenigen Verfasser zugeordnet werden konnten, der die beiden ἔπαινοι über Eleazar und die sieben Brüder und deren Mutter zusammengefügt und im Rahmen seiner philosophischen Beweisführung als *argumentum* verwendet hat[422]. Diese Beobachtung spricht angesichts der Rarität der Verwendung dieses Terminus in 4Makk, darüber hinaus aber auch in der LXX insgesamt[423], unmittelbar dafür, auch die Ausführungen in 4Makk 13,16 eben diesem Redaktor zuzuweisen. Trifft dies zu, so gewinnt die Annahme an Wahrscheinlichkeit, auch die Ausführungen in 4Makk 13,15 als durch jenen vorgenommene sekundäre Ergänzung der Passage 4Makk 13,8–18 anzusehen. Immerhin nämlich werden diese beiden Verse durch die ihnen jeweils inhärente Kampfmetaphorik schon semantisch zusammengeschweißt[424]. Gestützt wird diese Rekonstruktion durch die Beobachtung, dass den Aussagen in 4Makk 13,15 f. ein dezidiert unmartyrologischer und in weiten Teilen ein explizit philosophischer Charakter eignet, der jene in eine inhaltliche Spannung[425] zu dem sie umgebenden Kontext stellt. Schließlich: Werden die Ausführungen in 4Makk 13,17 unmittelbar an diejenigen in 4Makk 13,13 f. angeschlossen, so ergibt sich ein bruchloser martyrologischer Zusammenhang: εἷς δὲ ἕκαστος ἀλλήλους ὁμοῦ πάντες ἐφορῶντες φαιδροὶ καὶ μάλα θαρραλέοι ἑαυτοὺς ἔλεγον τῷ θεῷ ἀφιερώσωμεν ἐξ ὅλης τῆς καρδίας τῷ δόντι τὰς ψυχὰς καὶ χρήσωμεν τῇ περὶ τὸν νόμον φυλακῇ τὰ σώματα (14) μὴ φοβηθῶμεν τὸν δοκοῦντα ἀποκτέννειν ... (17) οὕτω γὰρ θανόντας ἡμᾶς Αβρααμ καὶ Ισαακ καὶ Ιακωβ ὑποδέξονται καὶ πάντες οἱ πατέρες ἐπαινέσουσιν.

---

[420]   Vgl. hierzu o. 46 f.

[421]   Vgl. zu diesen beiden Belegen o. 115 und o. 101.

[422]   Vgl. zu diesem Redaktor o. 46 f.

[423]   Vgl. hierzu U. Breitenstein, Beobachtungen, 120: „Diese Begriffe [, d. h. παθοκρατεία und παθοκρατεῖσθαι,] scheinen Neuschöpfungen des Ps-Ios zu sein" (vgl. darüber hinaus auch 28, A. 2 und 29, A. 1).

[424]   Vgl. zu diesem Gesichtspunkt H.-J. Klauck, 4Makk, 738, der zu 4Makk 3,15 ausführt: „‚Agonistische' Begriffe, wie ‚wappnen' im nächsten Vers".

[425]   Vgl. zu diesem Kriterium bereits o. 26.

II.3.14 4Makk 13,19–14,1.2–10

Auf diesen ἱερὸς εὐσεβείας χορός der sieben Brüder folgt dann in 4Makk 13,19–
14,1 eine Reflexion über den „Zauber der Bruderliebe"[426]. Die Rezipienten des
4Makk werden unmittelbar angeredet und über die entscheidenden Charakteri-
stika der τῆς ἀδελφότητος φίλτρα (4Makk 13,19a) informiert. Dieser Abschnitt
wird, da in ihm weder semantische noch inhaltliche Auffälligkeiten, die in Richtung der philosophischen Zentralthese der ‚exemplarischen Erzählung' wiesen,
zu konstatieren sind, in seiner Gesamtheit dem Lobgesang über das Martyrium
der sieben Brüder und deren Mutter zuzuordnen sein.

In 4Makk 14,2–10 singt der Verfasser der ‚exemplarischen Erzählung'
schließlich „ein Loblied auf die sieben Brüder"[427], das allerdings, vollständig losgelöst von dem umgebenden Kontext – in 4Makk 13,19–14,1 etwa begegnet dieser Begriff nicht –, somit also wiederum in terminologischer Indifferenz zu demselben,[428] mit einem Lob der λογισμοί einsetzt: ὦ βασιλέων λογισμοὶ βασιλι-
κώτεροι καὶ ἐλευθέρων ἐλευθερώτεροι (4Makk 14,2). Da 4Makk 14,3–10 unmittelbar auf das Martyrium der sieben Brüder Bezug nehmen und deren Haltung innerhalb desselben reflektieren, stellen die Ausführungen in 4Makk 14,2
eine nicht unerhebliche Störung des Lesevorgangs dar, bleibt doch völlig unklar,
wie sie im vorliegenden Kontext zu interpretieren wären. Auch sie lassen sich
als Ergänzung, konkret als ‚Anker-Erweiterung'[429], verstehen, die sich demjenigen verdankt, der die beiden ἔπαινοι über Eleazar und über die sieben Brüder
und deren Mutter in den Dienst seiner auf das Thema der Urteilskraft und deren
Herrschaft über die Leidenschaften zielende philosophischen Beweisführung
gestellt hat[430] und letztere an dieser Stelle inhaltlich zu verankern beabsichtigte.
Müßig zu erwähnen, dass die Ausführungen in 4Makk 14,1 und 14,3, wird 4Makk
14,2 probehalber gestrichen, einen vollständig bruchlosen inhaltlichen Zusammenhang bilden: προσέτι καὶ ἐπὶ τὸν αἰκισμὸν ἐποτρύνοντες ὡς μὴ μόνον τῶν
ἀλγηδόνων περιφρονῆσαι αὐτούς ἀλλὰ καὶ τῶν τῆς φιλαδελφίας παθῶν
κρατῆσαι ... (3) ὦ ἱερᾶς καὶ εὐαρμόστου περὶ τῆς εὐσεβείας τῶν ἑπτὰ ἀδελφῶν
συμφωνίας[431]. Augenscheinlich hat sich der Verfasser der ‚exemplarischen Erzählung' bei der Einfügung von 4Makk 14,2 in einen ihm bereits vorliegenden
Zusammenhang stilistisch an der in hohem Maße enkomiastisch formulierten[432]

---

[426]   Diese Überschrift nach H.-J. Klauck, 4Makk, 738.
[427]   Diese Überschrift nach H.-J. Klauck, 4Makk, 740.
[428]   Vgl. zu diesem Kriterium o. 26.
[429]   Vgl. zu diesem Begriff o. 50 A. 153.
[430]   Vgl. hierzu o. 46 f.
[431]   „Ja mehr noch, sie [, d. h. die sieben ἀδελφοί,] trieben sie geradezu in die Qual. Sie verach-
        teten also nicht nur die Schmerzen, sondern beherrschten auch die Aufwallungen der
        Bruderliebe. ... (3) O heiliger und harmonischer Akkord, in dem die sieben Brüder um der
        Frömmigkeit willen zusammenklangen!"; Übersetzung nach H.-J. Klauck, 4Makk, 740.
[432]   Vgl. hierzu D.A. DeSilva, 4Makk, 214.

Einleitung von 4Makk 14,3 orientiert und derselben in einer stilistisch parallelen enkomiastischen Formulierung den Lobpreis der λογισμοί vorangestellt.

> H.-J. Klauck und neben ihm auch U. Breitenstein weisen darauf hin, dass in 4Makk 14,2 die „Übernahme des stoischen Paradoxons ,Nur der Weise ist frei', ,Nur der Weise ist König', ihm gehört alles, er herrscht über alles"[433] vorliegt[434]. Wenn dem so wäre, ergibt sich umso mehr die Frage, warum dieses Paradoxon an dieser Stelle dann nicht im Blick auf den Sachverhalt, auf den es hier bezogen wird, von dem hier wirkenden Verfasser im Text selbst explizit interpretiert wird, eine Notwendigkeit, die jener offensichtlich ausschließlich der rezeptionsästhetischen Ebene anheim- stellt, somit den Rezipienten überlässt. Unter der Voraussetzung, dass 4Makk als ein ursprünglich einheitliches Werk zu betrachten sei, ließe sich eine Antwort auf diese Frage nur schwerlich finden. Wird hingegen angenommen, dieses *opusculum* bzw. präziser: die ,exemplarische Erzählung', stelle in seiner Gesamtheit das Ergebnis des Prozesses einer Relecture[435] dar, ließe sich dieses hier konstatierte Defizit zwanglos erklären.

II.3.15 4Makk 14,11–20; 15,1–12.13–32

In 4Makk 14,11 f. leitet der Verfasser der ,exemplarischen Erzählung' über zu seiner Darstellung des Martyriums der Mutter. Wie schon des Öfteren bemerkt, wird auch in 4Makk 14,11 der Begriff λογισμός gänzlich ohne jegliche sachlich- inhaltliche Verknüpfung mit der unmittelbar vorangehenden bzw. der unmit- telbar anschließenden Darstellung verwendet. Dies legt die Annahme nahe, dass auch die Ausführungen in 4Makk 14,11 und dann auch diejenigen in 4Makk 14,12, die schon durch die 4Makk 14,12 einleitende Konjunktion γάρ argumentations- logisch mit jenen verbunden sind, auf den Verfasser der ,exemplarischen Erzäh- lung' zurückgehen. Untermauert wird diese Beobachtung durch den Sachver- halt, dass in 4Makk 14,11 der Gedanke der Herrschaft der Urteilskraft über die Leidenschaften vor dem Hintergrund des Paradigmas der sieben ἀδελφοί und deren Mutter auf eine allgemeine Ebene gehoben wird; es geht nicht mehr um diese sieben Brüder und deren Mutter, sondern um Männer und Frauen im all- gemeinen, deren jeweiliger λογισμός jeweils in der Lage ist, über deren jeweilige πάθη die Herrschaft auszuüben. Dieser Paradigmenwechsel, der im Rahmen ei- nes Lobgesangs über konkret benennbare Märtyrer zumindest deplatziert wirkt

---

[433] 4Makk, 740; vgl. darüber hinaus U. Breitenstein, Beobachtungen, 160: „Ebenso erinnert an Sätze über den stoischen Weisen der Anruf 14.2".

[434] Vgl. hierzu auch D.A. DeSilva, 4Makk, 214: „Having come to the point of their achieve- ment, their mastery of fraternal affection, the author bursts out into apostrophe, moving more fully into an encomiastic mode in 14:2–10. He begins by addressing the brother's reasoning faculties (plural) using the familiar topic of the freedom of the sage .... The sage is ,freer than free persons' because he or she has ,put a check on the authority of the passions'".

[435] Vgl. zu diesem Begriff bereits o. 27.

– ohne dass hier gleich von einer inhaltlichen Spannung zu sprechen wäre[436] –, begegnet innerhalb des 4Makk noch in 4Makk 16,2, einem Vers, der in jedem Falle aus der Feder des Verfassers der ‚exemplarischen Erzählung‘ stammt[437]. Das Loblied der Mutterliebe, das an diese Überleitung anschließt (4Makk 14,13–20) lässt sich, da sachlich nichts dagegenspricht, ohne Abstrich dem ἔπαινος über die sieben Brüder und deren Mutter zuweisen.

In 4Makk 15,1 erscheinen innerhalb einer Passage, innerhalb derer der Gedanke der Mutterliebe auf den konkreten Fall der sieben Brüder angewandt wird, eine Anwendung, die in 4Makk 14,20 bereits vorbereitet wird, zum wiederholten Male und wiederum ohne jegliche sachlich-inhaltliche bzw. argumentationslogische Anbindung an den Kontext das Lob des λογισμός und der εὐσέβεια. Darüber hinaus wird in 4Makk 15,1a – im Munde des Erzählers, nicht jedoch im Munde der Mutter – die Urteilskraft als „Gebieterin über die Leidenschaften der Kinder"[438] charakterisiert, ein Hinweis, der innerhalb der Argumentationslogik der Gesamtdarstellung an dieser Stelle merkwürdig nachklappt: ὦ λογισμὲ τέκνων παθῶν τύραννε καὶ εὐσέβεια μητρὶ τέκνων ποθεινοτέρα. Diese Beobachtung vermag durchaus die Annahme zu plausibilisieren, dass 4Makk 15,1 vom Verfasser der ‚exemplarischen Erzählung‘ nachträglich in einen bereits vorliegenden martyrologischen Kontext eingetragen worden ist, eine Annahme, zu der zumindest passt, dass in 4Makk 15,1a die Konzeption des λογισμός in einen sachlichen Zusammenhang mit derjenigen der εὐσέβεια gerückt wird. Das bedeutet: Der Abschnitt 4Makk 15,1–12[439] ist bis auf den Einleitungsvers 4Makk 15,1 dem Lobgesang über das Martyrium der sieben Brüder und deren Mutter zuzuordnen. In gleicher Weise entstammen ihm die Ausführungen zum Heroismus der Mutter 4Makk 15,13–32[440]. Wird dieser wiederum enkomiastische Vers probehalber entfernt, ergibt sich ein bruchloser argumentationslogischer Übergang zwischen 4Makk 14,20 und 4Makk 15,2: ἀλλ᾽ οὐχὶ τὴν Αβρααμ ὁμόψυχον τῶν νεανίσκων μητέρα μετεκίνησεν συμπάθεια τέκνων … (2) μήτηρ δυεῖν προκειμένων εὐσεβείας καὶ τῆς ἑπτὰ υἱῶν σωτηρίας προσκαίρου κατὰ τὴν τοῦ τυράννου ὑπόσχεσιν.

[436] Vgl. hierzu o. 26.
[437] Vgl. hierzu u. 121.
[438] Übersetzung nach H.-J. Klauck, 4Makk, 742.
[439] Zu dessen Abgrenzung vgl. H.-J. Klauck, 4Makk, 742.
[440] Zur Abgrenzung und zum Titel dieses Abschnittes vgl. H.-J. Klauck, 4Makk, 744–746.

II.3.16 4Makk 16,1–4.5–11.12–25; 17,1.2–6

Der an diese Ausführungen anschließende Abschnitt 4Makk 16,1–4 geht auf den-jenigen Redaktor zurück, der die ἔπαινοι über das Martyrium des Eleazar und dasjenige der sieben Brüder und deren Mutter zusammengefügt und als *argumentum* zum Erweis der Plausibilität der von ihm entwickelten philosophischen These verwendet hat, wird in jenem doch das Konzept des εὐσεβὴς λογισμός wie-derum argumentativ, in diesem Falle geschlechterunabhängig – sowohl Männer als auch Frauen vermögen mit ihrer Urteilskraft ihre Leidenschaften zu beherr-schen (4Makk 16,2) – abgesichert. Die Ausführungen in 4Makk 16,5–11.12–25; 17,1.2–6 lassen sich – mit Ausnahme der Wendung τὸν Ελεαζαρον ὁρῶσα βασα-νιζόμενον (4Makk 16,15b), die als „Kunstgriff, um Eleazarmartyrium und Mar-tyrium der sieben Brüder mit ihrer Mutter aneinanderzubinden"[441], auf den Ver-fasser der ‚exemplarischen Erzählung' zurückzuführen ist – dem Lobgesang über das Martyrium der sieben Brüder und deren Mutter zuordnen. Innerhalb ihrer ist nämlich – und angesichts der Häufigkeit des Gebrauchs dieses Terminus in 4Makk insgesamt muss dies durchaus überraschen – vom λογισμός an keiner Stelle die Rede.

II.3.17 Fazit

Die Genese des 4Makk stellt sich bis zu dieser Stelle folgendermaßen dar: Ein philosophisch und theologisch interessierter Redaktor fügte die beiden ἔπαινοι über das Martyrium des Eleazar und dasjenige der sieben Brüder und deren Mut-ter zusammen und stellte diesen Text in den Dienst der von ihm verfochtenen philosophischen These, dass der εὐσεβὴς λογισμός in der Lage sei, die πάθη zu beherrschen, verfasste somit die ‚exemplarische Erzählung'. Diesem Text wurde dann die ‚philosophische These', die ὑπόθεσις (4Makk 1,12) inhäriert, ein Text, innerhalb dessen profane philosophische (Schul-)Traditionen mit alt-testamentlichem und frühjüdischem Traditionsmaterial verknüpft worden sind. Denkbar ist, dass diese Arbeit auf den eigentlichen Verfasser des 4Makk zurückgeht, dem es, wie auch dem Verfasser der ‚exemplarischen Erzählung' durchaus um die Integration von (popular-)philosophischem Denken und jüdi-scher Religiosität ging, dessen λογισμός-Konzeption sich von derjenigen des letzteren allerdings deutlich unterschied. Bettete der Verfasser der ‚exemplari-schen Erzählung' die Konzeption des λογισμός in das übergreifende Konzept der εὐσέβεια ein, fasste die Urteilskraft also als etwas Sakrales auf, verstand der Ver-

---

[441]   H.-J. Klauck, 4Makk, 748.

fasser der ‚philosophischen These‘, wohl der Verfasser des 4Makk, jene vollständig profan[442]. Letzte Ergänzungen und Aktualisierungen, die möglicherweise eine Reaktion auf Angriffe einer Gruppierung Andersdenkender darstellen, sind
dem *opusculum* dann von einem Redaktor einverleibt worden.

Die folgende tabellarische Übersicht vermag die bisher erarbeiteten Ergebnisse übersichtlich darzustellen:

Die Genese des 4Makk				
ursprüngliche Rede(n)	zweite Phase (Verfasser der ‚exemplarischen Erzählung‘)	<u>dritte</u> Phase	vierte Phase (Verfasser der ‚philosophischen These‘)	<u>fünfte Phase</u> (Redaktor/ Relecture)
		stellen möglicherweise einen einzigen Arbeitsgang dar		
(a) Lobgesang über das Martyrium der sieben Brüder und der Mutter, und: (b) Lobgesang über das Martyrium des Eleazar	Verknüpfung dieser beiden ἔπ-αινοι zur ‚<u>exem-plarischen Erzäh-lung</u>‘ (ἱστορία) in ihrer Gesamtheit, die nun als *argu-mentum* unter ei-ner philosophi-schen Frage-stellung firmiert	Erstellung bzw. Übernahme philosophischer (Schul-)-Traditionen und theologische Bearbeitung derselben auf dem Hintergrund der alttestamentlichen und der frühjüdischen Überlieferung (‚<u>philosophische These</u>‘, ὑπόθεσις), daran anschließend dann: Vereinigung von ‚philosophischer These‘ und ‚exemplarischer Erzählung‘		letzte Ergänzungen und Aktualisierungen
das exordium 4Makk 1,1–12				
	4Makk 1,1.2a: phi-losophische Neuak-zentuierung; Wechsel der Redegattung vom *genus demons-trativum* zum *genus iudiciale*			
				4Makk 1,2b: unmittelbare Abwehr eines Gegenarguments

---

[442]　Vgl. hierzu bereits o. 39.

				4Makk 1,3 f.5 f.
	4Makk 1,7–9: Hinzufügung der Figur des Eleazar			
4Makk 1,10 f.: ἔπαινος auf die sieben Brüder und deren Mutter				
			4Makk 1,12: leserlenkender Überleitungsvers: Information über den Gesamtaufriss des Buches	
die ‚philosophische These' 4Makk 1,13–3,18				
			4Makk 1,13 f.: leserlenkender Überleitungsvers: Information über den Aufriss der ‚philosophischen' These	
		4Makk 1,15–16		
			4Makk 1,17	
		4Makk 1,18.19a		
			4Makk 1,19b	
		4Makk 1,20–29		
			4Makk 1,30a. 30b–32.33–35; 2,1–3.4–6a.6b.7.8. 9a.9b. 10–13.14. 15–20. 21–23.24–3,5.6–18	
die ‚exemplarische Erzählung' 4Makk 3,19–17,6				
			4Makk 3,19: leserlenkender Übergangsvers	
	4Makk 3,20 f.; 4,1–14.15–26			

(a) 4Makk 5,1–3				
(b) 4Makk 5,4				
(b) 4Makk 5,5–13*	4Makk 5,10 f.			
(b) 4Makk 5,14–38*	4Makk 5,22–24.31.38			
(b) 4Makk 6,1–30				
	4Makk 6,31–35; 7,1-15.16–23; – 8,1–3			
(a) 4Makk 8,4–11.12–14.15–26				
(a) 4Makk 8,27–9,9*	4Makk 8,28; 9,5b; 9,6c			
(a) 4Makk 9,10–25*	4Makk 9,17aβ			
(a) 4Makk 9,26–32*	4Makk 9,30b			
(a) 4Makk 10,1–11				
(a) 4Makk 10,12–21*	4Makk 10,19b			
(a) 4Makk 11,1–12				
(a) 4Makk 11,13–27*	4Makk 11,25*.27b			
(a) 4Makk 12,1–19*	4Makk 12,7b			
	4Makk 13,1–5.6 f.			
(a) 4Makk 13,8–18*	4Makk 13,15 f.			
(a) 4Makk 13,19–14,1				
(a) 4Makk 14,2–10*	4Makk 14,2			
	4Makk 14,11 f.: leserlenkende Überleitung zum Martyrium der Mutter			
(a) 4Makk 14,13–20				

(a) 4Makk 15,1–12*	4Makk 15,1				
(a) 4Makk 15,13–32					
	4Makk 16,1–4				
(a) 4Makk 16,5–11					
(a) 4Makk 16, 12–25*	4Makk 16,15b				
(a) 4Makk 17,1.2–6					

II.4.   *Die peroratio 4Makk 17,7–18,24*

Im Rahmen seiner Diskussion der Frage der literarischen Einheitlichkeit des 4Makk diskutiert H.-J. Klauck drei unterschiedliche, in der Forschung im Blick auf die Frage der ursprünglichen Zugehörigkeit der Passage 4Makk 17,7–18,24 zum 4Makk erwogene Vorschläge: (a) C.L.W. Grimm möchte die Ausführungen in 4Makk 18,3–23 einer späteren Hand zuschreiben.

(b) J. Freudenthal hält 4Makk 18,6–19 für eine christliche Interpolation, 4Makk 18,3–5.20–24 hingegen für authentisch. Darüber hinaus verdankten sich die Ausführungen in 4Makk 17,22–24 einer späteren Hand; schließlich sei der Text so, wie er in der LXX überliefert ist, insgesamt lückenhaft.

(c) A. Deißmann möchte eine Neuordnung des Textes vornehmen; er schlägt folgende Reihenfolge vor: 4Makk 17,17; 17,23–24; 18,3; 17,18–22; 18,4–6a; 18,1 f.; 18,20–24, „wobei 18,6b–19 nach 16,23 einzugliedern sei"[443].

Diese unterschiedlichen literarkritischen Ansätze, die nach H.-J. Klauck den Rahmen für weitere literarkritische Versuche im Blick auf die *peroratio* abstecken[444], erscheinen vor dem Hintergrund der in der vorliegenden Studie entwickelten Generalthese zur Entstehung des 4Makk in einem neuen Licht. Gut denkbar ist, dass die ungeordnete Darbietung des Stoffes, in Sonderheit auch die Stel-

---

[443]   H.-J. Klauck, 4Makk, 658.

[444]   Vgl. hierzu 4Makk, 658.

lung der nach 4Makk 16,12–25 zweiten und daher als nachklappend erscheinenden Rede der Mutter[445], sich der Arbeit des Verfassers der ‚exemplarischen Erzählung' verdanken, der u. a. jene im Zuge des Prozesses einer Relecture[446] in den ihm vorliegenden Text des ἔπαιος über die sieben Brüder und deren Mutter eingefügt und durch seine Bearbeitung möglicherweise die etwa von H.-J. Klauck innerhalb der *peroratio* beobachtete Unordnung insgesamt verursacht hat.

II.4.1   4Makk 17,7–10.11–16.17–24; 18,1–5.6–19

Die *peroratio* soll zum Abschluss der Rede deren wichtigste Argumente und Ergebnisse zusammenfassen, dabei zugleich das Gedächtnis der Rezipienten auffrischen und deren Affekte im Sinne des Redenden beeinflussen[447]. In 4Makk 17,7–10 wird die auf dem Grabmal der in 4Makk besprochenen Märtyrer eigentlich anzubringende Inschrift überliefert (4Makk 17,9 f.). Da auf ihr der Priester Eleazar in einem Atemzug mit den sieben ἀδελφοί und deren Mutter genannt wird, legt sich die Annahme nahe, diesen Textabschnitt dem Redaktor zuzuordnen, der die beiden ἔπαινοι zusammengefügt und mit einem philosophischen Anstrich versehen hat. Gleiches gilt *mutatis mutandis* für die Passagen 4Makk 17,11–16 und 17,17–24[448]. In 4Makk 18,1–5 bricht noch einmal die philosophische

---

[445]   Vgl. hierzu H.-J. Klauck, 4Makk, 658: „Der Hauptanstoß bleibt die Rede der Mutter in 18,6–19". Zugunsten der Annahme der ursprünglichen Zugehörigkeit dieser zweiten Rede der Mutter zum 4Makk formuliert Klauck: „Zu ihrer Verteidigung können einige Gesichtspunkte geltend gemacht werden: Die geschickten Variationen in den Zitateinleitungen in V. 10–18 entsprechen völlig dem sonstigen Stil des Autors. Die Bibelzitate sind inhaltlich gut mit der voranstehenden Erzählung abgestimmt und teils schon vorbereitet. ... Durch Einführung des bisher vermißten Ehegatten und Vaters in V. 9 f. wird eine Leerstelle im Gesamtwerk aufgefüllt. Zum Zeitpunkt der Hauptereignisse ist er schon tot, hat aber durch sein Wesen und seine Unterweisung die heroische Haltung der Hinterbliebenen wesentlich geprägt. Das Ezechielzitat in V. 17, das mit seiner Auferstehungserwartung in Spannung zum sonstigen eschatologischen Befund in 4Makk zu stehen scheint ..., kann ebenso wie die dämonischen Implikationen von V. 8 als Konzession an volkstümliche Anschauungen gewertet werden. Es bleibt allerdings bestehen, daß die neue Rede im Kontext unzureichend vorbereitet erscheint". Sämtliche dieser Beobachtungen Klaucks erklären sich zwanglos, wenn angenommen wird, dass die Passage 18,6–19 nicht zum ursprünglichen Bestand des Lobgesangs über das Martyrium der sieben Brüder und deren Mutter zu rechnen ist, sondern sich dem Wirken des Verfassers der ‚exemplarischen Erzählung' verdankt, der diese Passage eben aus den von Klauck aufgewiesenen Motiven heraus im Zuge einer Relecture des ursprünglichen Textes hinzugefügt hat.

[446]   Vgl. zu diesem Begriff o. 27.

[447]   Vgl. hierzu H.-J. Klauck, 4Makk, 750 mit Verweis auf H. Lausberg; die Ziele einer *peroratio* fasst Klauck folgendermaßen zusammen: „‚Gedächtnisauffrischung ... und Affektbeeinflussung' ..., deshalb können ‚alle Affektschleusen geöffnet werden'".

[448]   Zu den hier vorgenommenen Abgrenzungen vgl. H.-J. Klauck, 4Makk, 752 f.

Überformung der zusammengefügten Lobgesänge hervor, wird doch noch einmal der Gedanke der Herrschaft des εὐσεβὴς λογισμός über die πάθη aufgenommen (4Makk 18,2). Wird die zweite Rede der Mutter, überliefert in 4Makk 18,6–19, ebenfalls diesem Redaktor zugewiesen, lässt sich ein in der Forschung umfangreich diskutiertes Problem, nämlich dasjenige der Herkunft und der Stellung der nach 4Makk 16,12–25 zweiten Rede der Mutter der sieben ἀδελφοί[449], mit einer gewissen Zwanglosigkeit lösen.

> Inwieweit die Ausführungen in 4Makk 17,7–18,24 diesen einer *peroratio* zuzuweisenden Zielen tatsächlich entsprechen, muss freilich durchaus dahingestellt bleiben. Der philosophische Zentralgedanke dieses *opusculums*, dass nämlich der (εὐσεβὴς) λογισμός die πάθη zu beherrschen in der Lage ist, wird in diesem Textabschnitt – mit Ausnahme von 4Makk 18,2 – nicht thematisiert. Darüber hinaus lässt sich in keiner Weise zeigen, dass in 4Makk 17,7–18,24 die Affekte der Rezipienten zugunsten der Plausibilität dieser philosophischen Zentralthese beeinflusst werden sollen; wenn in diesem Abschnitt eine Beeinflussung der Affekte zu konstatieren ist, dann ‚nur' in Richtung auf die Glaubenstreue und die religiöse Standhaftigkeit des Eleazar, der sieben ἀδελφοί und deren Mutter. Es ist offensichtlich beabsichtigt, jene als beispielgebend für die Rezipienten dieses Textes und deren – in den Augen des Verfassers der ‚exemplarischen Erzählung' offensichtlich zu weit gehende – Bereitschaft zur Integration in die sie umgebende pagane Mehrheitsgesellschaft darzustellen. Träfe diese Überlegung zu, wäre ein weiteres Indiz gewonnen, das die in der vorliegenden Studie entwickelte These zur Genese des 4Makk zu stützen in der Lage wäre.

II.4.2   4Makk 18,20–24

Diese klar als Abschluss identifizierbare Passage lässt sich sinnvoll nur dem ursprünglichen ἔπαινος über die sieben ἀδελφοί und deren Mutter zuschlagen, da in 4Makk 18,20 zwar von den sieben Brüdern und deren Mutter, nicht aber von der Person des Eleazar die Rede ist. Wiederum[450] ist außerordentlich auffällig, dass in diesem abschließenden Abschnitt dieses *opusculums* weder der Terminus λογισμός begegnet noch das Konzept der Herrschaft desselben über die πάθη abschließend thematisiert wird. Im Rahmen dieses abschließenden Stückes ist vielmehr ausschließlich von der Glaubenstreue und der religiösen Standfestigkeit der sieben ἀδελφοί und deren Mutter die Rede, die in ihren theologischen Konsequenzen beleuchtet und zum Abschluss noch einmal auf das höchste gepriesen werden: οἱ δὲ Ἀβραμιαῖοι παῖδες σὺν τῇ ἀθλοφόρῳ μητρὶ εἰς πατέρων χορὸν συναγελάζονται ψυχὰς ἁγνὰς καὶ ἀθανάτους ἀπειληφότες παρὰ τοῦ

---

449 Vgl. hierzu o. 125 f. Vgl. darüber hinaus etwa U. Fischer, Eschatologie, 87 f.; Fischer zufolge stellen die Ausführungen in 4Makk 18,6–19 genauso wie auch diejenigen in 4Makk 18,20–24, einen späteren Einschub dar.
450 Vgl. hierzu o. passim.

θεοῦ[451] (4Makk 18,23). Ein solcher Abschluss dieses Werkes muss angesichts der in 4Makk 1,1 verkündigten Darstellungsabsicht[452] in jedem Falle überraschen und lässt sich kaum anders als mit der Annahme erklären, dass der Verfasser des 4Makk, bzw. zunächst der Verfasser der ‚exemplarischen Erzählung' auf ihnen bereits vorliegendes, eben gerade nicht philosophisch akzentuiertes Traditionsmaterial zurückgegriffen haben und dieses Traditionsmaterial in einem Relecture-Prozess ‚philosophisch' überarbeitet, bzw. präziser: ‚philosophisch' übermalt haben[453].

> Als deutlicher Unterschied mag hier der – durchaus auch rhetorisch bewertete – paulinische Galaterbrief vor Augen geführt werden: Die in Gal 1,6–10 entwickelte Generalthese des Briefes – Θαυμάζω ὅτι οὕτως ταχέως μετατίθεσθε ἀπὸ τοῦ καλέσαντος ὑμᾶς ἐν χάριτι [Χριστοῦ] εἰς ἕτερον εὐαγγέλιον, (7) ὃ οὐκ ἔστιν ἄλλο, εἰ μή τινές εἰσιν οἱ ταράσσοντες ὑμᾶς καὶ θέλοντες μεταστρέψαι τὸ εὐαγγέλιον τοῦ Χριστοῦ. (8) ἀλλὰ καὶ ἐὰν ἡμεῖς ἢ ἄγγελος ἐξ οὐρανοῦ εὐαγγελίζηται [ὑμῖν] παρ' ὃ εὐηγγελισάμεθα ὑμῖν, ἀνάθεμα ἔστω. (9) ὡς προειρήκαμεν καὶ ἄρτι πάλιν λέγω· εἴ τις ὑμᾶς εὐαγγελίζεται παρ' ὃ παρελάβετε, ἀνάθεμα ἔστω. (10) Ἄρτι γὰρ ἀνθρώπους πείθω ἢ τὸν θεόν; ἢ ζητῶ ἀνθρώποις ἀρέσκειν; εἰ ἔτι ἀνθρώποις ἤρεσκον, Χριστοῦ δοῦλος οὐκ ἂν ἤμην – dominiert auch das Eschatokoll Gal 6,11–17: ἴδετε πηλίκοις ὑμῖν γράμμασιν ἔγραψα τῇ ἐμῇ χειρί. (12) Ὅσοι θέλουσιν εὐπροσωπῆσαι ἐν σαρκί, οὗτοι ἀναγκάζουσιν ὑμᾶς περιτέμνεσθαι, μόνον ἵνα τῷ σταυρῷ τοῦ Χριστοῦ μὴ διώκωνται. (13) οὐδὲ γὰρ οἱ περιτεμνόμενοι αὐτοὶ νόμον φυλάσσουσιν ἀλλὰ θέλουσιν ὑμᾶς περιτέμνεσθαι, ἵνα ἐν τῇ ὑμετέρᾳ σαρκὶ καυχήσωνται. (14) Ἐμοὶ δὲ μὴ γένοιτο καυχᾶσθαι εἰ μὴ ἐν τῷ σταυρῷ τοῦ κυρίου ἡμῶν Ἰησοῦ Χριστοῦ, δι' οὗ ἐμοὶ κόσμος ἐσταύρωται κἀγὼ κόσμῳ. (15) οὔτε γὰρ περιτομή τί ἐστιν οὔτε ἀκροβυστία ἀλλὰ καινὴ κτίσις. (16) καὶ ὅσοι τῷ κανόνι τούτῳ στοιχήσουσιν, εἰρήνη ἐπ' αὐτοὺς καὶ ἔλεος καὶ ἐπὶ τὸν Ἰσραὴλ τοῦ θεοῦ. (17) Τοῦ λοιποῦ κόπους μοι μηδεὶς παρεχέτω· ἐγὼ γὰρ τὰ στίγματα τοῦ Ἰησοῦ ἐν τῷ σώματί μου βαστάζω.

---

[451] „Die Knaben aus Abrahams Stamm, zusammen mit ihrer Mutter, die den Siegespreis davontrug, werden dem Chor der Väter zugestellt, nachdem sie heilige und unsterbliche Seelen empfangen haben von Gott"; Übersetzung nach H.-J. Klauck, 4Makk, 756.

[452] Vgl. hierzu o. 37.

[453] Deutlich anders hier H.-J. Klauck, 4Makk, 658: „An 18,20–24 als ursprünglichem Buchschluß festzuhalten legt neben Inhalt und Stil auch der Bezug der Schlußdoxologie zu 1,12 nahe". Gegen diese Annahme spricht über das o. bereits Dargelegte hinaus auch der Sachverhalt, dass diese von Klauck hier angesprochene Schlussdoxologie keineswegs so außergewöhnlich formuliert ist, dass sie unmittelbar auf 4Makk 1,12 bezogen interpretiert werden muss. Darüber hinaus: Warum thematisiert Klauck hier einen Bezug von 4Makk 18,24 auf 4Makk 1,12? Sinnvoller und auch angemessener wäre es doch, einen Bezug zwischen den Ausführungen in 4Makk 18,24 und denjenigen in 4Makk 1,1 herzustellen.

II.4.3 Fazit

Die einzelnen Passagen der *peroratio* lassen sich, wie die folgende Tabelle zeigt, zwanglos in die bisher erarbeitete Matrix zur Genese des 4Makk einordnen:

Die Genese des 4Makk				
ursprüngliche Rede(n)	zweite Phase (Verfasser der ‚exemplarischen Erzählung')	dritte Phase	vierte Phase (Verfasser der ‚philosophischen These')	fünfte Phase (Redaktor/ Relecture)
		stellen möglicherweise einen einzigen Arbeitsgang dar		
(a) Lobgesang über das Martyrium der sieben Brüder und der Mutter, und: (b) Lobgesang über das Martyrium des Eleazar	Verknüpfung dieser beiden ἔπ-αινοι zur ‚exemplarischen Erzählung' (ἱστορία) in ihrer Gesamtheit, die nun als *argumentum* unter einer philosophischen Fragestellung firmiert		Erstellung bzw. Übernahme philosophischer (Schul-)-Traditionen und theologische Bearbeitung derselben auf dem Hintergrund der alttestamentlichen und der frühjüdischen Überlieferung (‚philosophische These', ὑπόθεσις), daran anschließend dann: Vereinigung von ‚philosophischer These' und ‚exemplarischer Erzählung'	letzte Ergänzungen und Aktualisierungen
das exordium 4Makk 1,1–12				
	4Makk 1,1.2a: philosophische Neuakzentuierung; Wechsel der Redegattung vom *genus demonstrativum* zum *genus iudiciale*			
				4Makk 1,2b: unmittelbare Abwehr eines Gegenarguments
				4Makk 1,3 f.5 f.

	4Makk 1,7–9: Hinzufügung der Figur des Eleazar			
4Makk 1,10 f.: ἔπαινος auf die sieben Brüder und deren Mutter				
			4Makk 1,12: leserlenkender Überleitungsvers: Information über den Gesamt-aufriss des Buches	
die ‚philosophische These' 4Makk 1,13–3,18				
			4Makk 1,13 f.: leserlenkender Überleitungsvers: Information über den Aufriss der ‚philosophischen' These	
		4Makk 1,15–16		
			4Makk 1,17	
		4Makk 1,18.19a		
			4Makk 1,19b	
		4Makk 1,20–29		
			4Makk 1,30a. 30b–32.33–35; 2,1–3.4–6a.6b.7.8. 9a.9b. 10–13.14. 15–20. 21–23.24–3,5.6–18	
die ‚exemplarische Erzählung' 4Makk 3,19–17,6				
			4Makk 3,19: leserlenkender Übergangsvers	
	4Makk 3,20 f.; 4,1–14.15–26			
(a) 4Makk 5,1–3				

(b) 4Makk 5,4				
(b) 4Makk 5,5–13*	4Makk 5,10 f.			
(b) 4Makk 5,14–38*	4Makk 5,22–24.31.38			
(b) 4Makk 6,1–30				
	4Makk 6,31–35; 7,1–15.16–23; - 8,1–3			
(a) 4Makk 8,4–11.12–14.15–26				
(a) 4Makk 8,27–9,9*	4Makk 8,28; 9,5b; 9,6c			
(a) 4Makk 9,10–25*	4Makk 9,17aβ			
(a) 4Makk 9,26–32*	4Makk 9,30b			
(a) 4Makk 10,1–11				
(a) 4Makk 10,12–21*	4Makk 10,19b			
(a) 4Makk 11,1–12				
(a) 4Makk 11,13–27*	4Makk 11,25*.27b			
(a) 4Makk 12,1–19*	4Makk 12,7b			
	4Makk 13,1–5.6 f.			
(a) 4Makk 13,8–18*	4Makk 13,15 f.			
(a) 4Makk 13,19–14,1				
(a) 4Makk 14,2–10*	4Makk 14,2			
	4Makk 14,11 f.: leserlenkende Überleitung zum Martyrium der Mutter			
(a) 4Makk 14,13–20				
(a) 4Makk 15,1–12*	4Makk 15,1			

(a) 4Makk 15,13–32				
	4Makk 16,1–4			
(a) 4Makk 16,5–11				
(a) 4Makk 16, 12–25*	4Makk 16,15b			
(a) 4Makk 17,1.2–6				
die *peroratio* 4Makk 17,7–18,24				
	4Makk 17,7–10. 11–16.17–24; 18,1–5.6–19			
(a) 4Makk 18,20–24				

III. Ergebnis

Die im Blick auf die Frage nach der Genese dieses *opusculums* durchgeführte argumentationslogische Analyse des 4Makk zeitigte im Einzelnen folgende – letztendlich gänzlich zwanglos sich ergebende – Ergebnisse: (a) Die Grundlage des 4Makk bilden zwei ἔπαινοι, einen über das Martyrium des νομικός Eleazar, einen anderen über das Martyrium der sieben Brüder und ihrer Mutter. Diese beiden Traditionen liefen mit einer gewissen Wahrscheinlichkeit zunächst getrennt voneinander um.

(b) Ein sowohl philosophisch als auch theologisch interessierter Autor[454] verknüpfte im Rahmen des Prozesses einer Relecture[455] diese beiden Traditionen zu einer Einheit, stellte derselben die einleitende Darstellung 4Makk 3,20 f.; 4,1–14.15–26 voran und verwendete diese neue Erzähleinheit dann als *argumentum* zum Erweis der Plausibilität der von ihm verfochtenen These, dass der εὐσεβὴς λογισμός die πάθη zu beherrschen vermag. Dieser Autor vertritt die Konzeption eines εὐσεβὴς λογισμός, d. h. einer ‚frommen‘ Urteilskraft, ordnet seine λογισμός-Konzeption also in den größeren Rahmen des Theologumenons von der als eine der vier Kardinaltugenden interpretierten εὐσέβεια ein[456], die in der konkreten Form des Gesetzesgehorsams, demjenigen der Märtyrer entsprechend, auch das Verhalten der von ihm angeredeten Rezipienten gegenüber der paganen Mehrheitsgesellschaft bestimmen soll. Ihm ist also zwar an einer Integration (popular-)philosophischer Themen und Überlegungen in die jüdische Theologie und Religiosität gelegen, aber er ordnet diese (popular-)philosophischen Aspekte der jüdischen Religion deutlich unter. Um die philosophische Überformung der von ihm zusammengestellten ἔπαινοι zu verfestigen, fügt er immer wieder einzelne Hinweise auf den εὐσεβὴς λογισμός ein, die allerdings mit den jeweiligen Kontexten nur sehr unzureichend verknüpft sind und offensichtlich ausschließlich die gegenwärtige Situation der Rezipienten des 4Makk in den

---

[454] Zur Charakterisierung dieses Verfassers vgl. bereits o. 46 f.

[455] Vgl. zu diesem Begriff und zu dieser Konzeption bereits o. 27.

[456] Diese Beobachtung widerspricht dem Dictum von R. Weber, Eusebeia, 218: „Der Charakter dieser Vernunft als einer frommen manifestiert sich in ihrer inneren Bestimmtheit und ihrer Anleitung durch die Religion, welche ihrerseits durch die Struktur der Vernunft gekennzeichnet ist. So erhellt aus dieser sich schon allein in der genannten Begriffsverbindung wie in einem Brennpunkt zusammenfassenden Wechselseitigkeit der Interpretationen die harmonisch-reziproke *communicatio idiomatum* der korrespondierenden Größen λογισμός und εὐσέβεια". Dieser Einschätzung, die gelten mag, wird 4Makk als textliche Einheit aufgefasst und als Gesamtwerk interpretiert, widerrät jedoch die Einstufung der εὐσέβεια als einer Kardinaltugend deutlich; jene legt vielmehr die Annahme nahe, den Gedanken des λογισμός in die Konzeption der εὐσέβεια ein- und letzterer somit unterzuordnen.

Blick nehmen. Diese Technik erinnert durchaus an die die Theorie des Messiasgeheimnisses transportierenden markinischen Schweigegebote[457], die der Evan-
gelist Markus – kaum wirklich kontextualisiert – etwa in die ihm überlieferten
Wundererzählungen eingefügt hat. Auffällig ist, dass dieser Autor das Syntagma
εὐσεβὴς λογισμός bzw. den Begriff λογισμός ohne syntagmatische Verknüpfung
nicht in alle von ihm verarbeiteten Texte eingetragen hat, ein wichtiges Indiz
zugunsten der Annahme einer durch diesen Autor vorgenommenen Relecture
und damit zugleich auch zugunsten der in der vorliegenden Studie entwickelten
These zur Genese des 4Makk.

(c) In einem nächsten Schritt wird dann der ‚exemplarischen Erzählung‘
eine ‚philosophische These‘, eine ὑπόθεσις, vorangestellt. Ein anderer, nicht an
der die ‚exemplarische Erzählung‘ dominierenden Konzeption von εὐσέβεια sich
orientierender Verfasser kreiert, indem er philosophische (Schul-)Traditionen
übernimmt und diese vor dem Hintergrund der alttestamentlichen und der
frühjüdischen Überlieferung bearbeitet, einen in 4Makk 1,12 ὑπόθεσις genannten Text, den er mit der ‚exemplarischen Erzählung‘ verknüpft. Auffällig ist, dass
innerhalb dieser ‚philosophischen These‘ der Gedanke einer ‚frommen‘ Urteilskraft keinerlei Rolle spielt; der Begriff λογισμός wird hier vielmehr vollständig
profan aufgefasst. Soll die These einer Identität zwischen dem Verfasser der
‚exemplarischen Erzählung‘ und demjenigen der ‚philosophischen These‘ angenommen werden – was zumindest nicht unmöglich ist –, so muss entweder angenommen werden, dass dieser Verfasser sich zum Zeitpunkt der Abfassung der
ὑπόθεσις theologisch bzw. präziser: philosophisch weiterentwickelt und das
Konzept eines εὐσεβὴς λογισμός überwunden hat, oder aber, dass er den Gedanken eines εὐσεβὴς λογισμός bereits in der ‚exemplarischen Erzählung‘ so umfassend verankert sah, dass er es nicht für notwendig erachtete, diesen auch noch
in der ὑπόθεσις zu entwickeln und zu explizieren[458].

(d) Schließlich ergänzte eben ein Redaktor – auch dieser wiederum mag mit
dem dann einen Verfasser des 4Makk identisch sein – dieses *opusculum* um einige

---

[457] Vgl. hierzu U. Schnelle, Einleitung, 278–281; dort auch weitere Literatur. Auf diese Frage
kann im Rahmen der vorliegenden Studie nicht weiter eingegangen werden, wiewohl ein
Vergleich der markinischen Schweigegebote mit den vom Verfasser der ‚exemplarischen
Erzählung‘ immer wieder ohne jegliche Kontextbindung in den Text der beiden vom ihm
verwendeten ἔπαινοι eingefügten Hinweisen auf den εὐσεβὴς λογισμός durchaus ergiebig
sein könnte.

[458] Das hier entwickelte Modell zur Genese des 4Makk nachgerade bestätigend U. Breitenstein, Beobachtungen, 149: „Von allen 1.20–24 erwähnten πάθη taucht nur ein einziges in
der ἱστορία (3.19 ff.) wieder öfter auf, begreiflicherweise πόνος (‚Schmerz‘). Der andere
Grundaffekt, ἡδονή (‚[verwerfliche] Lust‘), findet (fast) nur in der ὑπόθεσις Erwähnung
(ausser in Kapitel 1 noch 5.23, 6.35)“. Diese Textbeobachtungen untermauern die Annahme, dass die ‚philosophische These‘ und die ‚exemplarische Erzählung‘, wenn sie
schon nicht von unterschiedlichen Verfassern stammen, dann aber doch zu unterschiedlichen Zeiten und mit deutlich unterschiedlichen Intentionen und philosophisch-theologischen Akzentuierungen kreiert worden sind.

wenige Hinweise, möglicherweise, um damit unmittelbar auf die Argumentation einer andersdenkenden Gruppierung innerhalb der Gruppe seiner Rezipienten zu reagieren.

Trotz der innerhalb der vorliegenden Studie an mehreren Stellen aufgewiesenen inhaltlichen und konzeptionellen Differenzen zwischen den Ausführungen in 4Makk 1,2b.3 f.5 f. auf der einen, der ‚philosophischen These' auf der anderen und der ‚exemplarischen Erzählung' auf der dritten Seite, die hier dazu geführt haben, im Blick auf die Entstehung des 4Makk letzten Endes von drei unterschiedlichen Verfassern auszugehen, nämlich eben demjenigen der ‚exemplarischen Erzählung', demjenigen der ‚philosophischen These' und demjenigen der in 4Makk 1,2b.3 f.5 f. vorliegenden Ergänzungen, ließe sich die hier entwickelte These zur Genese des 4Makk auch dann durchhalten, wenn nur von einem einzigen Verfasser ausgegangen würde[459]: Der Verfasser des 4Makk habe die beiden ἔπαινοι über das Martyrium des Eleazar und über dasjenige der sieben ἀδελφοί und deren Mutter zur ‚exemplarischen Erzählung' zusammengefügt und philosophisch bearbeitet. Diesen Text habe er dann um die ‚philosophische These' ergänzt, darauf verzichtend, den innerhalb derselben begegnenden λογισμός-Begriff mit dem Adjektiv εὐσεβής näher zu definieren, möglicherweise, weil er davon ausging, dass sich ein solches Verständnis den gedachten Rezipienten von selbst erschlösse. In einem letzten Schritt habe er, um sich gegen Vorhaltungen Andersdenkender zu wappnen, die Ausführungen in 4Makk 1,2b.3 f.5 f. hinzugefügt, möglicherweise, ohne sich der Tatsache bewusst zu sein, damit eine sachlich differente inhaltliche Dublette zu kreieren. Die in der vorliegenden Studie entwickelte Generalthese zur Genese des 4Makk bliebe auch bei der Annahme nur eines einzigen Verfassers bzw. Redaktors des 4Makk eine denklogische Option. Allerdings wäre jene dann, wie eben angedeutet[460], mit der Hypothese von in jeder Phase der Abfassung dieses *opusculums* Platz greifenden, jeweils nicht unerheblichen Wandlungen des theologischen bzw. philosophischen Profils desselben belastet. In jedem Fall ließe sich jedoch eine deutlich höhere Plausibilität gewinnen, wird angenommen, 4Makk gehe in seiner jetzigen Form auf drei unterschiedliche Verfasser bzw. Redaktoren zurück, die ihrerseits noch traditionelles Material aufgenommen und verarbeitet haben.

Mit dieser These zur Genese des 4Makk, die letztendlich die o. diskutierten Thesen von A. Dupont-Sommer und J.C.H. Lebram[461] weiterentwickelt und diese auf der Basis eines neuen literarkritischen Ansatzes argumentationslogisch umfassend zu begründen sucht, ist ein Ansatz gewonnen, der den Gegensatz zwischen der älteren Forschung – hier wurde häufig die Annahme vertreten, 4Makk

---

[459] Vgl. hierzu J. Krispenz, Literarkritik, 15: „So ergeben sich Zäsuren innerhalb der Texteinheit. Diese Zäsuren sind Stellen, die einen Verfasserwechsel signalisieren *können*. Sie sind aber kein zureichender Grund für die Annahme eines Verfasserwechsels: Es könnten auch Texte ein und desselben Autors zusammengestellt worden sein".

[460] Vgl. hierzu auch o. 12, 34, 47 u. ö.

[461] Vgl. hierzu o. 9–11.

stelle ein literarkritisches Kompositum dar – und der neueren Forschung – hier
wird weitgehend unisono einer vollständigen Einheitlichkeit dieses Werkes das
Wort geredet[462] – zu überwinden und die jeweils zutreffenden Beobachtungen
beider Forschungsrichtungen zu integrieren vermag. Immerhin denkbar ist,
dass 4Makk auf einen einzigen Verfasser zurückgeht, aber anhand der jeweils
unterschiedlichen theologischen bzw. philosophischen Semantik klar nachweis-
bare unterschiedliche Stadien seiner Entstehung durchlaufen hat. Diese hier
vorliegende Studie wendet sich in keinem Falle gegen die Interpretation des
4Makk als eines Gesamtzusammenhanges – diese Aufgabe bleibt der Forschung
sicherlich aufgegeben –, versucht aber, die aus zahlreichen Beobachtungen der
älteren Forschung sich ergebende Frage nach der Entstehung dieses *opusculum*
wieder in die Forschung zurückzubringen, um damit eben die – im Verein mit
der Berücksichtigung theologischer, philosophischer und literaturwissenschaft-
licher Perspektiven zu leistende[463] – Interpretation des 4Makk in seinem Gesamtzusammenhang zu befördern.

---

[462] Vgl. hierzu ausführlich o. 11–13.
[463] Vgl. hierzu H.-J. Klauck, Hellenistische Rhetorik, 464 f.

Literaturverzeichnis

Textausgaben und Quellen

Cohn, L.; Heinemann, I.; Adler, M.; Theiler, W. (Hg.), Philo von Alexandria. Die Werke in deutscher Übersetzung III, Berlin ²1962.

Cohn, L.; Wendland, P. (Hg.), Philonis Alexandrini Opera quae supersunt I, Berlin 1906.

Kraus, W.; Karrer, M. (Hg.), Septuaginta Deutsch. Das griechische Alte Testament in deutscher Übersetzung, Stuttgart 2009.

Rahn, H. (Hg.), Marcus Fabius Quintilianus. Ausbildung des Redners I: Buch I–VI, Darmstadt 1972.

Nickel, R. (Hg.), Lucius Annaeus Seneca. Epistulae morales ad Lucilium / Briefe an Lucilium II (Sammlung Tusculum), Berlin u. a. 2011.

Nüßlein, T. (Hg.), Rhetorica ad Herennium (Sammlung Tusculum), Darmstadt 1994.

Rahlfs, A. (Hg.), Septuaginta. Id est Vetus Testamentum Graece iuxta LXX Interpretes I, Stuttgart ⁵1952.

Hilfsmittel

Blaß, F.; Debrunner, A.; Rehkopf, F., Grammatik des neutestamentlichen Griechisch, Göttingen ¹⁷1990.

Lausberg, H., Handbuch der literarischen Rhetorik. Eine Grundlegung der Literaturwissenschaft, München 1960.

Menge, H., Griechisch-deutsches und deutsch-griechisches Wörterbuch. Hand- und Schulausgabe I, Berlin ⁴1913.

Sekundärliteratur

Alkier, S., Neues Testament, UTB basics (UTB 3404), Tübingen / Basel 2010.

Becker, E.-M., Was ist Kohärenz? Ein Beitrag zur Präzisierung eines exegetischen Leitkriteriums, ZNW 94, 2003, 97–121.

Breitenstein, U., Beobachtungen zu Sprache, Stil und Gedankengut des Vierten Makkabäerbuches, Stuttgart 1976.

de Beaugrande, R.-A.; Dressler, W.U., Einführung in die Textlinguistik (Konzepte der Sprach- und Literaturwissenschaft 28), Tübingen 1981.

Deißmann, A., Das vierte Makkabäerbuch, in: Kautzsch, E. (Hg.), Die Apokryphen und Pseudepigraphen des Alten Testaments. Zweiter Band: Die Pseudepigraphen des Alten Testaments, Tübingen 1900, 149–177.

DeSilva, D.A., 4 Maccabees. Introduction and Commentary on the Greek Text in Codex Sinaiticus (Septuagint Commentary Series), Leiden/Boston 2006.

ders., 4 Maccabees (Guides to Apocrypha and Pseudepigrapha), Sheffield 1998.

Dupont-Sommer, A., Le Quatrième Livre des Machabées. Introduction, traduction et notes (BEHE.H 274), Paris 1939.

Finnern, S.; Rüggemeier, J., Methoden der neutestamentlichen Exegese. Ein Lehr- und Arbeitsbuch (UTB 4212), Tübingen 2016.

Fischer, U., Eschatologie und Jenseitserwartung im hellenistischen Diasporajudentum (BZNW 44), Berlin 1978.

Freudenthal, J., Die Flavius Josephus beigelegte Schrift Ueber die Herrschaft der Vernunft (IV Makkabäerbuch). Eine Predigt aus dem ersten nachchristlichen Jahrhundert, Breslau 1896.

Fritzsche, O.F.; Grimm, C.L.W., Kurzgefaßtes exegetisches Handbuch zu den Apokryphen des Alten Testaments 4, Leipzig 1857.

Hadas, M., The Third and Fourth Books of Maccabees (JAL 3), New York 1953, repr. 1976, 87–243.

Hiebert, R.J.V., Makkabaion IV / Das vierte Buch der Makkabäer, in: Karrer, M.; Kraus, W.; Kreuzer, S. (Hg.) Einleitung in die Septuaginta (LXX.H 1), Gütersloh 2016, 322–329.

Klauck, H.-J., 4. Makkabäerbuch (JSHRZ III 6), Gütersloh 1989.

ders., Hellenistische Rhetorik im Diasporajudentum: Das Exordium des vierten Makkabäerbuchs (4Makk 1,1–12), NTS 35, 1989, 451–465.

Kraus Reggiani, C., 4 Maccabei (CSANT Supplementi 1), Genova 1992.

Krispenz, J., Literarkritik und Stilstatistik im Alten Testament. Eine Studie zur literarkritischen Methode, durchgeführt an Texten aus den Büchern Jeremia, Ezechiel und 1 Könige (BZAW 307), Berlin/New York 2001.

Lauer, S., Eusebes Logismos in IV Macc., JJS 6, 1955, 170 f.

Lebram, J.C.H., Die literarische Form des vierten Makkabäerbuches, VigChr 28, 1974, 81–96.

Lewandowski, T., Linguistisches Wörterbuch I.II (UTB 1518), Wiesbaden [6]1995.

Norden, E., Die antike Kunstprosa vom VI. Jahrhundert v. Chr. bis in die Zeit der Renaissance I, Darmstadt [7]1974.

Schnelle, U., Einleitung in das Neue Testament (UTB 1830), Göttingen [9]2017.

Schweizer, H., Literarkritik, ThQ 168, 1988, 23–43.

van Henten, J.W., The Maccabean Martyrs as Saviours of the Jewish People. A Study of 2 and 4 Maccabees (JSJ.S 57), Leiden/Boston 1997.

Weber, R., Eusebeia und Logismos. Zum philosophischen Hintergrund von 4. Makkabäer, JSJ 22, 1991, 212–234.

Witulski, T., Die sieben Sendschreiben Apk 2–3. Studien zu ihrer Entstehung und ihrem Verhaltnis zum apokalyptischen Hauptteil Apk 4–22 (BiTS 39), Leuven 2020.

Wonneberger, R., Redaktion. Studien zur Textfortschreibung im Alten Testament, entwickelt am Beispiel der Samuel-Überlieferung (FRLANT 156), Göttingen 1991.

Zumstein, J., Kreative Erinnerung. Relecture und Auslegung im Johannesevangelium (AThANT 84), Zürich [2]2004.